中华文化大博览丛书

千古遗迹的
考古发现

郭艳红　编著

中国出版集团　现代出版社

图书在版编目（ＣＩＰ）数据

千古遗迹的考古发现 / 郭艳红编著. -- 北京 ： 现代出版社，2018.1

ISBN 978-7-5143-6535-1

Ⅰ．①千… Ⅱ．①郭… Ⅲ．①考古发现－中国－现代 Ⅳ．①K87

中国版本图书馆CIP数据核字(2017)第284987号

千古遗迹的考古发现

作　　者：郭艳红
责任编辑：李　鹏
出版发行：现代出版社
通讯地址：北京市定安门外安华里504号
邮政编码：100011
电　　话：010-64267325 64245264（传真）
网　　址：www.1980xd.com
电子邮箱：xiandai@vip.sina.com
印　　刷：天津兴湘印务有限公司
字　　数：380千字
开　　本：710mm×1000mm　1/16
印　　张：30
版　　次：2018年5月第1版　2018年5月第1次印刷
书　　号：ISBN 978-7-5143-6535-1
定　　价：128.00元

　　习近平总书记在党的十九大报告中指出："深入挖掘中华优秀传统文化蕴含的思想观念、人文精神、道德规范，结合时代要求继承创新，让中华文化展现出永久魅力和时代风采。"同时习总书记指出："中国特色社会主义文化，源自于中华民族五千多年文明历史所孕育的中华优秀传统文化，熔铸于党领导人民在革命、建设、改革中创造的革命文化和社会主义先进文化，植根于中国特色社会主义伟大实践。"

　　我国经过改革开放的历程，推进了民族振兴、国家富强、人民幸福的"中国梦"，推进了伟大复兴的历史进程。文化是立国之根，实现"中国梦"也是我国文化实现伟大复兴的过程，并最终体现在文化的发展繁荣。博大精深的中国优秀传统文化是我们在世界文化激荡中站稳脚跟的根基。中华文化源远流长，积淀着中华民族最深层的精神追求，代表着中华民族独特的精神标识，为中华民族生生不息、发展壮大提供了丰厚滋养。我们要认识中华文化的独特创造、价值理念、鲜明特色，增强文化自信和价值自信。

　　如今，我们正处在改革开放攻坚和经济发展的转型时期，面对世界各国形形色色的文化现象，面对各种眼花缭乱的现代传媒，我们要坚持文化自信，古为今用、洋为中用、推陈出新，有鉴别地加以对待，有扬弃地予以继承，传承和升华中华优秀传统文化，发展中国特色社会主义文化，增强国家文化软实力。

　　浩浩历史长河，熊熊文明薪火，中华文化源远流长，滚滚黄河、滔滔长江，是最直接的源头，这两大文化浪涛经过千百年冲刷洗礼和不断交流、融合以及沉淀，最终形成了求同存异、兼收并蓄的辉煌灿烂的中华文明，也是世界上唯一绵延不绝的古老文化，并始终充满生机与活力。

　　中华文化曾是东方文化摇篮，也是推动世界文明不断前行的动力之一。早在五百年前，中华文化的四大发明催生了欧洲文艺复兴运动和地理大发

现。中国四大发明先后传到西方，对于促进西方工业社会发展和形成，起到了重要作用。

中华文化的力量，已经深深熔铸到我们的生命力、创造力和凝聚力中，是我们民族的基因。中华民族的精神，业已深深植根于绵延数千年的优秀文化传统之中，是我们的精神家园。

总之，中国文化博大精深，是中华各族人民五千年来创造、传承下来的物质文明和精神文明的总和，其内容包罗万象，浩若星汉，具有很强的文化纵深，蕴含着丰富的宝藏。我们要实现中华文化的伟大复兴，首先要站在传统文化前沿，薪火相传，一脉相承，弘扬和发展五千年来优秀的、光明的、先进的、科学的、文明的和自豪的文化现象，融合古今中外一切文化精华，构建具有中国特色的现代民族文化，向世界和未来展示中华民族的文化力量、文化价值、文化形态与文化风采。

为此，在有关专家指导下，我们收集整理了大量古今资料和最新研究成果，特别编撰了本套大型书系。主要包括巧夺天工的古建杰作、承载历史的文化遗迹、人杰地灵的物华天宝、千年奇观的名胜古迹、天地精华的自然美景、淳朴浓郁的民风习俗、独具特色的语言文字、异彩纷呈的文学艺术、欢乐祥和的歌舞娱乐、生动感人的戏剧表演、辉煌灿烂的科技教育、修身养性的传统保健、至善至美的伦理道德、意蕴深邃的古老哲学、文明悠久的历史形态、群星闪耀的杰出人物等，充分显示了中华民族厚重的文化底蕴和强大的民族凝聚力，具有极强的系统性、广博性和规模性。

本套书系的特点是全景展现，纵横捭阖，内容采取讲故事的方式进行叙述，语言通俗，明白晓畅，图文并茂，形象直观，古风古韵，格调高雅，具有很强的可读性、欣赏性、知识性和延伸性，能够让广大读者全面触摸和感受中国文化的丰富内涵，增强中华儿女民族自尊心和文化自豪感，并能很好地继承和弘扬中国文化，创造具有中国特色的先进民族文化。

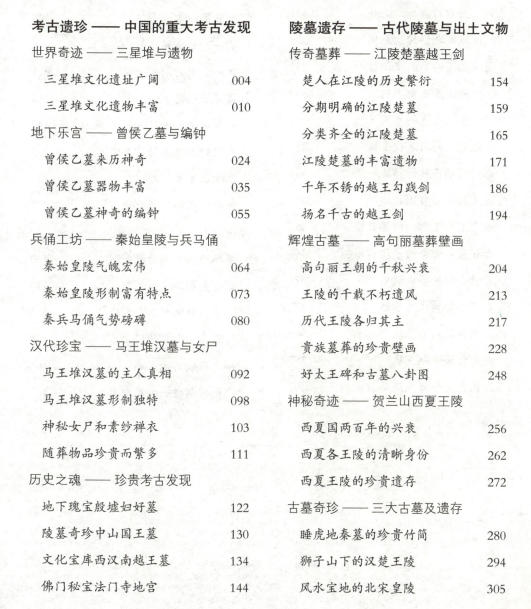

王朝遗韵 —— 历代都城与王城遗址

先秦时期 —— 古城遗址

中古时期 —— 王朝遗梦

隋唐以后 —— 古都遗影

考古遗珍

中国的重大考古发现

三星堆与遗物

　　三星堆遗址位于四川广汉南兴镇西北鸭子河南岸，南距四川成都40千米。它是中国西南地区的青铜时代遗址，是一座由众多古文化遗存分布点所组成的一个庞大遗址群，因有3座突兀在成都平原上的黄土堆而得名。

　　三星堆文明上承古蜀宝墩文化，下启金沙文化、古巴国，前后历时约2000年，是中国长江流域早期文明的代表，也是迄今为止中国历史中已知的最早的文明，被誉为世界"第九大奇迹"。

三星堆文化遗址广阔

出四川广汉三四千米，有3座突兀在成都平原上的黄土堆，"三星堆"便因此而得名。1929年春，当地农民燕道诚在宅旁挖水沟时，发现了一坑精美的玉器，由此拉开三星堆文明的研究序幕。

三星堆遗址群规模巨大，范围广阔，大多分布在四川省广汉市南兴镇西北的鸭子河南岸，以及马牧河南北两岸的高台地上，是四川

三星堆出土的青铜面具

省古代最大最重要的一处古文化遗存。

该遗址群的文化遗存可分为4期，其中，一期为早期堆积，属于新石器时代晚期文化，2期至4期则属于青铜文化。

三星堆古文化遗存分布点达30多个，其中，以西城墙遗址、月亮湾城墙遗址、祭祀坑遗址、古城墙遗址、仁胜墓地遗址最为重要。

西城墙位于三星堆遗址西北部鸭子河与马牧河之间的高台地上，呈东北、西南走向。

在城墙的中部和北部，各有一个宽约20余米的缺口，此缺口将西城墙分为北、中、南三段。其中段南端在缺口处向东拐折延伸约40米，与中段北段略成垂直相接。

结合从北端鸭子河和南端的马牧河冲刷暴露出来的城墙剖面，以及夯土内的包含物分析来看，西城墙的结构、体量、夯筑方法和年代，与南城墙及东城墙相近。

月亮湾外城墙位于三星堆遗址中北部的月亮湾台地东缘，按走向可分南北两段，北段为东北和西南走向，南段略向东折，基本上呈正南北走向，整条城墙与西城墙北段基本平行。

月亮湾内城墙全长650米，顶宽20米左右，高2.4

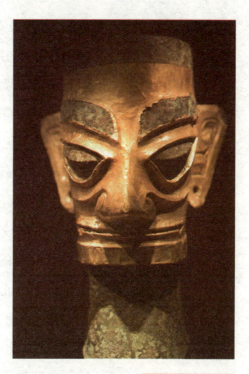

■ 三星堆博物馆保存的黄金面罩

祭祀　是华夏礼典的一部分，更是儒教礼仪中最重要的部分，礼有五经，莫重于祭，是以事神致福。祭祀对象分为三类：天神、地祇、人鬼。天神称祀，地祇称祭，宗庙称享。祭祀的法则详细记载于儒教圣经《周礼》《礼记》中，并有《礼记正义》《大学衍义补》等书进行解释。

千古遗迹的考古发现

■ 三星堆博物馆保存的玉瑗

米至5米。北端宽30米至45米，中段有拐折，夹角为148度，北端为32度，南端成正南北走向。

城墙南段较高。城墙东侧有壕沟。根据在北段北部的情况，月亮湾墙横断面呈梯形。

墙体采取了无基槽式平地起夯，由东向西依次分块斜向堆筑的夯筑方法，墙体材料主要为泥土和沙土，局部采用卵石垒筑、支撑。城墙结构清楚，夯层明显，夯筑方法较为特殊。

三星堆著名的1、2号祭祀坑位于三星堆城墙东南，是三星堆遗址最重要的发现之一。两坑坑室走向一致，均为东北和西南走向。坑口呈长方形，口大底小，坑壁整齐，经填土夯打而成。

坑室内器物均分层放置，埋藏现象前所未见，大多数器物埋藏时或埋藏前明显经过有意的焚烧和破坏，或烧焦、发黑、崩裂、变形、发泡甚至熔化，或残损、断裂甚至碎成数块或数段，而散落在坑中不同位置。部分青铜器、头像及面具有的口部涂朱，有的眼部描黑。

1号坑共发现各类器物567件。其中，青铜制品178件，黄金制品4件，玉器129件，石器70件，象牙13根，海贝124件，雕云雷纹骨器10件，完整陶器39件，以及约3立方米左右的烧骨碎渣。

2号坑共发现各类遗物

以及残片和可识别出的个体6095件。其中，青铜制品736件，黄金制品61件，玉器486件，石器15件，绿松石3件，象牙67件，象牙珠120件，象牙器4件，海贝4600枚。

两坑中器物的种类，除部分中原地区夏商时期常见的青铜容器、玉石器和巴蜀文化遗址常见的陶器外，大多是其他地方从未发现过的新器物，如青铜群像、青铜神树群、青铜太阳形器、青铜眼形器、金杖、金面罩等。

两坑器物不仅数量巨大，种类繁多，文化面貌复杂、新颖、神秘，而且造型奇特，规格极高，制作精美绝伦，充分反映了商代蜀国高度发达的青铜铸造技术、黄金冶炼加工技术、玉石器加工技术以及独特的审美意识和宗教信仰。

三星堆城墙位于三星堆遗址南部，呈西北和东南走向。西北端的地面部分，现存部分长约40米；东南端临马牧河岸缘，原城墙分布情况依稀可见。

根据城墙基础可知，三星堆城墙长度为260米，

陶器 是用黏土烧制的器皿。质地比瓷器粗糙，通常呈黄褐色，也有涂上别的颜色或彩色花纹的。新石器时代开始大量出现。陶器的发明是人类文明的重要进程，是人类第一次利用天然物，按照自己的意志创造出来的一种崭新的东西。

青铜器 是由青铜制成的器具，诞生于人类文明的青铜时代。因为青铜器在世界各地均有出现，所以是一种世界性文明的象征。中国青铜器制作精美，在世界青铜器中堪称艺术价值最高。代表着中国在先秦时期高超的技术与文化。

良渚文化 发现于浙江省杭州市余杭区。玉器是良渚先民所创造的物质文化和精神文化的精髓，也是良渚文化遗址最大特色。刻画在出土器物上的"原始文字"被认为是中国成熟文字的前奏。可以说：中华文明的曙光是从良渚升起的。

基础宽度为42米。城墙南侧有壕沟，宽度30米至35米，壕沟距地表深2.84米，壕沟深2.4米。

城墙上开有两个缺口，据考证，缺口的年代不会早于明代。因此，三星堆是一条内城墙。

三星堆城墙结构、筑法、体量及城墙内的包含物与东、西、南城墙基本一致，唯顶部宽度不及其他城墙。

仁胜村墓地位于三星堆遗址西北部西城墙外的仁胜村，这是首次在三星堆遗址发现成片分布的公共墓地，也是首次在古城以外发现重要文化遗迹。仅在约900平方米的范围内，就发掘出29座小型长方形竖穴土坑和狭长形竖穴土坑墓葬。

墓葬分布密集、排列有序，墓向基本一致，墓室加工较为考究，绝大多数墓葬有一具人骨架，葬式均为仰身直肢葬。17座墓葬出土有玉器、石器、陶器、象牙等几类随葬品。

其中，玉石器大多是三星堆遗址首次发现的新器形，如玉锥形器、玉牙璧形器、玉泡形器、黑曜石珠等，而玉牙璧形器极为罕见，玉锥形器则明显地具有长江下游良渚文化的风格，引人注目；另有一件玉牙璧形器，表面钻有9个圆孔，可能与古代占卜术有关。

■ 三星堆的出土文物

这29座墓葬的下葬年代基本一致，相当于中原的夏王朝时期。仁胜村墓地的发现，对于进一步摸清三星堆古城的布局，了解三星堆文化的丧葬习俗及占卜礼仪，以及与其他地区考古学文化的联系，都具有十分重要的价值。

青关山遗址位于鸭子河南岸的台地上，发现大型红烧土房屋基址一座，其平面呈长方形，西北和东南走向，能观察到的面积约为100平方米。

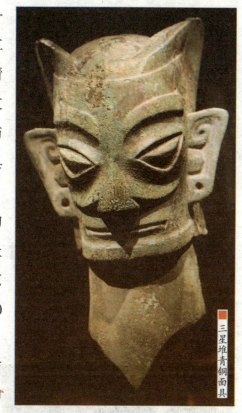

三星堆青铜面具

西北和东南都由红烧土夯筑而成，并夹杂大量卵石。土房屋基槽宽三四米。据推测，其修筑方法为先挖基槽，然后夯筑房基。

该房屋基址的实际面积、修筑方法、残存高度、进深开间并不清晰，但如此规模的房屋基址，在三星堆遗址中是从未遇到的，其功能已远远超过一般居室的需要，它们极有可能是宫殿性质的建筑，建筑年代为商代。

阅读链接

三星堆遗址的惊世发现，始于当地农民燕道诚于1929年车水淘沟时偶然发现的一坑玉石器。

三星堆文明上承古蜀宝墩文化，下启金沙文化、古巴国，前后历时约2000年，是中国长江流域早期文明的代表，也是迄今为止中国历史中已知的最早的文明。

三星堆文化遗物丰富

三星堆跪坐人像

三星堆祭祀坑中有上千件青铜器、金器和玉石器。其中，1号坑鼻梁上方镶嵌有高达0.66米的装饰物，既像通天的卷云青铜器的种类有人头像、人面像、人面具、跪坐人像、龙形饰、龙柱形器、虎形器、戈、环、戚形方孔璧、龙虎樽、羊樽、瓿、器盖、盘等。

2号坑的青铜器有大型青铜立人像、跪坐人像、人头像、人面具、兽面具、兽面、神坛、神树、太阳形器、眼形器、眼泡、铜铃、铜挂饰、铜戈、铜戚形方

孔璧、鸟、蛇、鸡、怪兽、水牛头、鹿、鲇鱼等。

■ 三星堆"通古千里眼、顺风耳"青铜神像

在这数千件稀世遗物中，最具特色的首推数百件青铜器。这些青铜像铸造精美、形态各异，既有夸张的造型，又有优美细腻的写真，组成了一个千姿百态的神秘群体。

在众多的青铜人面像里有3件著名的"千里眼、顺风耳"的造型。

它们不仅体型庞大，而且眼球明显凸出眼眶，双耳更是极尽夸张，长大似兽耳，大嘴也阔至耳根，使人体会到一种难以形容的惊讶和奇特。而它们唇吻三重嘴角上翘的微笑状，又给人以神秘和亲切之感。

其中，最大的一件通高0.65米，宽1.38米，圆柱形的眼珠，凸出眼眶达0.16米；另一件纹，又像是长有羽饰翘尾卷角势欲腾飞的夔龙状，显得怪诞诡异。

根据有关的民族志材料，许多民族的神职人员在通神做法的时候，往往要服用某些令人致幻的药物，

樽　中国古代的一种大中型盛酒器，盛行于商代至西周时期，春秋后期已经少见。商周至战国时期，还有另外一类盛酒器牺尊。牺樽通常呈鸟兽状，有羊、虎、象、豕、牛、马、鸟、雁、凤等形象。牺樽纹饰华丽，在背部或头部有樽盖。樽器表多饰有凸起的麋棱，雕铸着繁绳厚重的蕉叶、云雷和兽面纹，显得雄浑而神秘。

■ 三星堆青铜立人

蝉 在中国古代，蝉象征复活和永生，同"禅"出自佛家，故称"知了"。蝉的幼虫形象始见于公元前2000年的商代青铜器上，从周朝后期到汉代的葬礼中，人们总把一个玉蝉放入死者口中以求庇护和永生。由于人们认为蝉以食露水为生，因此它又是纯洁的象征。

凭借这些药物的力量，他们成为一群很特殊的人，掌握着较高的文化，但是眼睛是失明的。

难道在三星堆王国的神圣阶层中，果真有一群瞎子吗？也许真的会有？

三星堆遗址出土的文物青铜鸟脚人像残高81.2厘米，分上下两部分，上部人身残高31.2厘米，穿紧身短裙，短裙上还有非常细致的螺旋状纹理，这些纹理跟商代青铜器上的纹理非常相似。人像腿粗硕健壮，鸟爪强劲有力的钳住下面的鸟头。鸟的造型极为抽象，大大的眼睛，弯弯的钩喙，从颈部变成蛇、龙等动物的尾巴。下部鸟高50厘米。

三星堆祭祀坑的立人像身高1.7米左右，连座通高2.62米，重180千克，被尊称为世界铜像之王。

据考证，它的铸造时间距今约有3000多年。如此庞大的青铜巨人，在国内的商周文物中尚属首例，因此被誉为"东方巨人"。

青铜立人像的面部特征为高鼻、粗眉、大眼，眼睛呈斜竖状，阔嘴，大耳，耳垂上有一个穿孔，脑袋后端有发际线。人像身躯瘦高，手臂和手粗大、夸张，两只手呈抱握状。

青铜立人像上身着窄袖与半臂式右衽3件套装。头戴莲花状的兽面纹和回字纹高冠，后脑勺上铸有一凹痕，可能原有发簪之灯的饰物嵌在这里。

人像最外一层为单袖半臂式连肩衣，衣上佩方格状类似编织而成的绶带，绶带两端在背心处结襟，襟上饰物已脱落。衣左侧有两组相同的龙纹，每组为两条，呈"已"字相背状。

人像衣服右衽前后两边各有竖行的两组纹饰图案，一组为横倒的蝉纹，另一组为虫纹和目纹相间的纹饰。中间一层为"V"形领，短袖。

衣左背后有一卷龙纹。最里一层深衣分前后裾，前裾短而平整，后裾长，两侧摆角下垂近脚踝。在前后裾上，有头戴锯齿形冠的兽面纹。脚戴镯，赤足立于兽面台座上。

青铜像的头顶花冠正中，有一个圆形的代表太阳的标志。从它所在的位置看，这个巨大的立人像也许就是代表太阳神在行使自己的职能，也许他本身就是太阳神的化身，这也许是太阳崇拜的直接表现。

青铜立人像不是一件写实风格的雕像，从人物的骨骼上分析，他的躯体不符合正常人的比例，在世界的任何地方都找不到长有这般躯体的人。那么粗那么大的手，那么细的身体，那么长的脖子都无法和现有的人种联系起来。

也就是说，这件雕像表现的不是一般意义的人。只能把它解释为一种艺术造型，一种抽象、一种程式化的

■ 三星堆鸟脚人像

古蜀国 相传，上古时，居住在古青藏高原的古羌族人向东南迁居，进入了岷山地区和成都平原。后人将这些居住在岷山河谷的人称为蜀山氏。后来，蜀山氏的女子嫁给黄帝为妃，生下儿子蚕丛，蚕丛在四川平原建立了古蜀国，代代相传，经立了一个又一个的朝代。

■ 三星堆青铜神树上的铜鸟

东西。这是古蜀人喜欢的一种艺术形式。

那么，这尊青铜立人像代表的可能一个政教合一的宗教领袖，例如蜀王。而如果从制造者选取材质的角度考虑，立人像应该在众铜人像中指挥着全局。

这双大得出奇的环握状的手与身体的比例极不协调。那么这双巨大的手里面原本是空空的吗？如果不是，它可能把握着什么呢？

这两只手握成的圆形并不是同心的，也就是说，这尊大立人把握的器物应该是两件或者是一件弯曲的东西。那会是什么东西呢？

可能立人像手中握着的是玉琮。玉琮是一种极富地方特色的玉器，流行于5000年前中国东南地区的良渚文化中。但是，立人像双手的位置几乎不可能抓住像琮这样外方内圆的物体。

由于上方的一只手握成孔的直径要大一些，双手的位置清楚地表明所执物体必须有一定的弯度，所以可能是一支牙尖向下的象牙。

如果立人像是古蜀国人的宗教首领像，铜像双手所握的就应该是类似彝族巫师的法具神筒。但是，立人像的衣冠饰件均为青铜铸就，如果他双手果真要持通天柱或神筒柱这样的法器，那也应该由青铜铸造才是，不应偏偏是这个物件要拿木头或竹子来制作。

从三星堆的许多器物中归纳出奇特的手的造型，发现所有人物的手都特别大，特别突出。可能这只是一种手势，它手里并没有拿东西，好像巫师在做法时的一种动作，就是在不停地比画着什么。

■ 三星堆青铜鸟头

三星堆文化没有文字，但有象征符号，鸟、虫、鱼、人、羊……特别是鸟形器与鸟形纹，一眼就能辨认。这些符号与纹饰构成一个把自然界与人间万物召唤在一起的神秘系统。这是远古以来图腾崇拜的遗存，其中，尤以鸟图腾最为明显，以鸟图腾为巴蜀族徽的器物分布最为广泛。

三星堆2号坑出土的众多铜器中，有许多鸟类造型。显然，这是三星堆人对鸟类产生的特殊情结。一方面，由于蜀地当时鸟类繁多，千姿百态，使蜀人引以为豪；另一方面，鸟类有灵活的翅膀，能够自由飞翔，甚至能上达碧霄，进入人类难以到达的境界，使三星堆产生敬畏之情，甚至让人崇拜。

青铜鸟宽15.4厘米、通高27.8厘米。铜鸟立于圆座上。圆座顶微隆，腰部内凹处有四圆孔，下为中空圈足。鸟昂首向前，大眼尖喙，鸟身修长，两侧羽翅

图腾 是原始人群体的亲属、祖先、保护神的标志和象征，是人类历史上最早的一种文化现象。运用图腾解释神话、古典记载及民俗民风，往往可获得举一反三之功。图腾就是原始人迷信某种动物或自然物同氏族有血缘关系，因而用来做本氏族的徽号或标志。

长及尾部与尾羽相并上翘。鸟背部铸饰的一支歧分三支的立式羽翅，使鸟身原本较为平实的构型生出了几分奇趣。

铜鸟头横断面呈椭圆形。矮冠末端上卷，大眼，钩喙，如鹰头。钩喙口缝及眼珠周围涂朱。器下端边沿处有三圆孔。

著名的青铜纵目面具代表的，其实，是人鸟合体的一种正式表现形式。面具两个尖尖的耳朵，是杜鹃鸟的两只翅膀，它的钩喙般的鼻子则象征它是鹰隼一类的鸟。

■ 三星堆青铜鸟

古蜀国的第二代王叫鱼凫。凫就是鸟，具体指的是水上的鱼鹰。距离三星堆遗址很近的地方有一条大河叫鸭子河，从古以来一直有打鱼的人在这条河上豢养鱼鹰。这种能战胜鱼的鹰，也许在远古时代被人们仰慕。

青铜太阳轮形器是三星堆最具神秘性的器物之一。轮形器直径0.84米，器物中心为一个圆凸形的轮毂，轮毂向周围有放射状根辐条5根，辐条外有一周轮圈。圆凸形的轮毂中心及晕圈上各有一小孔做固定使用。

青铜太阳轮与同一祭祀坑出土的铜神殿屋盖上的太阳纹饰相似，也与中国南方的铜鼓上的太阳纹饰相像，这种近似车轮的青铜器件是太阳神崇拜的象征

祭日 祭日活动由来已久，源于华夏先民对日神的崇拜。夏商周三代都有祭日的传统。夏尚黑，祭日在日落之后；殷尚白，选在红日当顶时举行；周尚赤，习惯于早晨和黄昏时祭日。这种仪式，在中国某些地区依然留存。

物，因此被称作太阳轮形器。

可以推知，当时的古蜀国已经有了专门祭日的仪式。自然界和人类都喜欢对称法则，因为，对称不但美观、稳定，而且简洁、易于铸造。

但是，三星堆的工匠们为什么要舍简求繁制造5根辐条呢？其实，轮形铜器应该是一种盾的装饰物，它是一种舞蹈仪式进行时的一种法器，它上面的花纹表示它是代表太阳。

三星堆2号坑有5件由青铜制造的"树木"，分别为1号至5号青铜神树。但是只比较完好地恢复了1号青铜"神树"。残存的1号大铜树高3.96米，由于最上端的部件已经缺失，估计全部高度应该在5米左右。树的下部有一个圆形底座，3道根状物斜撑在树干的底部。

神树树干笔直，套有3层树枝，每一层有3根枝条，全树共有9根树枝。所有的树枝都柔和下垂。枝条的中部又伸出短枝，短枝上有镂空花纹小圆圈和花蕾，花蕾上各有一只昂首翘尾的小鸟。

神树枝头有包裹在一长一短两个镂空树叶内的尖桃形果实。在每层3根枝条中，都有一根分出两条长枝。在

■ 青铜神树

■ 三星堆博物馆馆
藏青铜斧

龙　在中国古代神话与传说中，是一种神异动物，具有九种动物合而为一之九不像的形象，为兼备各种动物之所长的异类。传说其能显能隐、能细能巨、能短能长。上下数千年，龙一直是华夏民族的代表。

树干的一侧有4个横向的短梁，将一条身体倒垂的龙固定在树干上。

三星堆遗址的青铜神树称得上是一件世上仅有、极其奇妙的器物。青铜神树树枝上共栖息着9只神鸟，可能是暗合了古典籍中"九日居下枝"的说法。神树的顶端应该还有一只神鸟，即暗合"一日居上枝"的说法，但由于神树的最顶端残缺，只能是推测了。

同时，在旁边还有数件原本应该立在花蕾上的铜鸟、人面鸟身像等，很可能其中的一件便是那只居于神树上枝的铜鸟。

三星堆的2号铜树仅保留着下半段，整体形态不明，下面为一个圆盘底座，3条象征树根的斜撑之间的底座上，各跪有一人，人像的双手前伸，似乎原先拿着什么东西。

由部分复原的形状来看，2号铜树树干每层伸出3根树枝。它的枝头有一长一短叶片包裹的花蕾，其后套有小圆圈，与1号大铜树基本相同。但枝条的主体外张并且上翘，鸟歇息在枝头花蕾的叶片上，这却不同于1号大铜树。

这两棵大铜树体量巨大，尤其是1号大铜树上还有飞龙盘绕，它们应当不是普通的树木，而是具有某种神性的神树。

神树在中国的古代神话传说中不止一种，这些高大的铜树代表扶桑和若木，是古蜀人幻想成仙的一种上天的天梯。这种天梯是同太阳所在的地方相连接的，在东方叫扶桑，在西方叫若木。

三星堆大铜树以树的躯干、鸟、花和神树之上供人们想象的太阳，展示了一个通天的主题。在青铜树的枝干上，可以清晰地看到有一些用以垂挂器物的穿孔，而且坑中还有一些小型青铜器件。这些由青铜制作的发声器，也许是悬挂在铜树上的。

此外，尤其令人迷惑不解的是，这棵青铜神树如果全部按原型组装竖立起来，如此巨大的青铜神树，由于重心极其靠上，它根本就无法自然站立。

因此，这棵青铜神树应该是为一次大型祭祀而临时铸成的，而不是作为长期陈列而设置的。因为用青铜铸造许多

扶桑 在上古时代成为中华文化的一个重要特征。扶桑代表了中国先民的宇宙观。不但在本土有日出日落之地。而且推广到全世界，东极西极的观念与先民的迁徙相结合，汤谷成为墨西哥一个真实的所在。扶桑树实物是上述论证的证据。

■ 三星堆博物馆里的青铜权杖

■ 三星堆青铜兽首
冠人像

夔龙纹 夔是一种神话中形似龙的兽名，夔龙纹一说为龙纹、蜗身兽纹，主要形态近似蛇，多为一角、一足、口张开、尾上卷。夔龙纹始流行于商、西周青铜器及玉器上，商代的白陶因造型和纹饰均模仿当时的青铜器，因此也有印夔纹装饰的。

棵带有神秘含义的树木，在当时来说是要下很大的决心的，因为那是一项十分庞大而复杂的工程。

三星堆发现一柄金杖是用较厚的纯金皮包卷而成的金皮木芯杖，杖长142厘米，直径2.3厘米，净重500克。杖的上端有一段长46厘米的平雕纹饰图案，分为3组：最下一组为前后对称的人头，人头上戴冠，耳饰有三角形耳坠。前后人头上下各有两周线纹，人头间用双钩形纹饰相隔。

上端的两组图案相同，下方为两背相对的鸟。上方为两背相对的鱼，在鱼的头部和鸟的颈部上压有一支箭，表现鸟驮负着被箭射中的鱼飞翔而来。由此推测，这支金杖可能是蜀王鱼凫氏的权杖。

古蜀王国用金杖标志至高无上的统治权力，这同中原夏、商、周三代用鼎作为最高权力的标志物是全然不同的。

另外，在三星堆遗址发现的铜胎敷金面罩是用金箔在铜头像上捶拓而成，也可能原是粘在铜头像上的。大小和造型风格与一起的铜像相同。面罩双眉、双眼及口部镂空，鼻部凸起。

三星堆的金面罩可能根本就不是面罩，它是古蜀人为青铜头像装点的黄金的皮肤。

这些人可能具有特殊的身份，就跟那些铜像一样，表达着某种特定的含义。

这种用黄金来表现除了眼睛、眉毛以外的皮肤这些部分，可能是要说明这个铜人头像具有不同于其他人头像的特殊身份。

另外，三星堆遗址中还有很多珍贵的遗物，如青铜兽首冠人像、青铜人面具、金箔虎形饰、金箔鱼形饰以及玉璧、玉琮等。

青铜兽首冠人像仅存人像上半身。残高人像头戴兽面冠，冠顶两侧有两兽耳耸立，中间有一呈象鼻卷曲状的装饰物。人像造型和手姿与青铜立人像相似。长刀眉，栗状眼，三角形鼻，长方耳，耳垂穿孔。阔口，闭唇，方颐，颈部长直。

人像两臂平抬，两手似握有琮，右手在上，左手在下。人像身穿对襟衣服，腰间系带两周，带在腰前打结。衣服为镂空的纹饰，上身前后为云雷纹，两肘部为变形的夔龙纹。

青铜人脸宽短，宽额，三角形鼻，鼻梁短直，鼻头肥大，长方形耳郭，饰云雷纹，耳垂穿孔。长刀眉，杏眼，方颐，阔口，闭唇，嘴角下弯，下颌向前斜伸。额正中及耳上下各有一个穿孔。

金箔虎用金箔捶拓而成。巨头，昂首，口大张，眼镂空，大耳，身细长，饰虎斑纹，前足伸，后足蹲，尾上卷，呈咆哮状。

金箔鱼形饰，该器物为挂饰，形似鱼，又似璋器，一端由后至前呈弧

■ 三星堆出土的青铜神坛

形向两侧宽出，中间也呈弧形向两侧分开；另一端呈钝角形，中间有一小圆孔，两侧各开一缺口。

玉璞自然砾石，不规则形，表面呈栗红色，质地坚硬。一面将玉皮磨平，皮下为浅黄色。挑选玉料的常见方法是，将从河沟内采集的标玉磨去玉皮以观察玉的质地。该玉料未经进一步加工，故称玉璞。

玉琮呈黄绿色。半透明，局部有橘红色斑点，一面有瑕口。玉琮身内圆外方，四边委角较圆，两端射部较矮。四方正中阴刻平行线，另在转角处刻出平行横线，分上、中、下3组，每组5条。

石蟾蜍呈灰白色，石质较软。器身基本完好，仅一腿残断。蟾蜍姿势呈爬行状，头前伸，口微张，露齿，周身满布疙瘩。传说月宫中有3条腿的蟾蜍称为月神。此蟾蜍缺一腿，颇耐人寻味。

石琮全器被火烧，呈鸡骨白色，一端射孔部略残。外方内圆，射呈八菱。

阅读链接

三星堆于1929年初次被发现，1986年发掘之初，在两个神秘的器物坑里，考古专家发现了大量造型奇特、美妙绝伦的青铜人头像、面具、青铜礼器及玉石器。

这一发现，立刻在世界范围内引起轰动，三星堆遗址由此被誉为当时最重要的考古发现之一。由于出土文物不见于任何文字记载，三星堆文化成为一个巨大的谜团，猜想与争议从此开始。

1988年1月，该遗址群被公布为全国重点文物保护单位。1992年8月，三星堆遗址博物馆奠基，1997年10月建成，正式对外开放。

曾侯乙墓与编钟

湖北随州发现2400多年前战国初期的曾侯乙墓，最为引人注目的是124件精美乐器，包括编钟等8种，被誉为先秦时期的"地下乐宫"，其中出土的编钟被誉为"稀世珍宝"。

曾侯乙墓墓葬不但有中国古代最完整、最大的一套青铜制曾侯乙编钟，还出土了其他乐器、礼器、漆器等随葬品共1.5万多件。

墓葬展示了那个时代的冶铁铸造水平、音乐发展水平等文明成果，是研究那个时代政治、经济、文化等方面的宝贵资料。

曾侯乙墓
Tomb of Marquis Yi of Zeng

曾侯乙墓来历神奇

■ 编钟上的镈

曾侯乙，姓姬名乙。据推定，他大约生于公元前475年，卒于公元前433年，是战国时期南方小国的国君。他不仅是一位熟谙车战的军事家，也是一位兴趣广泛的艺术家。

周朝在随国、曾国都封有同姓诸侯，在随州义地岗季氏梁一座春秋中期的墓葬中发现有两件铭文铜戈，器主季怡为曾国公族、曾穆侯之子西宫的后人。铭文中季怡自称"周王孙"，证明曾侯本是周王的宗支。

据此推断，曾国为姬姓封国，作为其国君的曾侯乙与周天子同姓毋庸置疑，故曾侯乙也可称为"姬乙"。

从楚惠王送给曾侯乙的一件青铜镈上的31字铭文看，曾侯乙死于公元前433年或稍晚，通过对其尸骸的C-14测定，可以推定曾侯乙的死亡年代在公元前433年至公元前430年之间，他死时年龄在42岁至45岁之间。

综合考虑，曾侯乙应当生于公元前475年或稍晚，约在公元前463年前后成为诸侯王，在位约30年。

曾侯乙墓的遗物都表明，曾侯乙生前非常重视乐器制造与音律研究，同时还是擅长车战的军事家。

曾侯乙墓所在地名字叫擂鼓墩，擂鼓墩迄今有2000多年的历史了。

相传公元前605年，鬬椒继任令尹之职。鬬椒大权独揽，骄横跋扈，杀死主管军事的司马，趁楚庄王率军攻打随国之际，率若敖氏族人发动了叛乱。

这时，楚庄王已兵临随国城，并占领城南制高点。鬬椒的叛乱使楚庄王腹背受敌。楚庄王在与鬬椒的交战中连损几员大将，自己也险遭鬬椒的两箭。

正在危难之时，有人推荐了小将养由基，说他有百步穿杨之功。楚庄王叫养由基当场演试。

■ 曾侯乙墓出土的铜鹿角立鹤

镈 是一种形制接近于钟的乐器，不像钟口呈弧状，为平口。器身横截面为椭圆形。现在发现的镈有3件铭文上自名镈，其他的镈形制像镈而铭文中称为钟。

养由基 姬姓，养氏，名由基，他自小会射箭，成语"百步穿杨"指的就是他。"常蹲甲而射之，贯七札，人称神。"他双手能接四方箭，两臂能开千斤弓，被称为神箭手。

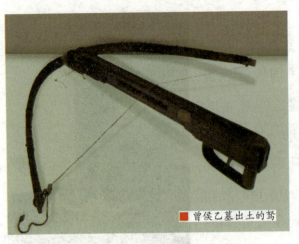

曾侯乙墓出土的弩

这时，恰好天上飞来一群大雁，养由基射出一箭将领头雁射落下来，人们捡来一看，正中大雁咽喉，楚庄王大喜。

第二天两军对阵时，养由基提出要与鬬椒比箭，他说："我愿让你先射我3箭，倘若不中，我只射你一箭。"

鬬椒连发3箭，第一箭被养由基左手抓住，第二箭被右手抓住，鬬椒第三箭瞄准养由基的咽喉狠命射去，养由基略略俯身，一口咬住箭头。

养由基丢下双手箭，取下口中箭，拉满弓，一箭射中鬬椒咽喉。这时，叛军大乱，楚庄王亲自擂起战鼓，全歼叛军。楚庄王擂鼓处的高地从此便叫擂鼓墩。

这段神奇的传说在当地流传甚广。

擂鼓墩因为有那一段神奇的传说，历代县志均有记载，于是，便用"擂鼓墩"来为此墓冠名，将这个墓葬编号为随州擂鼓墩1号墓。

古人非常重视墓址的选择，认为墓地风水决定自己在阴间生活的幸福指数，甚至决定家族后代的兴衰。

曾侯乙作为国君，当然对此更为重视，也更有条件挑选一个中意的地点作为自己灵魂安息的地方。曾侯乙选择擂鼓墩作为墓址，是综合考虑了地理环境、地层岩性、地质构造等多种因素决定的。

整个古墓群地带位于山峦起伏的丘陵上，山势走向为近南北走向垄岗地形，自西北蜿蜒而来，至此已到丘陵尽头。从最高处的厉山神农洞到擂鼓墩，山脉没有间断，99座山冈相连。

从东部的岗丘西望，擂鼓墩古墓群恰似一条巨龙仰卧在厥水西岸，曾侯乙墓所处的东团坡位于龙首，整个墓群高出河边平地约20米。向东约700米，有自北往南流过的厥水；向南约2.5千米，有自西往东而来的涢水，两水在擂鼓墩的东南方向汇合。

擂鼓墩以其奇特的地形地貌，成为数百位国君和贵族的安息地。

在方圆4平方千米的擂鼓墩墓群范围内，均为红砂岩层地质构造。所有墓圹均为岩坑竖穴。墓群范围内均为高低起伏的丘陵，无一座高山，都处于厥水西岸的丘陵上，且顺着山脉走向依次排列。

墓群的东侧紧临河边冲积平原，西侧为高低起伏的岗丘，再西边也是冲积平原。在曾侯乙墓西100米左右，还有一个比它略小的山包西团坡，此坡也为红砂岩地层，与曾侯乙墓所在的东团坡平行由北向南延伸。

在曾侯乙墓以北2千米处发现了王家包、蔡家包两处大型墓葬。从墓葬的形制和规模看，也应该是国君之墓，均保存完好。另外，还发现了吕家塝、王家塆、庙凹坡墓地。因此，擂鼓墩古墓群的面积由原

古代战马铠甲

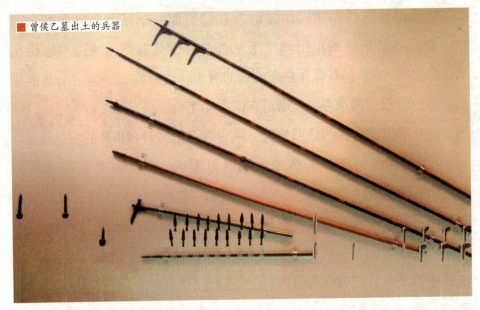

曾侯乙墓出土的兵器

千古遗迹的考古发现

来的0.75平方千米扩展至5.08平方千米。

红砂岩地层犹如铺在大地上的红地毯，真有布秀呈祥之气。风水中的穴、砂、水、向"四灵"，这里都占有。

这正是擂鼓墩古墓数量众多的缘故，也是曾侯乙选择这里作为自己墓址的原因。

曾侯乙墓的各类随葬的物品达1.5万多件，其中，有一件是青铜制的煎鱼盘，盘下放着木炭，盘上有一条鱼，鱼肉虽然已经腐烂消失，从鱼骨头的形态来看，这是一条鲫鱼。

中国的烹调技术素来闻名于世，烹饪讲究色香味，讲火功，讲制作，讲调味。但是整个人类的烹饪有一个发展过程，最开始是生食，除了植物以外，还有"茹毛饮血"；进而发展到熟食，熟食由直接火烤再发展到煮，最后再到蒸。

在烹饪技术中，单是烧、烤、煮、蒸，是难以满足人们对色香味的追求。只有发展到煎炒，讲求火功，这一点才能做到。从新石器时代开始，就已有鬲、鼎、釜这类蒸煮之器，还没有发现煎炒之器。

而曾侯乙墓中的煎鱼盘，说明这个小国的君主曾侯乙在吃鱼方面已讲究煎炒的吃法了。

所以，曾侯乙墓中的煎鱼盘，也说明中国至少在东周时代已有了煎炒等烹饪的方法了，以后烹饪方法的不断改进，才做出了品种多样的菜肴来。

鱼本身有一种腥味，源于鱼的体内含有一种叫三甲胺的物质。在2000多年前曾国的曾侯乙，他的厨师在烹调时却放入了一些梅来消除鱼腥味。

在曾侯乙墓出土的鱼骨中，就掺杂有不少这种梅核。这一方法，在中国的烹调史上，可能是比较早的实物资料了。

曾侯乙的侍卫们特别为其国君随葬两鼎鱼，并置备一件煎鱼用的随葬品，自然是基于国君生前特别的爱好。

早在北宋，就在湖北安陆的一些地方出土过两件有铭文的曾侯钟，铭文内容几乎与曾侯乙墓的铸钟铭文相同。

后来那件曾侯钟丢失了，但有关于铭文的拓片却一直流传了下来。而在安徽寿县朱家集楚干墓也发现一对有铭文的大型曾姬壶。

其形制为方口，有盖，盖有四"S"形钮，长颈，垂腹，方圈足。颈部附两虎形耳。盖上、颈

釜 是战国时期秦人使用的一种饮食器。形制近似于现在的罐，敛口束颈，口有唇缘，鼓腹圆底，口径小于腹径甚多，肩部有两个环状耳。

■ 三足鼎 鼎是中国青铜文化的代表。鼎在古代被视为立国重器，是国家和权力的象征。它也是旌功记绩的礼器。周代的国君或王公大臣在重大庆典或接受赏赐时都要铸鼎，以旌表功绩，记载盛况。最早的鼎是黏土烧制的陶鼎，后来又有了用青铜铸造的铜鼎，有三足圆鼎，也有四足方鼎。

■ 曾侯乙墓展厅的
青铜镬鼎

030

千古遗迹的考古发现

部、圈足部均饰蟠虺纹。

曾姬壶两件壶铭相同，皆铸于壶口内壁，其铭文的内容是：

> 作：佳（唯）王廿又六年，圣之夫
> 人曾姬无卹，（吾）宅兹漾陵，蒿间之无
> （匹），用乍宗彝尊壶，后嗣甬（用）之，
> （职）在王室。

蟠虺纹 青铜器纹饰之一。又称"蛇纹"。以盘曲的小蛇的形象，构成几何图形。有的作二方连续排列，有的构成四方连续纹样。一般都作主纹应用。商末周初的蛇纹，大多是单个排列；春秋战国的蛇纹大多很细小，作盘旋交连状，旧称"蟠虺纹"。

铭文涉及了曾国的历史及曾楚两国的关系。曾侯乙墓表明在战国初年在汉水以东地区，存在以"曾"为名的诸侯国。

随州城郊季氏梁一座春秋墓中有两件青铜戈，其中，一件铭文为："周王孙季怡孔臧元武元用戈"；另一件铭文为："穆侯之子西宫之孙，曾

大攻尹季怡之用。"后又表明此曾国为姬姓曾国。

同时，在湖北枣阳、京山、襄阳及河南省的新野等地区也有铭文显示属于曾国的铜器。但中国古籍记载的曾国地点却不在那一带，而那一带据记载曾有一个随国。

于是就有了"曾随合一"说，人们做出了不少推测：一种看法认为曾、随是同一国家，属于一国两名。

第一，铜器铭文中的曾国与文献记载中的随国族姓相同，均为姬姓封国。曾为姬姓，这已经得到了证实。而随的姓氏，也多见于文献记载。

《春秋左传正义》引《世本》说："随国，姬姓。"高诱注《淮南子·览冥训》"随侯之珠"，也称随为姬姓。由此可见，曾、随都是姬姓，即两者姓氏相同。

第二，地望相同，均在随枣走廊为中心的这一带；时代一致，均

曾侯尊盘

在西周至春秋晚期或战国早期。曾国青铜器的年代，从东周初至战国时期的都有，有的可能还早至两周之际。类似情况中国历史上并不少见，如楚又称荆，魏又称梁，韩又称郑等。

第三种看法是说随国灭曾国、延姬姓宗嗣。早期曾国已被楚所灭，楚灭随以后，又在随地分封了一个曾国。据文献记载，随州及其附近地区在春秋和战国初年为随国之地，系西周天子所封的姬姓诸侯。在春秋前期，楚国逐渐强大，随国虽然不如楚国强大，却也是汉水东面的大国。

它常常同附近的一些小国联合起来反抗楚国，楚、随之间经常征战。但在公元前640年，随联合汉东诸侯叛楚，楚国斗谷于菟率兵伐随，结果两国达成请和，随成了楚国的属国。

千古遗迹的考古发现

湖北省博物馆藏曾侯乙墓出土的九鼎八簋

　　至公元前506年，吴入侵楚，楚昭王出奔抵随，随侯保护了楚昭王，从此楚、随关系发生了重大变化，由敌视变为友好，随国也因此强大起来。它也仗着楚国的支持灭了姒姓的曾国，并迁都于曾，也就是西阳，并自称为"曾"，因之姒姓的曾国变为姬姓的曾国了。

　　第四种看法就认为是曾灭随。根据史籍记载，在周初曾经有3个曾国，分别写作曾、鄫、缯，写法不同，实际只是一个曾氏，是一个很古老的民族，史册上所记载的3个曾国都是它的后裔。但它们后来都被别国所灭。

　　随国以前曾经是汉水东面的一个姬姓的诸侯国，封地在两湖盆地的东北方向的地方，是这一带地域比较广阔的一个国家，《左传》中有"汉东诸国随为大"的说法。

　　楚国虽说是周天子封的一个异姓诸侯国，但是在接受册封之后却一天天壮大起来。史籍中就有楚国和随国友好往来的记载，但是楚国对随心存戒备，在无数次征战之后，楚国花费了特别大的代价，但是

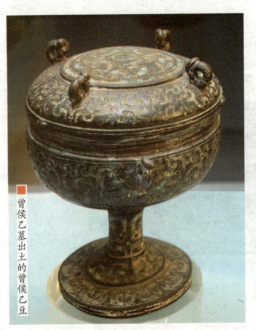

曾侯乙墓出土的曾侯乙豆

千古遗迹的考古发现

还是没有将随国除掉，随国就成了楚国的心腹之患。

权衡了各种利害关系之后，楚国派遣曾氏进入随国，进行各种间谍活动，并成功把姬姓的随国变成了曾氏的随国，从此之后楚国和这个新的随国永远结束了战火连天的历史，取而代之的是血脉相连、生死与共的关系。

后来便有了楚昭王奔随，随国誓死保护了楚国的事情。曾侯乙墓的这个曾，正是在楚的帮助下灭了随国而建立起来的曾国。

阅读链接

1977年9月底，驻湖北省随州城郊擂鼓墩空军某部后勤雷达修理所进行营房扩建。一天上午，随州南郊擂鼓墩七组的20多位村民和往常一样挖土，挖着挖着，有个民工在离地面两三米深的地方，忽然发现了20余件古代青铜器。

1978年春，随州爆出了一条轰动全国乃至世界的新闻：在城西2000米一个叫擂鼓墩的地方，发掘了一座战国早期的大型木椁墓葬，即曾侯乙墓。

墓中出土了大量精美的文物，其中，许多造型奇特、工艺精湛的文物是前所未见的珍品。

曾侯乙墓器物丰富

曾侯乙墓为中国古代战国初期曾国国君乙的墓葬。墓坑开凿于红砾岩中，为多边形竖穴墓，内置木椁，椁外填充木炭及青膏泥，其上为夯土。

曾侯乙墓墓葬坑和陪葬坑的形制，集中体现了战国初期殡葬制度的变化，在中国殡葬文化中，占有极其重要的地位。

曾侯乙墓呈"卜"字形，墓坑为多边形岩坑竖穴木椁墓。无墓道，也无台阶，呈南北向。

整个椁室由底板、墙板、盖板共171根巨型长方木铺垫垒叠

曾侯乙墓出土的曾侯乙提链壶

而成，使用成材楠木达500立方米。曾侯乙青铜架楠木彩绘主棺重达7000千克，椁内分作为东、中、北、西4室。

曾侯乙墓棺由内棺和外棺组成。外棺是由青铜框架构成，框架由青铜浇铸而成，经过精确的榫卯相接，主要起支撑作用。这些框架设计合理，制作精致。

内棺外面饰有彩绘门窗及守卫的神兽武士。

在东西南北的方位中，东方是太阳升起的地方，因而古人认为东为贵，于是，墓主居最大的东室。

中室放置随葬的礼乐器；北室放置兵器及车马器等；西室置殉人共13个，各配木棺，均为13岁至25岁的女性。棺室上部及周围填有厚厚的木炭，是用来防潮的。

木炭之上盖有一层半米厚的梓木方材，梓木上填有十多米厚的青膏泥黄褐土，这种土具有很强的密封作用。褐土上面密密排列着分别重达数吨的石条，叫作封顶石。再往上是厚厚的堆土层。

曾侯乙墓有陪葬坑共5处，位于曾侯乙墓西13米处，呈南北向排列。坑内共有器物500多件，主要为陶器和铜器两大类。陶器类均为生活用具，有罐、盘、钵、盆等；铜器类主要为战车构件和生产生活工具等。

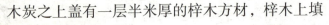

■曾侯乙大曾缶

通过考证，5处陪葬坑均为人工挖成，排列有序，属于一个整体。整排坑中轴线为北微偏东，方向与曾侯乙墓偏向相同。坑中器物排列、组合也是经过特意安排的。

1号坑属于储存战车的车库及修理战车用的工具库，其他4处除五号坑被严重盗掘未见殉葬品外，剩余3处殉葬品均为陶器，器物中盛储的可能是供祭的食品。

5处陪葬坑的下葬年代应为战国早期，即与曾侯乙墓同时代。

中国古代各时期的墓葬形制都不同，旧石器时代晚期已经出现了这种墓葬；至新石器时代黄河中下游地区出现竖穴土坑墓；新石器时代晚期出现了木棺和木椁。

至商朝出现了墓道；西周出现了用鼎制度；春

■ 曾侯乙透雕蟠龙纹鼓座为战国早期青铜器。于1978年湖北随州擂鼓墩1号墓出土，圆锥形，座中央有一插入鼓柱的孔，周围纠结盘绕有16条圆雕龙，其上还附缠有小龙若干，龙身饰鳞纹并嵌有绿松石，鼓座底缘饰有蟠蛇纹，并对称设4个圆环提手，柱口沿内圈刻铭5字。鼓座是乐器建鼓的附件，用于承插建鼓贯柱，稳定建鼓。由此说明，鼓在当时已经成为人们常用的一种乐器。

■ 曾侯乙鼎

秋末年出现了高大坟丘、陵园；战国时期，地上形成了一套陵园设施，包括陪葬坑、陪葬墓等，地下多重棺椁也继续发展；在两周时期，形成了以多重棺椁和用鼎来规范墓主的等级制度，也就是丧葬的等级制度。

战国晚期，在洛阳一带出现了空心砖墓，这是一种新的墓葬形制。由于这个时期封建制刚刚建立，奴隶制残余还普遍存在，礼乐制度和宗法观念还在各地不同程度地起作用。

特别是在丧葬制度方面，奴隶制度的残余还相当严重，如殉人现象还没有绝迹，墓地还不能自由买卖。因此，曾侯乙墓有21人殉葬也就不足为奇了。

随着封建势力的不断增强，在用鼎制度方面已冲破了周礼所谓的天子用九鼎、诸侯用七鼎、大夫用五鼎、士用三鼎的规定，此时的诸侯王也开始用起了九鼎。曾侯乙墓的"九鼎八簋"就是一个明证。

战国墓地往往分布密集，排列有序，很少有打破族群关系的。墓地中贵族大墓和身份比较低的小墓相混杂的现象也比较常见，这显然是按血缘关系实行族葬的结果。

曾侯乙墓中有大量精美的青铜礼器、乐器、兵

战国 中国的战国时期指公元前475年至公元前221年。是中国古代重要的历史时期之一，其主体时间线处于东周末期。战国时期是华夏历史上分裂对抗最严重且最持久的时期之一，故被后世称为"战国"。战国时期涌现出了大量为后世传诵的历史典故。

器、车马器，还有为数不少的金器、玉器和漆木竹器以及竹简等。

青铜礼器主要有镬鼎两件、升鼎9件、饲鼎9件、簋8件、簠4件、大樽缶一对、联座壶一对、冰鉴一对、尊盘一套两件及盥缶4件等。

青铜器中还有一件被定名为"鹿鹤"的，造型别致，引人注目。它是一只体态修长的仙鹤，头上长着两只鹿角，似乎在引吭高歌，展翅欲飞。

同时，墓中还有编磬、鼓、瑟、笙、排箫等大量乐器。而在一件漆木衣箱盖上，绘有包括青龙、白虎、北斗图形及二十八宿名称的天文图像。另外非常珍贵的是金盏、金杯、金带钩及长达0.48米的16节龙凤玉挂饰。

曾侯乙墓的漆器有200多件，是楚墓中年代最早也是最为精彩的，其品类之全，器型之大，风格之古朴，体现了楚文化的神韵。

曾侯乙墓的竹简也是中国最早的竹简，共240枚，6696字。

当然，最令人叹为观止的是，这个古墓中那规模巨大、保存完好的古代打击乐器曾侯乙编

■ 曾侯乙簋

曾侯乙联禁铜壶

千古遗迹的考古发现

钟，这套编钟为青铜铸造，共65件，包括楚惠王送的礼品镈，重2500多千克，设计精巧，造型壮观。

虽然在地下埋藏了2400多年，但编钟的音质还是很好，它的发现令世界震惊，被誉为"世界奇观中独一无二的珍宝""古代世界的第八奇迹"。

曾侯乙樽盘是由樽与盘两件器物组成的一套酒器，樽是盛酒器，盘是盛水器。樽置于盘中，是用来冰酒或者温酒的。

曾侯乙墓的青铜器代表着中国青铜器时代巅峰时期的技艺，而这件铜樽更是精品中的极品，堪称典范。该樽盘内共饰有84条龙和80条蟠螭。

樽的敞口，呈喇叭状，宽厚的外沿向外翻折，上饰玲珑剔透的有着透空的花纹，外表形状好像朵朵云彩在上下交叠。樽颈部饰蕉叶形蟠虺纹，蕉叶向上舒展，与颈项微微外张的弧线相搭配，和谐统一。

在樽的颈与腹之间，装饰着4条圆雕豹形状的伏兽，躯体由蟠螭纹构成，兽沿着樽颈向上攀爬，回首吐舌，长舌垂卷如钩。

樽腹、高足皆饰细密的纹路，其上加饰高浮雕虬龙4条，整体看来层次丰富，主次分明。盘直壁平底，四龙形蹄足口沿上附有4只方耳，都装饰着蟠纹，与樽口风格基本相同。

在四耳的下方各有两条扁形镂空的龙，龙首下垂。4龙之间各有圆形雕式的蟠龙，首伏在樽口的边沿，与盘腹蟠纹互相辉映，从而突破了装饰蟠螭纹常有的过于丰满的僵硬感。

尤为重要的是，樽盘口沿上的镂空蟠螭纹装饰是用失蜡法铸造而成。镂空蟠螭纹装饰分高低两层，内外两圈，每圈有16个花纹，每个花纹由形态不一的4对变形蟠螭组成。

表层纹饰互不关联，彼此独立，全靠内层铜梗支撑，而内层铜梗又分层连接，构成一个整体，达到玲珑剔透、层次分明的艺术效果。

盘内底的铭文有打磨痕迹，刻有"曾侯乙作持用终"字样。说明此器是曾侯乙从先君曾侯那里继承下来的。

樽和盘在口的边缘的制作的手法也已经十分精细，用纹饰来进行单独的铸造、加工并且焊接，组成几大组带有小纹饰的单元，再经过焊接在内层托架的顶端。

曾侯乙樽盘的零部件数有上百件，其组装数量和复杂程度至今还令人惊叹不已。

曾侯乙墓中共有两套精美的铜鉴缶，形制纹饰相同。鉴缶是古代用来冰酒或温酒的器具。鉴缶由方鉴和方缶组成，缶在鉴中。

曾侯乙墓鉴和缶均饰以变形蟠螭纹、勾连纹和蕉叶纹等，并且都有

■ 蟠龙席镇

曾侯乙漏匕

"曾侯乙作持用终"的铭文。

鉴的圈座附有四兽形足，四角，四边有一个攀伏的龙形耳，方形和曲尺形的附加装饰镂空，方盖面中空，以容纳方樽、缶颈，鉴的盖饰变形蟠龙纹、浮雕盘龙纹和勾连纹，鉴口沿、颈部、腹部及圈足分别饰以蟠龙纹和蕉叶纹。

鉴与樽缶之间有较大的空隙，夏天可以放入冰块，冬天则贮存温水，樽缶内盛酒，这样就可以喝到冬暖夏凉的酒。

在先秦墓葬中，很少发现金器，而在曾侯乙墓东室内却发现了金盏、漏匕、金杯、金镇、金带钩共9件，还有大量用于装饰的金箔。

盏是用于饮食的器具，金盏略呈半球形，弧腹，圆底，直口，盏体上有对称环形耳；下有3足，呈倒置凤首形；配有圆盖，盖面微鼓，顶部中心有环状钮，以四柱与盖面相连。

这件金盏带盖，盏内还有一把勺子，金盏全器饰有蟠螭纹、绹纹、雷纹、涡云纹等，那把金勺子一端镂空成变异的龙纹，所以又被称作金漏匕，非常精美。

金盏造型端庄，形体厚重，尺寸虽不甚大，但极具体量感；纹饰精致规整，以带状二方连续的形式表现出极强的秩序感，富有规律。整体看来颇有商周青铜器的风韵。

中国古代把鹤、鹿看作是神鸟、瑞兽，是沟通人、鬼、神的媒介。曾侯乙墓的铜鹿角立鹤为鹿、鹤合体，放置在东室主棺的东边，可能意在引领墓主人灵魂升天，或祈求神灵佑护。

作品采用了楚艺术中常用的夸张变形的手法，生长在鹤头的一对对称的鹿角呈圆弧形从两侧向中间合拢，完全改变了鹿角的自然形态，立鹤伸出的长颈让人感到似乎有些比例失调。然而正是这些夸张变形，把一个神奇的巨鸟表现了出来。

整个作品突出了线条的造型功能，弧形的鹿角，长长的鹤颈，拱起的鹤背以及立鹤那双有力的翅膀、双腿、双爪都由流畅的线条构成。弧线与直线的穿插运动，使整个作品具有了一种音乐的旋律美。

整个器物由鹤身、鹤腿、鹿角、两翅、座板共8个部分组装而成。座板都是单独铸造，可自由拆卸，然后采用子母榫扣接的方式连成一个整体，使得造型非常别致。

鹤引颈昂首伫立，钩形长嘴，两翼展开作轻拍状，拱背，垂尾，两长腿粗壮有力，下各有3爪立于

■ 曾侯乙箕

■ 曾侯乙墓出土的青铜熏

长方形座板上。

鹤头左右两侧的鹿角向上呈圆弧状，并分出数支叉。鹤头、颈与鹿角上饰涡云纹、三角云纹和圆圈纹；腹背饰斜宽道的羽毛状纹中夹以勾连三角纹和凸形脊纹；翅上铸浮雕的蟠螭纹和小圆圈纹；座板上铸勾连云纹、蟠螭纹、凤纹等。鹤的头、颈与鹿角均金错装饰，背脊和双翅的周边镶嵌着绿松石。

鹤嘴右侧有铭文7个字："曾侯乙作持用终。"鹿角立鹤在中国只发现了这么一件，堪为国之重宝。

自然界没有非禽非兽、也禽也兽的动物，显然铜鹿角立鹤是墓主人为自己特制的。

将鹿、鹤铸接在一起是有深刻寓意的，古人寓鹿表示吉祥，鹤则象征长寿。

曾侯乙是战国早期的曾国国君，墓中随葬品十分丰富。在堆放车马器、兵器、皮甲等物的北室中，发现了一批竹简。

曾侯乙墓出土的竹简是中国最早的竹简，共约240枚。大部分完整或基本完整，残断的简有些能够拼接，经整理后，全部有字的简，包括一枚只有方块形段落号的简，共编了215号。

令尹 是楚国在春秋战国时期的最高官衔，是掌握政治事务，发号施令的最高官，其执掌一国之国柄，身处上位，以率下民，对内主持国事，对外主持战争，总揽军政大权于一身。令尹主要由楚国贵族当中的贤能来担任，且多为芈姓之族，亦有少数外姓之人为令尹。

从简上残存的编绳痕迹看，这批简原来是用上下两道绳编组起来的。绳痕上下的两个字，间距较大，可见是先编后写的。由于编绳早已朽断，并且有些简已经严重残损，各简原来的编次难以完全恢复。

曾侯乙墓竹简记载车名是最多的，共记载有40多种。简文记载了用于葬仪的车、马和为它们配备的车马器、兵器、甲胄等物的种类和数量，还往往标明某车为何人所御，某车、某马为何人所赠。

简文所记赠车者中有王、太子、令尹、鲁阳公、阳城君等人。鲁阳、阳城等都是楚邑，王、太子、令尹无疑也是楚国的。

曾侯乙墓竹简所记的车马和兵器，数量相当多。据现存的几个统计车数的简文，他人所赠之车共26乘，自备之车共43乘，总共69乘。在其他简文里还可以看到少量不能归入这个总数的车子。

甲胄 将士的防护性装备。在冷兵器时代充当着极其重要的角色，它可以较大程度地保护将士身体免遭敌方进攻性兵器的重创，进而能够增强战斗力，并给敌方以更猛烈的打击。战国时期，甲胄主要以皮革制作，但也出现了铁甲胄，到西汉中期，铁甲胄已经占据了主要地位，至秦代时，甲胄日趋成熟和完善。

■ 曾侯乙匜、盘

千古遗迹的考古发现

许多车子所驾的马和所载的兵器，简文里没有统计数字。据有关简文初步统计，马超过200匹，包括50个左右戈头，戈为40余件，其他兵器尚未统计。

从《周礼》等书有关的记载来看，简文所记的车马大概多数不会用来陪葬。

但是像曾侯这样身份的人，很可能有一定数量的陪葬车马埋在墓外的车马坑里。

随葬的木制用具主要在东室与中室，少量在北室及西室。有箱，包括衣箱、食具箱、酒具箱等，另外还有案、几、盒、杯、豆等。其中有不少工艺水平很高的器物。

5件衣箱都在东室，箱内物品已朽烂。器身为长方形，箱盖隆起，盖与身的四角均有把手。箱外以黑漆为地，绘红彩花纹；内涂红漆或黑漆。

其中一件箱盖上阴刻"紫锦之衣"的字样。并绘有扶桑树、太阳、鸟、兽、蛇和人持弓射鸟的形象。

■ 漆木鸳鸯盒

■ 曾侯乙墓出土的后羿弋射图木衣箱

一个角上还有漆书20个字。另有一件衣箱盖上，围绕北斗标有二十八宿的名称位置，旁边画有青龙、白虎图像。这是中国关于二十八宿全部名称最早的文字记载。

两件食具箱都位于中室。长方形，盖、底同大。盖、底两旁均钉铜扣，大概是便于拴绳携带。

器表里均涂黑漆。一件内装铜鼎两件，铜盒两件，铜盒置于铜鼎的三足之间；一件内装四环钮铜罐一件，铜勺一件，木盒笼格三层，方形高筒盒一个，竹筷一件。

中室还有一件酒具箱。长方盒形，外涂黑漆，内涂红漆。箱内装漆耳杯16件，圆木盒一件，小方盒4件，木勺两件。

中室的一件几由3块木板榫接而成。竖立两块木板为几足，平嵌一块木板做几面。全身黑漆为地，加简单的朱漆图案。

两件桶均置于北室。有一件保存较好，分盖与身两部分，身为一整木横凿雕成，即将一截整木凿成圆形，再将内部挖空。底平，边缘

■ 曾侯乙墓出土的兵器

鸳鸯 雌雄成对形影不离，雄左雌右，古人称为匹鸟。此鸟传说若然丧偶，则终身不再匹配。所以，很多人都送"鸳鸯戏水"图给新婚夫妇。千百年来，鸳鸯一直是夫妻和睦相处、相亲相爱的美好象征，也是中国文艺作品中坚贞不移的纯洁爱情的化身，备受赞颂。

留三足，上部留下子口承盖，盖隆起。

全身内涂朱漆，外涂黑漆，身部上中阴刻3组图案。当中一组为三角几何纹，上下两组及盖为变异的云雷纹。

16件豆分别在东室与中室。分有盖与无盖两种。无盖豆又有高、矮两种。东室所出4件盖豆较为精致。

其中一件，口椭圆形，胎较厚，盖隆起，盘较浅。豆盘两侧，附加两方形大耳，豆柄上粗下细，座大底平。盘、耳、柄、座是分别做成的，保存较好。

盖顶及耳上仿铜浮雕盘龙纹，衬以鲜艳的彩绘。豆满身以黑漆为地，用朱绘变形凤纹、棱形纹、网格纹等，少数地方加描金黄色。

竹制的用具主要有竹席、竹笥等，都已朽残。在停盖顶上，中室的停底板上和棺内以及有的器物上，都有"人"字形纹的竹席。

竹笥在东室和中室，有的内装瑟码。东室有一件小竹笥，盖已残破，器身长方形，用细篾编作"人"字形纹，在口部、肩部用宽蔑加固，出土时，内装木梳一把，小铜带钩一件，小圆木棒3根。

曾侯乙彩绘乐舞图鸳鸯形漆盒长0.2米，宽0.12

米，高0.16米。形如一鸳鸯，颈下有一圆形榫头，嵌入器身颈部的卯孔，使头自由旋转。

器身肥硕，由两半胶合而成，内部挖空，背上有一长方形孔，承一长方形浮雕夔龙盖。翅膀微上翘，尾部平伸，足作蜷曲状。

全身以黑漆为地，施以艳丽的鳞纹、锯齿纹、菱格纹等。器腹右侧绘击鼓图，以兽为鼓座，上立建鼓，一旁绘一兽拿两个鼓槌正击鼓，另一旁绘一高大佩剑武士，正随着鼓声翩翩起舞。

器腹左侧绘撞钟图，以两鸟为立柱，立柱分上下两层，上挂两钟，下悬二磬，旁有一似人似鸟的乐师，拿着撞钟棒正在撞钟。乐器所发出来的声音不分地域、不分疆土、不分国界、不分古今，是人类最通行最充满智慧的语言。

曾侯乙墓同样的铜樽缶发现了两件。两件大樽缶造型一样，大小相近，花纹相同，分别重292千克和327.5千克。这是中国先秦酒器中最大、最重的，堪称"酒器之王"。

大樽缶不仅是盛酒的器皿，更是2500多年前曾国实力的象征。

樽缶为古代盛酒器，其造型起源于古代陶缶。这件大缶，不但拥有足以傲视同类的巨大体型，器物的纹饰

鼓 在远古时期，鼓被尊奉为通天的神器，主要是作为祭祀的器具。在狩猎征战活动中，鼓都被广泛地应用。鼓作为乐器是从周代开始。周代有八音，鼓是群音的首领，古文献所谓"鼓琴瑟"，就是琴瑟开弹之前，先有鼓声作为引导。鼓的文化内涵博大而精深，雄壮的鼓声紧紧伴随着人类，从远古的蛮荒一步步走向文明。

■ 曾侯乙墓出土的车轮

■ 战国髹漆木雕鹿　1978年湖北随州曾侯乙墓出土。共两件，均木胎，通高86.8厘米，通长50厘米，形态稍异，一件四肢蜷曲，昂首凝视，全身髹漆彩绘梅花瓣纹；另一件作小憩状，回首盘身伏卧，黑漆，装有高大的真鹿角，形象生动。现藏湖北省博物馆。

也显示了当时的时尚与新的装饰技巧。

盖面、器表由细密复杂的涡纹、重环纹、蟠螭纹、绚纹、雷纹、蕉叶纹、带纹、蟠蛇纹等构成，其特点是花纹花式统一、线条整齐划一，而且是一组一组构成的。这种如此繁复的花纹单纯用人工雕刻或者制模是难以想象的。

印模法虽然在技术上能有效地提高器物的精确度，但也会导致装饰纹样刻板，在一定程度上降低了器物造型的艺术价值。而这件大樽缶的花纹却富于变化，没有太多刻板之感。

大樽缶里面还残留着历经几千年的酒液，可见缶的密封性之好。

曾侯乙墓除了大量精美的青铜器、漆木器等外，还有大量精美的玉器。由于墓下葬年代清楚，为公元前433年或更晚一点，因而这批玉器就具有明确的年代界标作用。加之这批玉器数量大，品类多，有的制作又特别讲究，意义更非同一般。

缶　古代一种瓦质打击乐器。陶土烧制的器皿，大肚子小口，形状很像一个小缸或钵。圆腹，有盖，肩上有环耳；也有方形的。盛行于春秋战国时期。古人用作酒器，敲打时就成了乐器。乐器缶一般作为伴奏乐器使用，先从中原传至西域，中原少用后，西域仍在用，曾被秦继承，成为秦的特色乐器。

墓中所出的玉器的种类繁多，按用途也可分为配饰、葬玉和其他三类。配饰既是生前用于佩带的玉饰，也可以用于随葬，主要有璧、环、璜、玦、琼、力调、挂饰、孤、剑等，以及琢成环管状或人形的串饰，可见配饰如此丰富。

葬玉是专用于随葬的一种玉器，将玉石雕刻成小动物，多放置在死者的口中或其他部位，目的是为了尸体不腐。葬玉主要有玉衣、玉琀、玉握、九窍玉塞、玉枕、玄璧、镶玉棺等。

玉器的琢制是一项非常艰苦的劳作，它需要经过选料、开料、造型、琢纹、抛光及钻孔、镂空和难度较大的分雕连接等工艺才能做成，每一道工序都要经过严格把关，细心对待。

此墓玉器在选择材料上都做到了因材施艺，根据工料外形设计切合题材的器物，连残损玉器和边角余料也加以利用。

同时，继承发扬了传统的巧用工料调色的工艺，将玉料上的瑕疵杂色巧妙地安排在物件的特殊部位，使之浑然一体。

曾侯乙墓共有玉佩24件，其中，16件玉佩器形为单龙形。单龙玉佩中有5件谷纹卷龙形玉佩，分属

蕉叶纹 蕉叶纹以芭蕉叶组成带状纹饰，特指以蕉叶图样作二方连续展开形成的装饰性图案。蕉叶纹最早出现于商代晚期的青铜器上。河南安阳殷墟妇好墓出土的兽面纹觚、陕西扶风出土的鸟纹觯上均饰有蕉叶纹。早期蕉叶纹严格地讲实际上应是一种兽体的变形纹。如两兽躯体作纵向对称排列，一端较宽，一端尖锐，作蕉叶形式。

■ 曾侯乙墓出土的彩漆雕龙盖豆

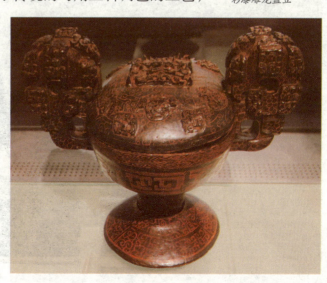

凤 凤凰的简称。在远古图腾时代被视为神鸟而予崇拜，比喻有圣德之人。它是原始社会人们想象中的保护神，经过形象的逐渐完美演化而来，象征美好与和平。也是古代传说中的鸟王，雄的叫凤，雌的叫凰，通称凤。是封建时代吉瑞的象征，也是皇后的代称。

两对和一个单件。

较大的一对谷纹卷龙形玉佩，玉料呈青黄色，两件器形大同小异，龙体较窄，龙作俯首张口状，独角，躯体作回旋状。龙身伸出四足。龙体周边雕弦纹斜线轮廓周线，两面雕琢平面虺纹。

谷纹卷龙形玉佩中较小的那对玉佩右侧的那枚，玉料呈黄白色，龙体较窄。此对小玉佩两器大小基本相同。

不论是从艺术角度还是实用角度看，这些玉器都达到了既美观又实用的效果，这些也是当时南方工艺美术品的典型代表。

这些玉器的造型设计、图案布局、雕琢技巧等都显示了战国时期玉器工艺的高度成就。

战国时期堪称是中国玉器最辉煌最发达的时代。曾侯乙墓的玉器造型构思巧妙独特，纹饰多种多样，

■ 虎座鸟架鼓

雕琢丰富精巧。

历来的所有玉器造型大多数是一坯一器，即用一块玉料制作一件固定的玉器，但是，在曾侯乙墓中却出现了多件由多块玉料多层套雕编缀在一起的组合活动的玉器，如16节龙凤饰、4节龙凤佩，均能活动折卷，并且造型新颖，构思奇特。

16节龙凤饰，青色，用5块玉料分别雕出16节龙、凤、璧、环形饰件，再用3个椭圆形活环及一根玉销钉将其连接成一串，可以折卷。活环上均有榫头和铜销钉。

■ 曾侯乙匜鼎

镂空和浮雕龙、蛇、凤、鸟，身饰蚕纹，间杂弦纹、云纹和绳纹等。是战国玉器中环节较多、纹饰复杂的一件，堪称玉雕作品中最佳的杰作。

墓中出土镂空多节玉佩，这件玉组佩设计巧妙，工艺高超，风格统一，透雕、浮雕、线刻、活环等技术炉火纯青。玉组佩始见于西周，至战国趋于全盛，成为极具特色的玉器品类。多节玉佩正是战国玉佩中环节最多，纹饰最繁的一件，代表了战国早期的典型风格。

镂空多节玉佩由5块玉料分别琢制而成，共26节，分为5组，由3个带金属销钉的镂空椭圆玉活环及一根玉销钉连缀，可拆可合。

每组内各玉片之间则经以玉套环相连。各部分

绳纹 古代陶器比较原始的装饰纹样，有粗绳纹和细绳纹两种。绳纹是在陶拍上缠上草、藤之类绳子，在坯体上拍印而成的，有纵、横、斜并有分段、错乱，交叉、平行等多种形式。是新石器时期至商周时期陶器最为常见的纹饰。

三足青铜敦

均以镂空、浮雕及线刻手法，饰龙蛇、凤鸟纹，并以蚕纹、弦纹、云纹、绳纹等作为辅助纹饰。其繁复的纹饰，还带有明显的春秋时期玉器装饰的风格。

墓中还有一些立体圆雕玉器，大多数为动物的形状，特别富有动态。生动活泼的动物，活灵活现，极具观赏性，从墓中出土的可以看出做工的细致精巧。

战国玉器是中国玉雕史上的一个高峰，曾侯乙墓玉器是这个时期的重要代表之一。曾侯乙墓是曾国君主乙的墓葬，其年代当不晚于公元前473年，属战国早期。其所出大量玉器质美工精，展现了战国时期玉雕发展的新面貌。

阅读链接

曾侯乙墓开发以来，随州市一直高度重视保护工作。1978年发掘结束后，立即对墓坑进行了保护。按照国家文物局的意见，在墓坑上兴建了保护棚。

1980年前后，保护棚建成开放，供游客参观。为了更好地保护墓坑木椁，便于游客参观，1998年，国家文物局批准对墓坑木椁进行原地疏干脱水保护，后来又修复了木椁。曾侯乙墓遗址博物馆内陈列有墓葬部分文物实物和图片，观众还可以观看到当年发掘过程的纪实电影等。

曾侯乙墓神奇的编钟

在曾侯乙墓中最为辉煌，堪称"国之瑰宝"的，要数庞大的乐器组合编钟了。曾侯乙编钟是中国发现数量最多、保存最好、音律最全、气势最宏大的一套乐器编钟。

■ 曾侯乙编钟

■ 曾侯乙编钟局部

钟是一种打击乐器，用于祭祀或宴饮时。最初的钟是由商代的铜铙演变而来，按其形制和悬挂方式又有甬钟、钮钟、镈钟等不同称呼。频率不同的钟依大小次序成组悬挂在钟架上，形成合律合奏的音阶，称之为编钟。

音的高低和钟的大小直接相关。商代的钟为3件一套或5件一套，西周中晚期有8件一套的，东周时增至9件一套或13件一套。春秋战国时期编钟风靡一时，和其他乐器如琴、笙、鼓、编磬等，成为王室显贵的陪葬重器。

曾侯乙编钟数量多、规模大，按大小和音高为序编成8组，悬挂在3层满饰彩绘花纹的铜木结构的钟架上。编钟的形体和重量是上层最小，中层次之，下层最大。最小的一件重2400克；最大的一件重203.6千克。它们的总重量在2500千克以上，重量和体积在编钟中是罕见的。

编钟的钟架为铜木结构，呈曲尺形，由6个佩剑的青铜武士和几根圆柱承托着。横梁木质，绘饰以漆，横梁两端有雕饰龙纹的青铜套。

中下层横梁各有3个佩剑铜人，以头、手托顶梁架，中部还有铜柱加固。铜人着长袍，腰束带，神情肃穆，是青铜人像中难得的佳作。以铜人作为钟座，

浮雕 是雕塑与绘画相互结合的产物，采用压缩的方法来对对象进行处理，展现三维空间，并且可以一面或者是两面进行观看。浮雕一般是附着在另一个平面上，所占空间小，所以经常用来装饰环境。浮雕的主要材料有石头、木头、象牙和金属等。

使编钟更显华贵。

最上层3组19件为钮钟，形体较小，有方形钮，有篆体铭文，但铭文呈圆柱形，枚为柱状，字较少，只标注音名。

中下两层钟是编钟的主体部分，分为3组，这3组钟形制各异，第一套称为"琥钟"，由11枚长乳甬钟组成；第二套称为"赢司钟"，由12件短乳甬钟组成；第三套称为"揭钟"，由23件长乳甬钟组成。甬钟有长柄，钟体遍饰浮雕式蟠虺纹，细密精致。

钟上有金错铭文，除"曾侯乙作持用终"外，都是关于音乐方面的。在鼓中部和左面标出了不同音高，如宫、羽、宫曾等22个名称；另一面铸有律名、调式和高音名称以及曾国与楚、周、齐、晋的律名和音阶名称的对应关系。

气势磅礴、雄伟壮观的65件曾侯乙编钟里有一件

琴 古代弦乐器，又称瑶琴、玉琴。最初是5根弦，后加至7根弦。古琴的制作历史悠久，许多名琴都有可供考证的文字记载，而且具有美妙的琴名与神奇的传说。琴，作为一种特殊的文化，概括与代表着古老神秘的东方思想。古琴，目睹了中华民族的兴衰，反映了华夏传人的安详寂静、洒脱自在的思想内涵。

■ 曾侯乙墓出土的编钟

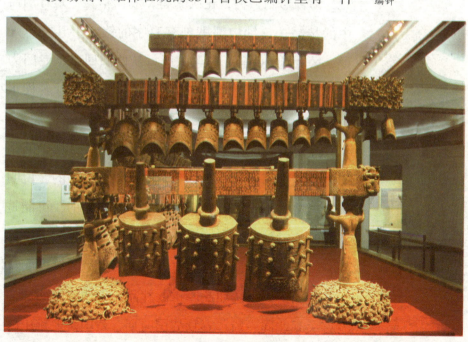

千古遗迹的考古发现

湖北省博物馆里的曾侯乙编钟

铭文 又称金文、钟鼎文，指铸刻在青铜器物上的文字。与甲骨文同样为中国的一种古老文字，是华夏文明的瑰宝。本指古人在青铜礼器上加铸铭文以记铸造该器的缘由、所纪念或祭祀的人物等，后来就泛指在各类器物上特意留下的记录该器物制作的时间、地点、工匠姓名、作坊名称等的文字。

与众不同、自成一体，它叫镈钟。这件镈钟悬挂在巨大的曲尺形钟架最下层中间最显眼的位置。

镈钟形体硕大，钮呈双龙蛇形，龙体蜷曲，回首后顾，蛇位于龙首之上，盘绕相对，姿势跃然浮现。器表也做蟠虺装饰，枚扁平。

镈钟形制独特，花纹繁缛，制作精美，是青铜器中的精品。镈钟中部镌刻有31字的铭文，其意思是说，公元前433年，楚惠王熊章从西阳回来，专门为曾侯乙做了这件镈钟，作为礼品送到西阳，让曾侯永世用享。

经研究发现，铭文的内容与其他钮钟、甬钟的铭文内容完全不同，没有一字是涉及乐律方面的。说明镈钟与曾侯乙编钟无关，原本就不是一套的，可能是下葬时临时加进去的，它把下层最大的一件编钟挤掉了，将其悬挂在最显眼的位置，表示对楚国的尊重。

楚国给曾国送如此厚重的礼品，说明曾楚两国的友好关系非同一般。春秋战国时期，楚国是七雄中的强国，在楚怀王以前，楚国是相当强大的，所以苏秦说："地方五千里，带甲百万，车千乘，骑万匹，支十年。"

如此强大的楚国为什么会给小小的曾侯送那么厚重的礼品呢？

《史记·楚世家》记载了楚昭王奔随这个故事：公元前506年，吴王阖闾和他的兄弟夫概率兵攻打楚国，五战获胜，最后攻破了楚国的都城郢，即现在的江陵。

当时，吴国手握军事大权的统帅伍子胥也参与了这次伐楚战争，占领楚国后，伍子胥和伯嚭大夫为了报杀父之仇，于是命士兵将楚平王的坟墓掘开，拖尸于棺外，用皮鞭抽打其尸体，然后暴尸于荒野。

大夫 古代官名。西周以及先秦诸侯国中，在国君之下有卿、大夫、士三级。大夫世袭，有封地。后世遂以大夫为一般任官职之称。秦汉以后，中央要职有御史大夫，备顾问者有谏大夫、中大夫、光禄大夫等。至唐宋尚有御史大夫及谏议大夫之官，明清时废。又隋唐以后以大夫为高级官阶之称号。

地下乐宫

曾侯乙墓与编钟

■ 曾侯乙墓编钟局部特写

■ 曾侯乙墓出土的编钟

破城之时，楚昭王慌忙从郢都逃到云梦泽，被吴军射伤。楚昭王又急忙逃到郧国，郧国国君的弟弟认为楚昭王不仁不义，要杀他。于是，楚昭王来不及喘息，再次逃到随国，这就是古代历史上有名的"楚昭王奔随"。

吴王阖闾听说楚昭王逃到随国，立即率众兵赶往随国。这时候随侯，即曾侯紧闭城门，调遣兵力，加强防卫。

吴王阖闾赶至城下对随侯说："周天子的子孙，分封在江汉流域的，都被楚国灭掉了，你国迟早也会被楚国灭掉，还是早点把他交出来，让我杀掉他。"

吴王阖闾要率兵亲自进城寻找，随侯坚决不肯，并说："随与楚国世代友好，你不要再说了。楚昭王不在随国，他已经逃走了。"

吴王没办法，只好带兵离开随国回楚都郢去了。

云梦泽 因"云梦"而得名，但两者并非指同一概念。春秋时，梦在楚方言中为"湖泽"之意，与漭相通，由于长江泥沙沉积，云梦泽分为南北两部分，长江以北成为沼泽地带，长江以南还保持着浩瀚的水面，称之为洞庭湖，洞庭湖也古称云梦。

就这样随侯保护了楚昭王，楚昭王因此而感激随侯。

恰在这时，楚国的援军赶到了，将吴军打得大败，吴王阖闾的弟弟夫概见大势已去，自己带兵回到吴国自立为王了。

吴王阖闾得知这一消息后，慌忙带兵离开了楚国的郢都回到吴国。楚昭王因此得以保全了性命，回国复位。

镈钟铭文上的楚惠王熊章正是楚昭王的儿子。为了报答曾侯乙的救父之恩，楚惠王才将如此精美的镈钟送给了他。

江汉诸国尽灭于楚，唯曾独存，也可能就是因为曾、楚两国世代友好的原因。

与曾侯乙编钟相伴的有一套编磬，是古编磬中的杰出代表。青铜镏金的磬架，呈单面双层结构。

编磬的主架为青铜金错磬架，是由一对圆雕集龙首、鹤颈、鸟身、鳖足为一体的怪兽铜立柱，咬合着两根铜杆作为横梁，兽顶插附的立柱从腰、顶两处与横梁榫接。横梁杆底等距有焊铸铜环，用于挂磬钩，

磬 是一种石制的打击乐器，是中国最古老的民族乐器，它造型古朴，制作精美，形状大多呈上弧下直的不等边三角形。磬乐器历史非常悠久，它在远古时期的母系社会，曾经被称为"石"和"鸣球"。石磬是以坚硬的大理石或玉石制成，其次是青石和玉石。石磬上作倨句形，下作微弧形。石磬大小厚薄各异，石质越坚硬，声音就越铿锵洪亮。

■ 曾侯乙墓中出土的独特编钟

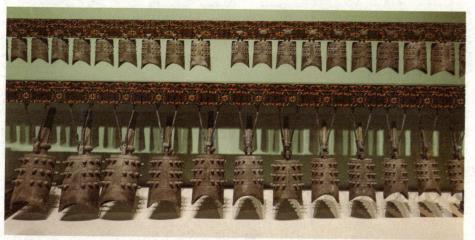

磬架施线条流畅的错金云纹。

据研究，全架编磬原有41块，每磬发一音，为十二个半音音列，音域跨3个八度，音色清脆明亮而独具特色。

磬块上也有与钟铭相通的墨书和刻文，内容是编号、标音及乐律理论。

其精美的磬架、众多的磬块、明确的编悬状态、完备的配件，还有配套的装磬之匣和磬槌，均为世上罕见。

曾侯乙编磬的规模最大，制作工艺是最高超的，音乐性能是最好和最完善的，磬音铿锵、清越、明亮、穿透力强；音量虽不如钟大，但不易被钟声所掩。

曾侯乙编磬展示了3个八度的音乐风貌，丰富的半音显示了旋宫转调的功能。更令人惊叹的是其中的最高音竟与钢琴的最上一键相同。

它与编钟合奏，真谓金石齐鸣，悦耳动听，充分反映了古代设计制造定音乐器方面的辉煌成就，也加深了人们对古代宫廷乐队音域范围和演奏水平的认识。

据研究、推想，曾侯乙编钟演奏时应由3名乐工，执丁字形木槌，分别敲击中层3组编钟奏出乐曲的主旋律，另有两名乐工，执大木棒撞击下层的低音甬钟，作为和声。

千古遗迹的考古发现

阅读链接

曾侯乙编钟现藏于武汉市的湖北省博物馆内。虽然在地下埋藏了2400多年，但编钟的音质还是很好。编钟的出土令世界震惊。

曾侯乙编钟是中国古代文明的优秀结晶，它的出土填补了中国在考古学、音乐史和冶炼史上的许多空白，在国内外学术界都享有很高的声誉。

此后，随州也因此而被称为"古乐之乡"。

秦始皇陵与兵马俑

秦始皇陵位于陕西西安临潼的骊山脚下，陵冢高76米，陵园布置仿秦都咸阳，分内外两城，内城周长2.5千米，外城周长6.3千米。是世界上规模最大、结构最奇特、内涵最丰富的帝王陵墓之一。其工程之浩大、气魄之宏伟，创历代封建统治者奢侈厚葬的巅峰。

秦始皇陵兵马俑的发现是中国最壮观的考古成就之一，充分表现了2000多年前中国人民巧夺天工的艺术才能，是中华民族的骄傲和宝贵财富，被誉为"世界第八奇迹"。

秦始皇陵气魄宏伟

秦始皇嬴姓，赵氏，名政，秦庄襄王之子，公元前259年出生于赵国邯郸，公元前246年13岁即秦王位，22岁亲政。

秦始皇是中国历史上一位杰出的政治家、军事家。他先后灭掉了

卒俑和马俑

韩、赵、魏、楚、燕、齐6个诸侯国，彻底结束了战国群雄割据的历史，建立了中国历史上第一个统一的、多民族、中央集权的郡县制的秦王朝。

秦始皇这位叱咤风云的旷世君主，不仅为后人留下了千秋伟业，还留有一座神秘莫测的皇家陵园。秦始皇陵是中国第一座皇家陵园，以其规模宏大，埋藏丰富著称于世。

■ 军吏陶俑

秦始皇陵工程之浩大、气魄之宏伟，创历代封建统治者奢侈厚葬的先例。

秦始皇陵南依骊山的层峦叠嶂之中，山林葱郁。北临逶迤曲转，似银蛇横卧的渭水之滨。高大的封冢在巍巍峰峦环抱之中与骊山浑然一体，景色优美，环境独秀。

陵墓规模宏大，气势雄伟，陵园总面积为56.25平方千米。陵上封土原高115米，后余76米。

陵园内有内外两重城垣，内城周长3840米，外城周长6210米。内外城郭有高约8米至10米的城墙，尚残留遗址。墓葬区在南，寝殿和便殿建筑群在北。

战国时期一些国君陵园的营造往往都少不了平面设计图。秦始皇陵园的营建按理也应该有平面规划图，而制图之前先要选择墓地。

骊山以它特有的温泉和风景而闻名于世。西周末年的周幽王与爱妾褒姒曾在这里演出了一场"烽火戏诸侯"的历史闹剧，从而葬送了西周王朝。

烽火戏诸侯 相传西周末年，周幽王娶了一位貌若天仙的女子名曰褒姒，可遗憾的是褒姒自进宫以来从未开颜一笑，于是周幽王便采纳了虢石父的计谋，无故点燃狼烟，引得四方诸侯前来救驾，当众诸侯汗流浃背赶来时，褒姒看见众臣的狼狈样，果真"扑哧"一声笑了。公元前771年，犬戎入侵西周。当周幽王再次点燃烽火时，却无人来救，西周因此灭亡了。

千古遗迹的考古发现

相传秦始皇生前在骊山与神女相遇，游览当中欲戏神女，神女盛怒之下，朝他脸上唾了一口，秦始皇很快就长了一身的烂疮。

虽然这是一个神话故事，但隐隐约约可以看出秦始皇与骊山似乎有些缘分。

古人把墓地的选择看作是一件造福于子孙后代的大事，尤其像秦始皇这样企图传之于万世的封建帝王，自然对墓地的位置更加重视。

秦始皇之所以要安葬在骊山之侧，据北魏时期的郦道元解释：

秦始皇大兴厚葬，营建冢圹于骊戎之山，一名蓝田，其阴多金，其阳多美玉，始皇贪其美名，因而葬焉。

不过也有人认为，秦始皇陵选在骊山之阿是取决于当时的礼制。陵墓位置的确立与秦国前几代国君墓的位置不无关系。秦始皇先祖及太后的陵园葬在临漳

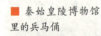

■ 秦始皇陵博物馆里的兵马俑

■ 气势恢宏的兵马俑

县以西的芷阳一带，秦始皇陵园选在芷阳以东的骊山之阿是当时的礼制所决定的，因为古代帝王陵墓往往按照生前居住时的尊卑、上下排列。

大约自春秋时期开始，各诸侯国国君相继兴起了"依山造陵"的风气。许多国君墓不是背山面河，就是面对视野开阔的平原，甚至有的国君墓干脆建在山巅之上，以显示生前的崇高地位和皇权的威严。

春秋时期的秦公墓也受这种观念的影响，有的"葬西山"，有的葬在陵山附近。战国时期的秦公墓依然承袭了依山造陵的典范，而秦始皇陵墓造在骊山之处也完全符合依山造陵的传统观念。它背靠骊山，面向渭水，而且这一带有着优美的自然环境。

整个骊山唯有临潼区东至马额这一段山脉海拔较高，山势起伏，重峦叠嶂。

从渭河北岸远远眺去，这段山脉左右对称，似一

礼制 中国历史悠久，拥有五千年文明，号称礼仪之邦。古代社会与国家管理方式既非法制社会，也非通常人们认定的人治社会，而是礼法社会。礼制是德治梦想的具体化，通过礼仪定式与礼制规范塑造人们的行为与思想；通过法律的惩罚来维护礼法的绝对权威。

千古遗迹的考古发现

■ 卒俑和马俑

巨大的屏风立于始皇陵后，站在陵顶南望，这段山脉又呈弧形，陵位于骊山峰峦环抱之中，与整个骊山浑然一体。

在秦始皇陵的东侧，有一道人工改造的鱼池水，在《水经注》曾记载：

水出骊山东北，本导源北流。后秦始皇葬于山北，水过而曲行。东注北转，始皇造陵取土，其地于深，水积成池，谓之鱼池也，池水西北流途经始皇冢北。

可见鱼池水原来是出自骊山东北，水由南向北流。后来修建秦始皇陵时，在陵园西南侧修筑了一条东西向的大坝，坝长1000余米，一般宽40多米，最宽处达70余米，残高2米至8米，它就是人们通常所说的五岭遗址。

《史记》 由西汉司马迁撰写的中国第一部纪传体通史，记载了上自上古传说中的黄帝时代，下至汉武帝太史元年间共3000多年的历史。与《汉书》《后汉书》《三国志》合称"前四史"。与宋代司马光编撰的《资治通鉴》并称"史学双璧"。

正是这条大坝将原来出自骊山东北的鱼池水改为西北流,绕秦始皇陵东北而过。

可见当年的温泉与西北的鱼池水相对应。由此不难发现秦始皇陵的风水特点是南面背山,东西两侧和北面形成三面环水之势。

另外,如果从高空俯瞰,自骊山到华山好像一条龙,秦始皇陵正好位于龙头眼睛的位置。中国自古就有"画龙点睛"之说,到底是古人有"高瞻远瞩"的本领,还是后人附会之风过重?

秦王朝是中国历史上辉煌的一页,秦始皇陵更集中了秦代文明的最高成就。秦始皇把他生前的荣华富贵全部带入地下。秦始皇陵地下宫殿是陵墓建筑的核心部分,位于封土堆之下。

据《史记·秦始皇本纪》记载,陵墓一直挖到地下的泉水,用铜汁浇注基座,上面放着棺材。墓室里面放满了奇珍异宝。墓室内的要道机关装着带有利箭的弓弩,盗墓的人一碰机关就会被射死。

墓室里还注满水银,象征江河湖海;墓顶镶着夜明珠,象征日月星辰;墓里用鱼油燃灯,以求长明不灭。

修复中的兵马俑

■ 兵马俑博物馆的铜车马俑

陵墓地宫面积约18万平方米，中心点的深度约30米。陵园以封土堆为中心，四周陪葬分布众多，内涵丰富，规模空前，除闻名遐迩的兵马俑陪葬坑、铜车马坑之外，还有大型石质铠甲坑、百戏俑坑、文官俑坑以及陪葬墓等600余处，陪葬物多达10万余件。

秦始皇陵共发现10座城门，南北城门与内垣南门在同一中轴线上。坟丘的北边是陵园的中心部分，东西北三面有墓道通向墓室，东西两侧还并列着4座建筑遗迹，可能是寝殿建筑的一部分。

秦始皇陵园分内城和外城两部分。内城呈方形，周长3000米左右，北墙有两门，东、西、南三面墙各有一门。外城呈矩形，周长2000余米，四角各有门址一处。

内、外城之间有葬马坑、珍禽异兽坑、陶俑坑。陵外有马厩坑、人殉坑、刑徒坑、修陵人员墓葬400多个，范围广及50多平方千米。陵墓地宫中心是安放秦始皇棺椁的地方。

在陵园西侧发现青铜铸大型车马两乘，这些按当时军阵编组的陶俑、陶马为秦代军事编制、作战方式、骑步卒装备的研究提供了形象的实物资料。

这组彩绘铜车马高车和安车，是中国发现的体型最大、装饰最华丽、结构和系驾最逼真、最完整的古代铜车马，被誉为"青铜之冠"。

秦始皇陵园除从葬坑外，还发现石料加工场的遗址，建筑遗物有门砧、柱础、瓦、脊、瓦当、石水道、陶水道等。

秦陵工程的设计者不仅在墓地的选择方面表现了独特的远见卓识，而且对陵园总体布局的设计也颇具匠心。

整个陵园由南北两个狭长的长方形城垣构成。内城中部发现一道东西向夹墙，正好将内城分为南北两部分。

高大的封冢坐落在内城的南半部，它是整个陵园的核心。陵园的地面建筑集中在封土北侧，陵园的陪葬坑都分布在封冢的东西两侧。形成了以地宫和封冢为中心，布局合理，形制规范的帝王陵园。

秦始皇陵园的地面建筑主要分布在封土北侧和封土西北的内外城垣之间。地面上的主要遗迹就是那座高大如山的封冢。

当年那长达10千米的内外夯土城垣早已残缺不全了，只有内城西墙残存的一段城墙。有当年那一座座宏伟的地面建筑早在2000多年前就遭到项羽的焚烧，但地面建筑的废墟还没有完全破坏。

封土北侧的地面建筑群已探明的有3处，其中靠近封土的一处建筑规模较大，形制讲究，似为陵园祭祀的寝殿。

气势恢宏的士兵俑

寝殿之北还有两组规模较大的建筑群，也为寝殿。封土西北的内外城垣之间还发现一个地面建筑群。依据清理的房屋建筑来看为宫殿建筑。

宫殿建筑遗址的南北侧、

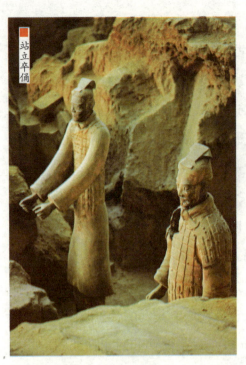

站立卒俑

西侧还有几组地面建筑，这个区域似乎也是一个建筑群。

陵园的陪葬坑与陪葬墓基本上分布在封土西侧内外城垣之间。31座珍禽异兽陪葬坑就是位于封土西侧的内外城垣之间。

还有一座大型马厩陪葬坑、61座空墓坑和一座"甲"字形陪葬墓也分布在封土西侧的内外城垣之间。

封土东侧发现了两处陪葬坑和一处陪葬墓。这些陪葬坑与陪葬墓都分布在外城垣以东。

兵马俑相邻的西边有一座"甲"字形大墓。此外，在地宫四周的墓道附近发现了一些陪葬坑。除西墓道旁的铜车铜马坑之外，其他陪葬坑的情况尚不大清楚。

阅读链接

在凝重的绿色和高大的墓冢之间，为了让游客身临其境地感受王者的尊荣、王者的威仪，秦始皇陵上演有大型的"重现的仪仗队，即秦始皇守陵部队换岗仪式"表演和集"声、光、电"于一体的秦始皇陵陵区、陵园、地宫沙盘模型展示。从而再现了2000多年前神秘陵园的壮观场景，展示了数十年来的考古成果，生动直观地揭示秦陵奥秘，展示其丰富内涵。

2009年6月13日，秦始皇陵兵马俑1号坑进行第三次正式考古发掘，引起了海内外广泛关注。

除70余件兵马俑外，目前考古已经清理出战车遗迹两乘、战马8匹、青铜镞等兵器和大量的车部件等。

秦始皇陵形制富有特点

秦始皇陵充分表现了2000多年前中国人民巧夺天工的艺术才能，是中华民族的骄傲和宝贵财富。其巨大的规模和丰富的陪葬物居历代帝王陵之首。

它在整体布局上，也与其他国君的陵园相比有着鲜明的特点。

秦始皇陵城，整个布局一目了然，可分为4个层次，地下宫城，即地宫为核心部位，其他依次为内城、外城和外城以外，主次分明，集中体现了"事死如事生"的礼制，规模宏大，气势雄伟，结构独特。

秦陵地宫位于内城南半部的封土之下，相当于秦始皇生前的"宫城"。

秦兵马俑一号坑鞍马俑

秦始皇陵兵马俑博物馆的俑坑

《史记》记载"以水银为百川江河大海，机相灌输。上具天文，下具地理"。经探测，地宫之上确实存在一超出正常值数倍的强汞异常区。

其次是内城。内城是秦陵园的重点建设区，内城垣内的地面地下设施最多，尤其是内城的南半部较为密集。地下宫城、寝殿及车马仪仗、仓储等众多的陪葬坑均在内城的南半部。

内城北半部的西区是便殿附属建筑区，东区是后宫人员的陪葬墓区。这种布局清晰地说明：内城南部为重点区，北部为附属区。而南北两部设施的内涵，均属于宫廷的范围。

再次是外城，即内外城垣之间的外郭部分，其西区的地面和地下设施最为密集。东区的南部有一大型陪葬坑，发现了大批石铠甲及少数车马器，而"百戏俑"坑则在其南侧不远处。其南、北两区未发现遗迹和遗物。

这种布局说明外城的西区是重点区，其内涵为象征京城内的厩苑、囿苑及园寺吏舍；其与内城相比，则显然居于附属地位。最后是外城垣之外的地区。其东边除了气势磅礴的秦兵马俑坑外，还有98座小型马厩坑及众多陪葬墓。

西边则有3处修陵人员的墓地、砖瓦窑址和打石场等。北边发现藏有禽兽肢体及鳖甲的仓储坑、陵园督造人员的官署及郦邑建筑遗址。南边靠近骊山则有宽约40米的防洪堤。

秦始皇陵的冢高50多米，周长2000多米，陵墓内有大规模的宫殿楼阁建筑，许多建筑以及墓穴构造都与其他的国君陵墓有着很大的区别。

从秦始皇陵遗迹看，似乎秦始皇要把生前的宫室、山河以及生平一切都带到地下世界去，而要实现这一点，非建造广阔的墓室难以如愿。据《史记·秦始皇本纪》记载：

大事毕，已藏，闭中羡，下外羡门，尽闭工匠藏者，无复出者。

秦始皇陵兵马俑N号坑

■ 秦始皇陵博物馆里的兵马俑

这里，既提到中羡门、外羡门，想必肯定有内羡门。这似乎表明地宫中有通往主墓的通道，工匠只能闭在中羡门以外的地方，内羡门以内才是秦始皇棺椁置放之地。

地宫是放置棺椁和随葬器物的地方，史料《汉旧仪》一书中有一段关于秦始皇陵地宫深度的介绍：

公元前210年，丞相李斯向秦始皇报告，称其带了72万人修筑骊山陵墓，已经挖得很深了，好像到了地底一样。秦始皇听后，下令"再旁行三百丈乃止"。

"旁行三百丈"一说让秦陵地宫位置更是扑朔迷离。民间曾传说秦陵地宫在骊山里，骊山和秦陵之间还有一条地下通道，每到阴天下雨的时候，地下通道里就会过"阴兵"，顿时人欢马叫，热闹非凡。

规模宏大的地宫则位于封土堆顶台及其周围以下，主体和墓室均呈矩形。墓室位于地宫的中央。

陵墓的朝向为坐西向东，这是一个奇特的布局。因为中国古代以朝南的位置为尊，历代帝王的陵墓基本上都是坐北朝南的格局，而统一天下的秦始皇的陵墓却是坐西向东。

有人认为，秦始皇生前派遣徐福东渡黄海，寻觅蓬莱、瀛洲诸仙境，并多次亲自出巡，东临碣石，南达会稽，在琅邪、芝罘一带流连忘返，这一切无不昭示其对仙境的迫切向往。

可惜徐福一去杳无音讯，秦始皇亲临仙境的愿望终成泡影。生前得不到长生之药，死后也要面朝东方，以求神仙引渡而达于天国，大概这就是暮年秦始皇的最大愿望。基于此，秦始皇陵也就只能坐西向东了。

也有人认为，秦国地处西部，为了彰显自己征服东方六国的决心，秦王嬴政初建东向的陵墓。吞六国之后，为了使自己死后仍能注视着东方六国，始皇帝矢志不改陵墓的设计建造初衷。

还有人认为，秦始皇陵坐西向东，与秦汉之际的礼仪风俗有关。

根据有关文献记载，当时从皇帝、诸侯到上将军，乃至普通士大夫家庭，主人之位皆坐西向东。秦始皇天下独尊，为了保持尊位，陵墓的朝向便也坐西向东。

在封土堆下，墓室周围存在着一圈很厚的细夯土墙，即所谓的宫墙。经验证，宫墙东西长约168米，南北141米，南墙宽16米，北墙宽22米。

据传说，当年在修建宫墙

李斯（约前280—前208），秦朝丞相，著名的政治家、文学家和书法家，协助秦始皇统一天下。参与制定了秦朝的法律，完善了秦朝的制度。其政治主张的实施对中国和世界产生了深远的影响，奠定了中国2000多年前政治制度的基本格局。

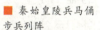

■ 秦始皇陵兵马俑步兵列阵

的施工中，为了检测用泥土夯实的宫墙是否坚硬，施工人员会站在远处用弓箭射墙，若箭能插进墙体，修好的宫墙必须推倒重建。

宫墙都是用多层细土夯实而成，每层大约有五六厘米厚，相当精致和坚固。

宫墙顶面甚至高出了当时秦代的地面很多，向下直至封土下33米，整个墙的高度30米，非常壮观。

在土墙内侧，又发现有一道石质宫墙。根据探测，发现墓室内没有进水，整个墓室也没有坍塌。关中地区历史上曾遭受过八级以上的大地震，而秦始皇陵墓室却完好无损，这与宫墙的坚固程度密切相关。

这种宫墙是前所未有的发现，这种崭新的墓葬形式可以称为"秦陵式"。

除了宫墙，在秦陵周围地下存在规模巨大的阻排水渠。长约千米的阻排水渠其实是堵墙，底部由厚达17米的防水性强的清膏泥夯成，上部由84米宽的黄土夯成，规模之大让人难以想象。

阻排水渠设计相当巧妙。秦始皇陵园地势东南高西北低，落差达

85米，而阻排水渠正好挡住了地下水由高向低渗透，有效保护了墓室不遭水浸。

《史记》中记载的"穿三泉"中，"三"其实是个概数，其实应该是指在施工中遇到了水淹，所以才修建了阻排水渠。充分显示了2000多年前秦人的聪明才智。

秦始皇陵地宫中不仅有水银，而且藏量非常巨大，地宫的深度达30米，足足穿过了3层地下水，地宫的高度为15米。据此推测，这些地下水银可能多达几十吨甚至上百吨。

水银在战国末期已被人们发现和使用。历代帝王墓中陪葬奇珍异宝不计其数，为防后人盗掘才放入大量水银。

秦陵地宫中的水银不仅有象征意义，还有防腐作用。秦始皇陵的水银部分来自于距旬阳县城约150千米，与湖北接壤处的一座水银山。

阅读链接

水银山沿公馆河延伸。地质工作者曾在公馆河发现了古代采矿留下的700余处古矿洞，而在青桐沟、砂硐沟及竹筒河也发现了数以百计的采掘遗迹，这些古矿洞有的深数百米，有的只有几十米深，大洞套小洞，小洞与支洞相连。

从古矿洞里发掘的这些文物显示，秦时旬阳就已经是一个重要的采汞重镇，运输水银可以沿古道经镇安，过柞水到达关中。旬阳是目前学术界认为的中国古代三个水银产地中，距秦陵最近的一处。

旬阳有关人士认为，考虑到旬阳水银山及公馆河汞矿遗址发现的秦汉时期铁镢遗物，这里可能是秦陵地宫水银的开采之地。秦陵水银来自旬阳还是一种推测，需要进一步证实，但从种种因素分析，秦陵部分水银来自旬阳的可能性很大。

秦兵马俑气势磅礴

在秦始皇陵墓的周围，环绕着那些气势磅礴、数量极多的陶俑。它们形态各异，连同它们的战马、战车和武器，成为现实主义的完美杰作，同时也保留了极高的历史价值。

兵马俑坑是秦始皇陵的陪葬坑。

3座兵马俑坑坐西向东，呈"品"字形排列，坑内有陶俑、陶马

秦兵马俑1号坑展厅

8000多件，还有5万多件青铜兵器。坑内的陶塑艺术作品是仿制的秦宿卫军。在地下坑道中的所有卫士都是面向东方放置的。

1号坑最大，长廊和11条过洞组成了整个坑，井然有序地排列成环形方阵。与真人马大小相同、排成方阵的6000多个武士俑和拖战车的陶马被放置在坑中。

坑东端有3列横排武士俑，手执弓弩类远射兵器，似为前锋部队，其后是6000个铠甲俑组成的主体部队，手执矛、戈、戟等长兵器，同35乘驷马战车在11个过洞里排列成38路纵队。

南北两翼的后卫部队，有武士俑500余件，战车6乘，驾车马24匹，还有青铜剑、吴钩、矛、箭、弩机、铜戟等实战用的青铜兵器和铁器。

1号俑坑东端有210个与人等高的陶武士俑，面部神态、服式、发型各不相同，个个栩栩如生，形态逼真，排成3列横队，每列70人。

其中，除3个领队身着铠甲外，其余均穿短褐，腿扎裹腿，线履系带，免盔束发，挽弓挎箭，手执弩机，似待命出发的前锋部队。

这支队伍阵容齐整，装备完备，威风凛凛，气壮山河，是秦始皇当年浩荡大军的艺术再现，具有强烈

■ 跪射俑

吴钩 春秋时期流行的一种弯刀，它以青铜铸成，是冷兵器里的典范，充满传奇色彩，后又被历代文人写入诗篇，成为驰骋疆场、励志报国的精神象征。在众多文学作品中，吴国的利器已经超越刀剑本身，上升成为一种骁勇善战、刚毅顽强的精神符号。

的艺术感染力。

在1号坑的东北约20米的地方是2号坑，它是另一个壮观的兵阵。有陶俑、陶马1300余件、战车89辆，是一个由步兵、骑兵、战车等3个兵种混合编组的阵容，也是秦俑坑的精华所在，整个军阵就是秦国军队编组的缩影。

2号坑呈曲尺形方阵，坑内建筑与1号坑相同，但布阵更为复杂，兵种更为齐全，是3个坑中最为壮观的军阵。是一坐西朝东，由骑兵、步兵、弩兵和战车混合编组的大型军阵。

2号坑东、西两端各有4个斜坡门道，北边有两个斜坡门道，俑坑坐西面东，正门在东边。

2号坑大致可分为弩兵俑方阵、驷马战车方阵、车步骑兵俑混合长方阵和骑兵俑方阵4个相对独立的单元。其中，将军俑、鞍马俑、跪姿射俑为首次发现。

第一单元位于俑坑东端，四周长廊有立式弩兵俑60个，阵心由八路面东的160个蹲跪式弩兵俑组成。弩兵采取阵中张阵的编列，立、跪起伏轮番射击，以弥补弩张缓慢的缺陷。

战车与随车甲俑群

第二个单元位于俑坑的右侧，由64乘战车组成方阵。每列8乘，共有8列。车前驾有真马大小的陶马4匹。每车后一字排列兵俑3个，中为驭手拉马辔，另两个分别立于车左和车右，手持长柄兵器。

第三单元位于中部，由19

辆战车、264个步兵俑和8个骑士俑组成长方形阵，共分3列。每匹马前立骑士俑一个，一手牵马缰，一手作拉弓状。每乘车后除3名车士外，还配有8个至36个步兵俑。

第四单元位于军阵左侧，108个骑士俑和180匹陶鞍马俑排成11列横队，组成长方形骑兵阵。其中，第一、三列为战车6辆。每匹马前，立胡服骑士俑一个，右手牵马，左手拉弓。

俑坑内的108件骑兵俑是中国首次发现的数量众多的古代骑兵的形象资料。

秦俑表现的是古代军事题材，但它既没有选择两方交战、将士厮杀的战争场面，也没有选择将士修整屯兵防守的场面，而是捕捉了将士披甲，直兵列阵地，严阵以待的临阵场面。

从佣坑的布局和阵法看，2号坑阵式复杂，兵种齐全，是对阵的中坚力量。这种编组方法在兵书上叫作"大阵包小阵，大营包小营，偶落勾连，折曲相对"。

《孙膑兵法》说"在骑与战者，分为三，一在于右，一在于左，

易则多其车，险则多其骑，反则广其弩"，三者有机结合，才能百战不殆。2号坑是这位古代军事家的理论图解。

■ 秦兵马俑3号坑

2号坑西边是3号坑，与2号兵马俑坑东西相对，呈"凹"字形。3号坑经推断是用来统率2号坑的军幕。门前有一乘战车，68个卫士俑以及武器都保存在坑内。

这样一种阵容，可判断1号坑为右军，2号坑为左军，充分表现了2000多年前中国人民的军事和艺术才能。

3号俑坑号的陶俑大部分没有头，陶马马头也同样残缺不全，甚至有的残破陶片坑内也不见踪影。由此不难看出，3号俑坑曾遭受过严重的人为破坏。

春秋战国之前的战争，指挥将领往往要身先士卒，冲锋陷阵，所以他们常常要位于卒伍之前；春秋战国时期随着战争规模的增大，作战方式的变化，指挥者的位置开始移至中军。

秦始皇兵马俑陪葬坑布局合理，结构奇特，在深5米左右的坑底，每隔3米架起一道东西向的承重墙，兵马俑排列在墙间空当的过洞中。

秦皇陵兵马俑多用陶冶结合的方法制成，先用陶模做出初胎，再覆盖一层细泥进行加工刻画加彩，有的先烧后接，有的先接再烧。

孙膑 军事家孙武的后代，曾与庞涓为同窗师从鬼谷子学习兵法。后庞涓为魏惠王将军，因嫉贤妒能，骗孙膑到魏使用奸计，孙膑被处以膑刑。后孙膑被齐国使者偷偷救回齐国，引荐于齐威王任为军师。马陵之战，身居辎车，计杀庞涓，打败魏军。著作有《孙膑兵法》。

兵马俑的车兵、步兵、骑兵列成各种阵势，整体风格浑厚、健美、洗练，但每一个兵士的脸型、发型、体态、胖瘦、表情、眉毛、眼睛和年龄、神韵均有差异；陶马有的双耳竖立，有的张嘴嘶鸣，有的闭嘴静立，人和马都富有感染人的艺术魅力。

统一六国之后，秦国实行全国征兵制，兵源来自全国各地，这恐怕是他们在脸型、表情、年龄上各有差别的主要原因。

秦俑大部分手执青铜兵器，有弓、弩、箭镞、铍、矛、戈、殳、剑、弯刀和铖。

青铜兵器因经过防锈处理，埋在地下2000多年，仍然光亮锋利如新，它们是当时的实战武器。

工匠们用写实的艺术手法把陶俑表现得十分逼真，在这个庞大的秦俑群体中包容着许多截然不同的个体，使整个群体更显得活跃、富有生气。

纵观这千百个将士俑，其雕塑艺术成就完全达到了一种艺术美的高度。无论是千百个形神兼备的官兵形象，还是那一匹匹跃跃欲试的战马塑造，都不是机械的模仿，而是着力显现它们内在的生气、情感、灵魂、风骨和精神。

秦俑的设计者为了再现2000多年前的秦军"奋击百万"气吞山河的磅礴气势，不仅仅在于追求单个陶俑的形体高大，而且是精心设计了一个由8000余件形体高大的俑群构成的规模庞大的军阵体系。

右侧为一个巨大的方阵，

陶坐俑

左前方为一个大型疏阵，左后方则是指挥部。那数千名手执兵器的武士，数百匹曳车的战马，一列列、一行行，构成规模宏伟、气势磅礴的阵容。

将士们有的头绾发髻，身穿战袍，足蹬短靴，手持弓弩，似为冲锋陷阵的锐士；有的免盔束发，身穿战袍，外披铠甲，手持弓弩，背负铜镞，似为机智善射的弓箭手；有的头戴软帽，穿袍着甲，足磴方口浅履，手持长铍，似为短兵相接的甲士。

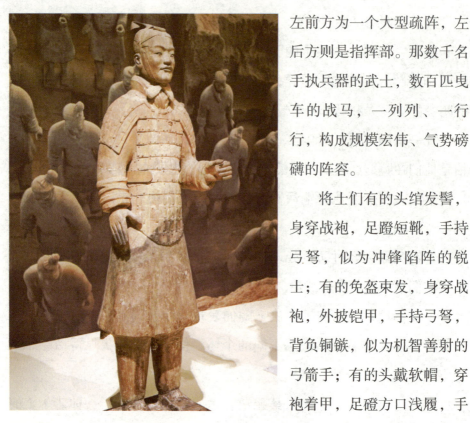
■ 神采奕奕的兵马俑

还有身穿胡服的骑士，外着铠甲，头戴软帽，足磴短靴，一手牵马一手提弓；有头戴长冠的驭手，两臂前伸，双手握缰，技术熟练；有头戴长冠穿战袍的下级指挥官，着长甲，手执吴钩；有头戴鹖冠，身着彩色鱼鳞甲，双手扶剑，气度非凡的将军。

这栩栩如生的千百个官兵形象，尤其在神态、个性的刻画方面，显得逼真、自然而富有生气。

一般战士俑也是各有表情：有的嘴唇努起胡角反卷，内心似聚结着怒气；有的立眉圆眼，眉间的肌肉拧成疙瘩，似有超人的大勇；有的浓眉大眼，阔口厚唇，性格憨厚纯朴；有的舒眉秀眼，头微低垂，性格

鹖冠 古代官名，即插有鹖毛的武士冠。因为鹖性好斗，至死不却，武士冠插鹖毛，以示英勇。鹖冠具体形状，大抵与河南洛阳金村的战国狩猎纹铜镜上骑士之冠相同。西汉砖、石刻上，也见有具体描绘。

文雅；有的侧目凝神，机警敏锐；有的昂首静思，有的低首若有所思，两者虽然都刻画一个"思"字，由于表现手法不同，前者给人的印象是气宇轩昂略带傲气，后者则是沉静文雅。

其中，骑兵在服饰装束及高度等方面都是严格模拟古代骑兵的战时形象，与步兵、车兵俑显然不同。

他们头戴圆形小帽，帽子两侧带扣系在颌下，身着紧袖、交领右衽双襟掩于胸前的上衣，下穿紧口连裆长裤，足蹬短靴，身披短而小的铠甲，肩上无披膊，手上无护手甲。衣服具有短小轻巧的特色，铠甲显得简单而灵活。骑兵俑特殊的装束也与骑兵的战术特点密切相关。

每匹战车的陶马，两耳竖立，双目圆睁，张嘴嘶鸣，跃跃欲试。一件件骑士俑，右手牵马，左手提弓，机警地立于马前，一旦令下，就将驰骋疆场。

右衽 衽，在汉字中本义为"衣襟"。将衣服的左前襟掩向右腋系带，将右襟掩覆于内，称右衽。反之称左衽。右衽是中国古代汉族服装始终保留的特点，因此右衽成为汉族的象征符号。与之相反，中国古代某些少数民族的服装，前襟向左掩，异于中原一带的右衽。因此左衽用以指受外族的统治。

■ 1号坑的卒俑

■ 秦始皇陵的陶鞍马俑

轿 一种靠人或畜杠、载而行，供人乘坐的交通工具，曾在东西方各国广泛流行。就其结构而言，轿子是安装在两根杠上可移动的床、座椅、坐兜或睡椅，有篷或无篷。轿子最早是由车演化而来。轿子在中国大约有四千多年的历史。据史书记载，轿子的原始雏形产生于夏朝初期。因其所处时代、地区、形制的不同而有不同的名称。如肩舆、兜子、眠轿、暖轿等。

除了兵马俑，秦皇陵还有两辆铜车马也令人叹为观止。

秦始皇陵铜车马是一种带有篷盖的豪华车，工艺之复杂，做工之精巧，技艺之卓越，都无不令人惊叹。秦陵铜车车型接近正方形，车上罩着一块类似于龟盖状的篷盖。大篷盖不仅将车体全部罩了起来，甚至连车前边的"御室"也遮盖起来，形成封闭式的车体。以便车主与驭手传递命令。

其中，2号铜车属于轿、车组合类型，车主既可以坐乘，也可以卧息。如果躺在这样宽敞、舒适、豪华的车体内，完全可以享受到一种软卧车的舒服感。即使远行千里也可以消除长途颠簸的疲劳。

2号车车内设备更富有特色，在车体底部发现一块方形大铜板，其大小几乎与车体底尺寸相当，铜板表面彩绘着各种鲜艳的几何形图案花纹，下面四角和中部有8个铜支钉支撑。

这块彩绘大铜板无疑就是古车上的"文茵"，类似于一种软垫制品。如果车中铺设双重文茵，一定更加平稳而舒适。

同时，2号铜车马总共由3462个铸件组成，其中有铜铸件、金铸件、银铸件。总重量达1241千克，其中金铸件3000多克，银铸件4000多克。

由此推测，1号铜车马铸件的数量也不会相差太远，那么两乘车加起来不少于5000多个零部件。尤其令人拍案叫绝的是，这5000多个零部件无论是大至两平方米以上的篷盖、伞盖及车舆、铜马、铜俑等，还是不足0.2平方米的小攸勒管都是一次铸造成型。

就拿篷盖与伞盖的铸造来说，它不仅面积大，而且薄厚不一，再加上篷盖、伞盖，都有一定的弧度。这样难度大的篷盖、伞盖能一次性浇铸成功，在2000

彩绘 在中国自古有之，被称为丹青。其常用于中国传统建筑上绘制的装饰画。中国建筑彩绘的运用和发明可以追溯到2000多年前的春秋时期。它自隋唐期间开始大范围运用，到了清朝进入鼎盛时期，清朝的建筑物大部分都覆盖了精美复杂的彩绘。

■ 兵马俑博物馆的青铜战车

多年前的秦代几乎让人难以置信。

8匹铜马、两个御官俑的铸造显得逼真、自然，达到了出神入化的程度，无论是整体造型，还是神态、性格、气质的刻画都可以与秦俑坑那雕塑最好的将军俑相媲美。

铜马、铜俑铸造如此精准，形神兼备实为罕见。比如铜马的笼头，它是由82节小金管和78节小银管连接起来，一节金管与一节银管以子母卯形式相连接，其精细和灵活程度令人叹为观止。

令人感到惊奇的是那马脖子下悬挂的璎珞，这些璎珞全是采用一根根细如发丝的铜丝制作的，而且铜丝表面无锻打痕迹，粗细均匀，表明很可能是用拔丝法制成的。

尤其是以铜丝组成的链环，是由铜丝两端对接焊成，对接面合缝严密。如此纤细的铜丝到底是用什么方法制作？采取什么样的工艺焊接？

中国古代人民的智慧不可低估，而兵马俑更是全世界的一个奇迹，它让外国人赞叹，让中国人骄傲！

千古遗迹的考古发现

阅读链接

1974年，陕西省临潼区杨村村民们为了抗旱，在村南柿树林旁打井，挖到5米多深的地方时，竟然发现了一个陶制的人头雕塑像。

正好一位干部来检查打井进度，见到这个情景，他急忙把这消息报告给县文化馆。经过文物部门几年的勘查和发现，气势非凡的秦始皇陵兵马俑终于展示在世人面前。

兵马俑的发现被誉为"20世纪考古史上的伟大发现之一"。秦俑的写实手法作为中国雕塑史上的承前启后艺术为世界瞩目。现已在一、二、三号坑建起了秦始皇陵兵马俑博物馆，对外开放。

马王堆汉墓与女尸

　　马王堆汉墓位于湖南长沙芙蓉区马王堆，在长沙东郊浏阳河西岸、长浏公路北侧。出土各类文物数千件，因为保存完好，被誉为中华民族的地下文化宝库，东方的"庞培城"。

　　马王堆汉墓的出土文物，为研究汉初经济和科学技术的发展，以及当时的历史、文化和社会生活等方面，提供了实物资料，使它成为当之无愧的国之瑰宝。其中，古尸素有"东方睡美人"之称，受到科技界的广泛关注，被认为"创造了世界尸体保存记录中的奇迹"。

马王堆汉墓的主人真相

马王堆汉墓位于长沙市芙蓉区马王堆乡，在长沙东郊浏阳河西岸、长浏公路北侧。

马王堆乡有一处特别的地方，那里是方圆250米的土丘，土丘的中部，残留着两个高16米的土冢，这就是通常所指的"马王堆"。

在这两个土冢中，东边的是1号墓的封土堆；西边的是2号墓的封土堆。3号墓的封土堆几乎全被1号墓的封土所覆盖，外表上很少露出

马王堆出土的武士俑

痕迹。

马王堆周围是平坦的田地，浏阳河从它的东面转向西北蜿蜒流过，河的东面和北面是连绵的低矮山丘。马王堆的西面不远处，是注入浏阳河的一个不大的湖泊。千百年来，马王堆就在这样一个环境里，静静地沉睡着。

有人说，"马王堆"的名称与五代十国时期的楚王马殷有关。

■ 马王堆帛画

923年，后唐取代后梁，马殷被册封为楚王，以长沙为统治中心，管辖湖南全省、江西西部、贵州东部和湖北南部地区。930年，马殷去世，其子马希范继位。至北宋，楚国灭亡，马殷家族统治湖南达数十年之久。

在长沙保留着不少关于马王的古迹，如会春园、九龙殿、马王街等，而马王堆也被认为是其中之一。

在楚王马殷家族消失数百年后，清人认为马殷及其家族死后葬于马王堆。也有说此处是马殷父子的疑冢，即假坟，所以没有称为陵，而是称作堆。

除了这种说法之外，还有人认为"马王堆"是由西汉时期长沙定王刘发的母亲程、唐二姬的"双女坟"而得名的。

长沙王刘发的母亲唐姬，原是汉景帝的宠妃程姬

汉景帝（前188—前141），刘启，西汉第六位皇帝，在位16年，谥号孝景皇帝。汉景帝刘启在西汉历史上占有重要地位，他削诸侯封地，平定七国之乱，勤俭治国，发展生产。他统治时期与其父汉文帝统治时期合称为文景之治。

千古遗迹的考古发现

■ 马王堆汉墓出土
的青铜器

长安 即现在西安，又称京兆，是中华文明的发源地，据《广博物志》《述异志》《山海经》等记载，传说中的盘古开天辟地、女娲补天等故事都发生在这里。新石器时代早期，这里就已经形成了原始聚落。西安是13朝古都，中国历史上的鼎盛时代周、秦、汉、隋、唐均建都西安。

的侍女。有一天，汉景帝传唤程姬侍寝，但程姬身体不舒服，然而皇上的旨意不可违抗，程姬便想出一个办法，从她的侍女中挑选了和她身高相当、容貌相似的唐儿，代替自己与景帝同房。

那晚景帝宴罢归房，醉眼蒙眬，在昏黄的灯光下未及细看，就与唐儿同床共寝。唐儿因此怀上龙种，为景帝生了个儿子，便取名为刘发。

后来景帝知道了实情，因为刘发是侍女所生，身份低微，所以在他长大成人后，景帝便将他封为人口1.5万户的长沙王，并让其远离长安。

刘发也知道自己的身世，虽远在长沙，却十分思念两位母亲。于是，他就派人在长沙城内筑起一座土台，即后来的定王台，时常登高远眺长安城，表达对两位母亲的思念。

在唐、程二姬相继去世后，刘发将她们的尸体由长安运至长沙，安葬在城东外的土堆中，并在土堆上竖立起一根高大的旗杆，杆上吊挂一个大红灯笼。每当刘发站在定王台上远眺大红灯笼时，就仿佛看见了自己的两位母亲。

这方土丘的两个土冢大小相似，中间连接，形状非常像一个马鞍，人们就叫"马鞍堆"。而长沙话的"鞍"和"王"的读音相似，也不知到了哪个朝代，人们念走了音，"马鞍堆"就变成了"马王堆"。

北宋《太平寰宇记》也记载说，这里是西汉长沙定王刘发埋葬他母亲的"双女冢"。根据史料所记载，刘发两位母亲的埋葬地点与马王堆的位置十分吻合，况且在时间上也颇为吻合，所以刘发母亲的墓葬似乎是唯一合理的解释。

但后来发现，在看似只有两个墓冢的土丘下，居然有3座墓穴，而且3座墓葬的时间相距20多年。其中，在2号墓发现了"长沙丞相""轪侯之印"和"利苍"3颗印章，表明该墓的墓主是轪侯利苍。

1号墓中有一具年约50岁的女性尸体，墓内出现了刻有"妾辛追"3个字的骨质印章，说明墓主应是利苍的妻子。另外，3号墓里的遗骸应该是30多岁的

■ 马王堆汉墓对乐俑

英布 秦末汉初名将，六县人。因受秦律被黥，又称黥布。初属项梁，后为项羽帐下五大将之一，封九江王，后叛楚归汉，汉朝建立后封淮南王，与韩信、彭越并称汉初三大名将，公元前196年起兵反汉，因谋反罪被杀。

男性，所以可能是利苍的儿子。

据《史记》和《汉书》记载，长沙国相利苍于汉惠帝二年去世，而长沙正是汉代长沙国首府临湘市所在地。通过历史记载、文物鉴定以及其他因素的综合考虑，尤其是墓中的漆器款识、封泥、印章等各种物品给人们提供的有力证据，于是最终断定1号墓为利苍之妻，2号墓为利苍本人，3号墓为利苍之子。

1号墓墓主名字叫辛追，是利苍的妻子，比利苍要年轻很多，利苍去世的时候，她才30岁左右，美貌非凡，富贵优雅。

但是，历史上对辛追没有明确的记载。有人说，这个名叫辛追的神秘女子是景德镇浮梁人，在那片瓷与茶文化交融的土地上曾经留下她的足迹。那里仍然有很多和她有关的遗迹，也有许多关于她的传说。

长沙国丞相利苍生于战国末年，逝世于公元前

■ 马王堆3号墓坑

186年。他早年曾参加秦末农民起义和楚汉之争。汉初任长沙国丞相，被封为轪侯，食邑七百户。"轪"便是利苍的食邑，封地在河南省罗山县和光山县之间，也有的说在湖北省浠水县兰溪镇。

约在公元前204年，利苍携妻子辛追，带着刚满周岁的儿子利豨来到长沙国任职。不久，邻国淮南王英布叛变，利苍劝说第二代长沙王吴臣诱杀了他的姐夫英布。长沙王之子吴浅、长沙丞相利苍因此均被封为侯。利苍即成为第一代轪侯。

马王堆汉墓主人辛追夫人复原蜡像

3号墓墓主利豨是利苍和辛追的儿子，利苍去世后继承了封号，成为第二代轪侯。利豨的儿子第三代轪侯离开了长沙到首都长安做官。之后，利豨的孙子第四代轪侯任过武官，因为擅自调兵而被判处死刑，受到赦免才保住了一条性命，不得不回到原籍成为平民。于是，利家的侯爵再也没有了。

马王堆汉墓形制独特

马王堆汉墓出土的武士木偶

马王堆汉墓是西汉初年的墓葬，它的墓葬形制也有着独特的风格和样式。

马王堆共有3座汉墓，由于是同一时期身份相关的人的墓葬，所以墓坑的形式基本相同，都是北侧有墓道的长方形竖穴。坑口的平面接近方形，口下有多级台阶，随着墓坑逐渐向下，台阶逐级缩小。

3座墓的墓坑，从整体上看，没有多少差别，但具体说来，仍有些许的差异。其中1号墓的墓坑最大、最深。

下面有4层台阶，逐渐向下，台阶底端就是斗形坑壁。

另外两座墓的规模相对于1号墓来说，规模略小，墓坑较浅，墓壁只有3层台阶。2号墓墓底南北长7.25米，东西宽5.95米；3号墓墓底长5.8米，宽5.05米。

中国古代的丧葬有棺椁制，人们可以通过棺椁看出死者的身份和等级。

1号墓的棺椁共有4层，它们采取扣接、套榫和栓钉接合等方法制作而成。椁室用厚重的松木大板制成。

下置垫木和两层底板，再竖立4块壁板和4块隔板，便形成居中的棺房和四周的边厢。然后，在上部覆盖顶板和两层盖板。

■ 马王堆汉墓出土的陶壶

4层套棺用落叶乔木板制作，内壁均涂朱漆，外表则各不相同。

第一层的黑漆素棺体积最大，通体涂满黑色的漆，没有其他装饰；第二层为黑地彩绘棺，饰有复杂多变的云气纹及形态各异的神怪和禽兽；第三层为朱地彩绘棺，饰有龙、虎、朱雀和玄武等瑞兽图案；第四层为直接殓尸的锦饰内棺，盖棺后先横加两道帛束，再贴满以铺绒绣锦为边饰的羽毛贴画锦。

3号墓的棺椁和1号墓的棺椁差不多，但是少了一层套棺，椁室南边的边厢又多了一根纵梁。在3层套棺中，外棺和中棺的表面均涂棕黑色素漆，未加其他装饰。内棺则在加帛束之后，贴满了以绒圈锦为边饰的绣品。

2号墓从残存的痕迹看来，结构与1号墓和3号墓有所不同，椁内只有两层棺。

瑞兽 中国原始人群体的亲属、祖先、保护神的一种图腾崇拜，是人类历史上最早的一种文化现象。它们从远古时代一直沿存至今。中国古代有四大瑞兽，分别是东方青龙、南方朱雀、西方白虎、北方玄武，另外麒麟也是中国古代的一种瑞兽。

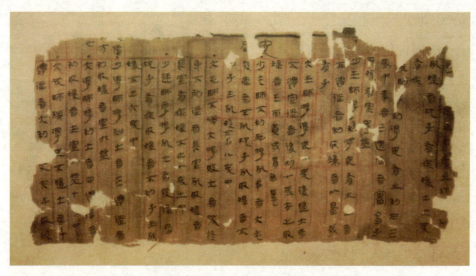

雷纹 中国古代青铜器上一种典型的纹饰。基本特征是以连续"回"字形线条所构成。有的作圆形的连续构图，单称为"云纹"；有的作方形的连续构图，单称为"雷纹"。云雷纹常作为青铜器上纹饰的地纹，用以烘托主题纹饰。也单独出现在器物颈部或足部。

朱地彩绘棺是马王堆1号墓4层木棺中的第三层。通体内外髹朱漆。棺表面的朱漆底上，又施用青绿、粉褐、藕褐、赤褐、黄白等明亮的颜色，彩绘龙、虎、朱雀、鹿和仙人等祥瑞图案。

盖板上绘有对称的二龙二虎图案。两条龙的龙头相向，居于画面中上方，龙身各自向两侧盘绕，龙尾伸至左右两下角；二虎背于二龙之间，分别攀在龙首的下面，口啮龙身。

龙为粉褐色，用赭色勾边，身披鳞甲而有三角弧形斑纹，斑纹内填以绿色；虎为赤褐色，形象写实，尾部加饰流云。

盖板的周缘，饰赭黄色勾连雷纹。头顶绘一座高山，山似等腰三角形，处于画面的中央。山的两侧各有一只鹿，腾跃貌，周围饰以云气纹。

足画面为双龙穿璧图案。白色的古璧居于画面中央，有两条藕色绶带将其自上而下拴系，绶带的末端分列在画面的下侧。

两条蜷曲的龙穿璧而过，龙首相向于璧上方的绶带两侧，龙身为粉褐色，披鳞甲而有凤羽，巨目利牙，虎爪蛇尾，双角较小。龙的旁边加饰以藕白色的云气纹。

左侧的周边饰菱形云纹，正中绘一座赤色的山。山的两侧各有一粉褐色龙，龙首相向于山的上方，龙身均呈现出波浪起伏的样子。

左侧龙首之后，有一只赤褐色虎，虎身向左，张口回首，其旁加饰云纹。龙尾之前，有一只带有云形花斑的藕褐色鹿。鹿首向左，两角粗壮，四足跷起。

右侧龙首后有一只朱雀，展翅欲飞貌。龙尾之前，有一粉褐色的仙人，头发斑白，两手攀着龙身。右侧面的边纹也为菱形云纹，画面为繁复的勾连云纹。

朱地彩绘棺上的龙、虎、朱雀和鹿，都是中国古代所谓的瑞兽，称为"四神"或"四灵"。左侧面上所绘的高山，应该不是一般的山，而是仙山。整个棺材的画面给人以神秘的感觉。

黑地彩绘棺是1号墓棺椁中4层木棺中的第二层。棺内涂朱漆，右侧板内壁中上部的朱漆面上，有黑漆勾出的奔马和人，笔画草率，勉强成形。棺的表面，以黑漆为地，彩绘了复杂多变的云气纹，以及穿插其间、形

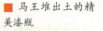

■ 马王堆出土的精美漆瓶

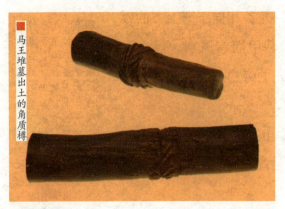

马王堆墓出土的角质樽

态生动的许多禽兽。

黑地彩绘棺上的花纹，除盖板四侧边缘满饰带状卷云纹外，五面的四周都有宽0.15米以流云纹为中心的带状图案。

在画面上出现最多的，是一种面部似羊非羊，似虎非虎，头竖长角，兽身有尾的怪物。这种怪物，口中衔着蛇，四肢又像猿，手足不分。

黑地彩绘棺上所绘的100幅图画中，有怪神、怪兽、仙人、鸾鸟、鹤、豹、牛、鹿以及蛇等10余种形象。这些神怪和禽兽形态各不相同，描绘得栩栩如生、变化多端，在云气间安排得十分得体，富有浓厚的浪漫主义色彩，表现了作者丰富的想象和熟练的技法，是研究当时绘画艺术的重要材料。

阅读链接

对于马王堆汉墓的发掘，周恩来、李先念等党和国家领导人都曾批示，直接指导发掘，仅周恩来的批示就达5次之多。

1972年初，马王堆出土千年不朽女尸的消息传开后，各方群众争相要求参观。每天数万人拥入博物馆，许多外地群众也赶来长沙参观。

这个情况经由新华社记者反映给了国务院。因病住院的周恩来看到报告后批示：出土尸身和衣着、帛文还有其他文物非变质不可……必须立即采取办法，将尸身转到冰窖，消毒、防腐，加以化工处理。这是可以向群众说得通的，非当机立断不可。

接到周恩来的指示后，湖南省博物馆就将尸体连夜转移到了湖南医学院。

神秘女尸和素纱禅衣

辛追是马王堆汉墓1号墓的墓主，虽然沉睡了2000多年却依然新鲜如初。辛追年约50岁，身高1.54米，体重34.3千克。

传说辛追是长沙王吴芮最小的女儿，她在江西浮梁长大。辛追来到长沙，受父母之命襄助兄长吴臣，这时她还不到15岁。

马王堆一号墓出土的干尸

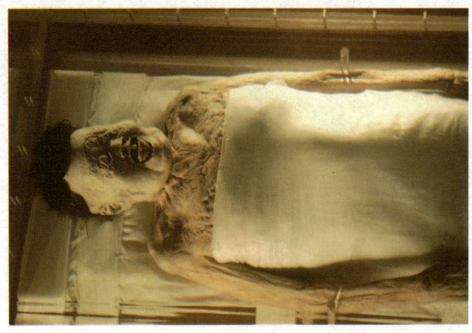

千古遗迹的考古发现

保存完好的女尸

重阳节 农历九月九日，为传统的重阳节。因为《周易》中把"六"定为阴数，把"九"定为阳数，九月九日，日月并阳，两九相重，故而叫重阳，也叫重九。重阳节早在战国时期就已经形成，到了唐代，重阳被正式定为民间的节日，此后历朝历代沿袭至今。

16岁时，辛追奉兄长吴臣之命，与三哥吴浅一起护送大姐梅子的灵柩到老家浮梁。回到家乡，辛追见到了返乡的祖父吴申及外公等亲人。

辛追在浮梁住了3个月，祭祀了吴氏祖先，看望了当年随父亲出征将士的家属。

她还与吴家族人一同参加了家乡的秋社。在秋社活动结束之后，她入乡随俗，和普通百姓一起在仰天台过夜。

她走遍了父亲在浮梁战斗过的地方，听说父亲第一次带兵打仗时正在进行傩会，辛追便向祖父要了两个傩面具作纪念。

重阳节过后，辛追告别亲人，返回长沙。当年10月，朝廷正式封其为"公主"后来嫁给了利苍。

辛追的尸体过了2000多年，但形体完好无缺，全身润泽。皮肤柔软细密，光滑而富有弹性。全部关节保存完好，没有丝毫损伤，部分关节还可以活动。全身脉络十分清晰，人们甚至可以清楚地看到她手指、脚趾的纹理。

往女尸体内注射防腐剂时，她的血管会鼓起来。除眼球突出、舌头外吐等体表变形外，其他特征完全像刚死的鲜尸。

人们可以想象，辛追生前是一位美貌非凡、富贵优雅的女性。通过病理解剖检查发现，死者生前患有冠心病、多发性胆石症、全身性动脉粥样硬化症，右上肺有结核病灶，右前臂曾经骨折，在直肠和肝脏内有鞭虫卵、蛲虫卵和血吸虫卵，胆囊先天畸形。

女尸身上穿着丝绵袍和麻布单衣，脚上穿着青丝履，头上盖着酱色锦帕，两臂和两脚用丝带系缚起来，然后包裹18层丝、麻衣衾，捆扎9道组带，又覆盖两件丝绵袍。

这些衣物，种类繁多，花色复杂，差不多包含了春夏秋冬各个时节的衣服，显示了女尸的高贵身份和显赫的家世背景。

经分析，该女尸皮下脂肪丰满，皮肤没有褥疮，无高度衰老迹象，故应为突发急病而死。

从病症推断与解剖发现，其食道、胃及肠内有甜瓜子130多粒，死亡时间应在暑天，可能是吃了生冷甜瓜后引发胆绞痛，由此诱发冠状动脉痉挛，导致心律失常而猝死。

辛追女尸历经2000多年，皮肤居然还有弹性，显得润泽有光。从尸体腐烂程度上看，死亡的时间好像只有几个

辛追墓出土的漆碗

■ 彩绘陶鐎壶 高约9.5厘米，口径约9厘米，柄长约6厘米。陶鐎壶为直口形，唇比较平，颈相对矮一些，而壶的腹部则相对较扁，在底部有三个乳状的足。另外，鐎壶的肩部置有兽首流，腹部并装有一管状柄，胎的颜色为灰色。壶身涂白粉，并绘上红、黑两色相间的粗弦纹。这种壶为手工制作，共造型简朴，为生活中的实用器。

朱砂 在中国古时称作丹。朱砂的粉末呈红色，可以经久不褪。中国利用朱砂作颜料已有悠久的历史，朱砂"涂朱甲骨"指的就是把朱砂磨成红色粉末涂嵌在甲骨文的刻痕中以示醒目。后世的皇帝们沿用此法，用朱砂的红色粉末调成红墨水书写批文。

法师 又译说法师，法师本是一种学位的称号，要通达佛法能为人讲说的人才能称法师。在佛教中，凡能演讲佛经的出家比丘称为法师。在道教中，精通经戒、主持斋仪，度人入道，堪为众范的道士叫法师。

月。自然界中的万物都遵循有生有灭的规律，然而在辛追那没有生命的身体上，正常的腐败过程竟能得以延缓，实乃奇迹。

女尸浸泡在液体之中，这种液体最初没有颜色，发出一种难以名状的异味，不久之后这种液体变成了棕黄色。经分析，发现这种棺液的成分极为复杂，液体里面含有朱砂、砷、汞以及许多中药成分。

有人认为这种液体是一种特制的防腐剂，这种防腐剂由各种各样的药材和化学物质经过复杂的工序配置而成，能够让尸体保持完好，即使历经千百年也不会腐烂。它是在尸体入殓时，为了防止尸体的腐烂，特意加进去的。

也有人认为这种液体是外界渗透进去的水。他们认为这种液体根本就不是防腐剂，而是土壤中的水分通过白膏泥和木炭层渗入墓室，经长时间的凝结，最后积聚在棺内。

由于和棺内的物质发生反应，因而具有微弱的抑菌、杀菌作用，但不是尸体得以保存的根本原因。

还有人认为这种液体是尸水。这种液体不是从棺外渗入的，而是女尸的尸水，因为棺内的边厢都没有水渗入的痕迹，并且棺椁外有5000千克的木炭和白膏泥包裹，根本就不可能让外面的水分渗入。

它是尸体在病毒及细菌的作用下，历经长时间所脱下的水。由于溶解了棺内的其他物质，使得成分变得极为复杂，对尸体的完好具有微弱的保护作用。

还有一种说法认为棺液不是使女尸保存下来的根本原因，使得尸体保存下来的根本原因是尸体存放的特定环境。

因为棺椁密封很好，和外界空气完全隔绝，避免了细菌对尸体的侵蚀。里面的环境很好，具有恒温、恒湿的状态。在那样一个恒定的环境中，女尸再过一个2000多年也应该可以继续保存。

除了上面几种比较传统的解释外，还有一种解释认为，辛追尸体的保存，跟独特的中华文化有关。

在中华大地上，出现过很多不腐的古尸，有唐代的禅宗六祖慧能，有明代的高僧憨山，有清代的法师大兴等。此外，民间还发现了不少类似的现象。总之，尸体不腐这类记载和传闻在中国非常多。

这些死者总体上有一个特点，那就是他们基本上都

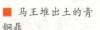
■ 马王堆出土的青铜鼎

是佛教和道家中人。而在佛教和道教的文献中，记载有专门修炼死而不僵的理论和方法，在修炼的人群之中，更有不少成功的案例。

从墓壁上雕刻的道家养生图和随葬的《道德经》来看，辛追夫人很可能是道学养生方法的研究者，并且取得了很大的成就。所以，辛追尸体不腐的原因，很可能是她生前修炼的结果。

马王堆汉墓的素纱蝉衣是在利苍夫人辛追的墓中被发现的，是世界上现存年代最早、保存最完整、制作工艺最精、最轻薄的一件衣服。

素纱禅衣的出土反映了当时高超的织造工艺技术，为国内所仅有，它是西汉纱织水平的代表作，更是楚汉文化的骄傲，为中外文物的研究家提供了又一次深入探索的机会。

这件素纱禅衣交领、右衽、直裾式，袖较宽，衣长1.28米，通袖长1.95米，袖口宽0.29米，腰宽0.48米，下摆宽0.49米，重48克，薄如蝉翼，折叠后不盈一握。

素纱禅衣由上衣和下裳两部分构成，缘为几何纹绒圈锦。素纱丝缕极细，共用料约2.6平方米，重量还不到一两，可谓"薄如蝉翼""轻若烟雾"，且色彩鲜艳，纹饰绚丽。

■辛追墓出土的骑马俑

素纱禅衣代表了西汉初养蚕、缫丝、织造工艺的最高水平。这件素纱禅衣，用纱料制成，因无颜色，没有衬里，出土遣册称其为素纱禅衣。

唐代大诗人白居易在《缭绫》中写道："应似天台山上明月前，四十五尺瀑布泉，中有文章又奇绝，地铺白烟花簇雪。"咏诵这诗句，似乎诗中那缥缈如雾般轻盈，晶莹如水般剔透缭绫的描写不过是诗人的艺术夸张。

■ 马王堆出土的布匹

马王堆汉墓中大量丝织品，特别是两件素纱禅衣的发现，证实了诗人的描写并非凭想象夸张而作，而是真实的有根据的形象化的描写。

纱的密度稀疏，孔眼充满织物的表面，因而质地轻薄，古人形容"轻纱薄如空""举之若无"，一点都不夸张。上乘的纱料，以蚕丝纤度匀细见长。

据测定，素纱禅衣的蚕丝纤度只有10.2旦至11.3旦，而现在生产的高级丝织物还有14旦，足见汉代缫纺蚕丝技术的高度发展。

此件禅衣的组织结构为平纹交织，其透空率一般为75%左右。制织素纱所用原料的纤度较细，表明当时的蚕桑丝品种和生丝品质都很好，缫丝织造技术也已发展到相当高的水平。

素纱是一般为未经染色的纱织物，这件禅衣如果

白居易（772—846），字乐天，晚年又号香山居士，中国唐代伟大的现实主义诗人，也是中国文学史上负有盛名且影响深远的诗人和文学家。他的诗歌题材广泛，形式多样，语言平易通俗，有"诗魔"和"诗王"之称。他的传世作品为《白氏长庆集》，代表诗作有《长恨歌》《卖炭翁》《琵琶行》等。

■青瓷骑马俑

除去袖口和领口较重的边缘，重量只有25克，折叠后甚至可以放入火柴盒中，素纱禅衣也是西汉纱织水平的代表作，更是楚汉文化的骄傲。

贵为丞相夫人的辛追欲露华丽外衣纹饰，因此在色彩艳丽的锦袍外面罩上一层轻薄透明的禅衣，使锦衣纹饰若隐若现，朦朦胧胧，不仅增强了衣饰的层次感，更衬托出锦衣的华美与尊贵。

轻柔和飘逸质感的纱衣，穿在女子身上，迎风而立，徐步而行，飘然若飞，极佳地体现出了女性的柔美，也有一部分人认为素纱禅衣当时是作为内衣穿着，是一种性感内衣。

阅读链接

2002年4月，在辛追尸体出土30周年之际，人们复原了她4个年龄段的面相：7岁的面相、18岁的面相、30岁的面相和50岁的面相。

通过观察，人们发现了辛追3个年龄段的特点：18岁的辛追面庞红润，柳叶眉，杏核眼，小尖鼻，薄嘴唇，眉宇中透出一股灵气；30岁的辛追和18岁的辛追相比，稍微显得有些丰满，她的眉毛微微上翘，眼神中流露出一种干练的神情；50岁的辛追一眼看上去显得雍容华贵，却面带病容，鱼尾纹布满眼角，眼袋下垂。

辛追遗体被移到湖南省博物馆，这里有为她量身定做的"地下寝宫"。地下寝宫距离地面8米，恒温、恒湿，模仿当年出土时的原状修建。这里置放的大型棺椁周围还有墓坑模型，接近她沉睡2000多年的地下环境。

随葬物品珍贵而繁多

马王堆汉墓中的随葬品，种类之杂，数量之多，让人眼花缭乱，惊叹不已。

随葬物清单遣策竹简发现于东"边箱"，堆放在重叠的漆器上面，因编缀的绳索已经腐朽散乱。

竹简共312枚，是用细竹劈开来制成的，颜色为黄褐色，背面的竹皮大多为绿色。从残余的绳子痕迹来判断，竹简是书写后再用细麻绳分为上下两道将竹简顺序组编成册。

简上文字为墨书隶体，墨迹清晰，字体秀美。

竹简上的文字大多数可以辨识，是一册随葬物品清单，就是所谓的"遣策"，

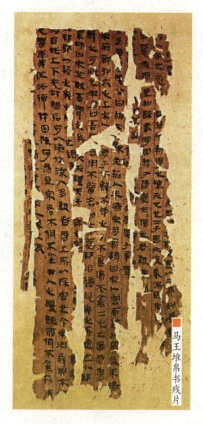

马王堆帛书残片

马王堆出土的陶器

总共有722枚，其中，1号墓312枚，3号墓410枚，内容均为逐件记录随葬物品的名称、数量和各种物品的分类小计。

马王堆遣策是同类竹简中最完整的两批。

1号墓的遣策所列器物清单的大概情况是这样的：用漆木制成的九鼎、七鼎和三鼎、二鼎盛放的各种羹，用竹笥盛放的肉食品，用陶器盛放的酱和酒，用布囊盛放的粮食，以及漆木器具、梳妆用品、丝织衣物、乐器、扇、席和土质、木质的东西。

3号墓中的遣策竹简，除大部分内容与1号墓相同外，还记载有骑从、乐舞、童仆等侍从，包括所持仪仗、兵器和乐器等物，这些都能同出土的木俑及棺房两壁的帛画大体对照起来。

马王堆汉墓中还发现有精美的彩绘帛画。帛画是中国古代的一个画种，因画在帛上而得名。帛是一种白色的丝织品，古人常用笔墨和色彩在上面描绘人物、走兽、飞鸟及神灵、异兽等形象。

马王堆汉墓共发现5幅帛画，其中1号墓1幅，3号墓4幅。这些帛画都是彩绘，保存得十分完整，它们大多色彩鲜艳，形象生动，是不可多得的艺术珍品。

1号墓的帛画为"T"字形。其画面完整，形象清晰，自上而下分段描绘天上、人间和地下的景象。

3号墓出土的一幅帛画与1号墓中那幅帛画的尺寸、形制、内容都相近。这两幅帛画以有序的层次，展示了汉初人们观念中的宇宙图

千古遗迹的考古发现

景。取自远古神话的大量形象和按照现实描绘的人与物，构成天、地、人相沟通的境界。

在3号墓棺室西壁的一幅帛画长2.12米，宽0.94米，描绘了盛大的车马仪仗场面。有人认为这幅画描绘的是誓社、耕祠场面，也有人根据所绘的大都是武卒、车骑，认为描绘的是接受墓主检阅的仪仗。

3号墓的另一幅帛画为导引图。以红、蓝、棕、黑等颜色描绘男男女女做健身运动，共有4排44人的形象。这些人有男有女，有老有少，他们有的着长袍，有的穿短裙短裤，还有的裸露着上身。

运动的类型有伸展、屈膝、转体、跳跃等肢体运动，也有使用棍棒、沙袋、球类的器械运动，还有模仿熊、鹤、鸟等各种动物姿势的运动。

根据人物动作与旁边的题字，可知是一幅关于运动的画作，定名为"导引图"。

马王堆汉墓的随葬品中还有纺织品和衣物200余种。其中包括了汉代丝绸品种的大部分，如平纹组织的绢、缣、纱，绞经组织的素罗和花罗，斜纹组织的绮、锦、绒圈锦，袋状组织的绦带以及彩绘印花纱，还有大麻和苎麻制成的粗细麻布等。

在3号墓东边箱子的长方形漆盒中，发现

■ 马王堆出土文物

有大批的帛书。这些帛书是唯一可以和千年女尸媲美的东西。帛书又名缯书，它以白色丝帛为书写材料，其起源可以追溯到春秋时期。

马王堆汉墓的帛书共有28种，12万字，破损比较严重。帛书一般都是把帛横摊着从右端开始直行写下去。有的先用墨或朱砂画好上下栏，再用朱砂画出直行格，此即为后代的"朱丝栏"。帛书有长有短。短的，一段帛上只写一种书或画一幅图；长的，写完一种书或画了一幅图后，并不剪断，而是另起一行接着书写或画另外的画。

帛书的体例不一，有的在第一行顶上涂一黑色小方块作标记，表示书从这里开始；有的则没有画行首的标记。有些书是通篇连抄，不分章节；有些用墨点记号分章；有些则提行另起章节。大部分帛书都没有书名。有标题的，一般都写在文章末尾。

自从秦代统一文字，规定小篆作为全国标准字体之后，还规定隶书作为日用文字，通行全国。

整个帛书上的文字代表了这一时期字体的全貌。除了字体之外，另一个特点就是假借字多，简化字

■ 马王堆汉墓出土的饮酒漆器

多，这些情况进一步表明，在秦统一全国文字后，西汉初年中国文字又处在一个新的发展过程中。

■ 马王堆汉墓出土的角质矛和角质戈

据初步整理，马王堆3号墓的帛书一共20多种，12万字左右，从这批帛书的内容看，只有少数几种流传下来，而大部分是久已失传的佚书。书的内容以古代哲学思想、历史为主，也有相当一部分是当时自然科学方面的著作，还有各种杂书。

依《汉书·艺文志》分类，在这些马王堆汉墓的帛书之中，六艺类的有《周易》《丧服图》《春秋事语》和《战国纵横家书》。

诸子类的有《老子》甲本、《老子》乙本、《九主图》《黄帝书》。其中，甲、乙本《老子》为所见最古的本子。

兵书类的有《刑德》甲、乙、丙三种。

数术类的有《篆书阴阳五行》《隶书阴阳五行》《五星占》《天文气象杂占》《出行占》《木人占》《符箓》《神图》《筑城图》《园寝图》和《相马经》。其中《五星占》是中国现存最早的天文书。

方术类的有《五十二病方》《胎产图》《养生图》

五行 存在于中国古代的一种物质观，多用于哲学、中医学和占卜方面。五行指：金、木、水、火、土，认为大自然都是由五行构成的，随着五行的兴衰，大自然发生变化，从而使宇宙万物循环，影响人的命运，是由于中国古代对于世界的认识不足而造成的。如果说阴阳是一种古代的对立统一学说，则五行可以说是一种原始的普通系统论。

■ 马王堆汉墓墓石上的浮雕 汉代浮雕图案多为龙、虎、瑞兽、凤鸟等动物，其浮雕特别是高浮雕技法，使神、禽、兽形态更为活灵活现，表现形式愈加精美。这些图案多雕刻于砖、石上，主要存在于墓葬建筑装饰，其表现内容十分广泛，涉及汉代政治、经济、社会生活等各个方面。由于具有教化、纪念等实用功能，这种艺术在汉代十分流行。

《杂疗方》《导引图》，其中《五十二病方》是中国已发现的最古老的医书。另外，还有《长沙国南部地形图》《驻军图》《城邑图》3幅地图。

同时，马王堆汉墓还发现有瑟、竽、笛、琴、竽律等五种乐器。另外还有和木俑附在一起的模型乐器钟、磬、筑3种。此外，在3号墓的遣策中，记载了不少歌舞、乐器的名称，如"楚歌者""河间舞者""郑舞者""建鼓""大鼓""钟磬""郑竽瑟""河间瑟"等。

从中，一方面能了解轪侯家轻歌曼舞的奢侈生活，另一方面也能增进我们对汉代音乐文化发展水平的了解。

其中，一件黑漆二十五弦琴有25根弦，是一张木质的弦乐器。它的瑟面成拱形，中间是空的，下面嵌有底板。首尾髹黑漆，其余光素。

底板两端有首岳和尾岳。首岳一条，右边有25个弦孔；尾部有内、中、外3条尾岳，内外岳左边各有9个弦孔，中尾岳左边有7个弦孔。尾端有4个系弦的木枘，枘端为银制，饰涡纹。

弦由4股丝左旋搓成，中岳上的弦较粗，内、外岳上的弦较细。每条弦下有拱形木柱。

另一件黑漆七弦琴，是木质的弦乐器。它通体黑漆，头宽尾窄，面圆底平，面底可以分开。面板木质松软，似为桐木，底板木质坚硬。面底各有一个"T"形槽，合起来形成共鸣箱。

马王堆1号墓有漆器184件，3号墓有316件，合在一起正好是500件。这样大量的漆器出土，在中国还是第一次。

这些漆器种类繁多，有盛装食物的鼎、盒、盘；有装酒或盛肉羹的钟、壶、钫；有喝酒或喝汤的耳杯、卮杯；有舀取食物的勺、匕；有盥洗用的盆、匜和沐盘；有盛托餐具的平盘和案；有放置各色各样梳

■ 马王堆出土的带有文字的木片

鼎 是中国青铜文化的代表。鼎在古代被视为立国重器，是国家和权力的象征。鼎本来是古代的烹饪之器，相当于现在的锅，用以炖煮和盛放鱼肉。自从有了禹铸九鼎的传说，鼎就从一般的炊器而发展为传国重器。一般来说鼎有三足的圆鼎和四足的方鼎两类，又可分有盖的和无盖的两种。有一种成组的鼎，形制由大到小，成为一列，称为列鼎。

理和化妆用具的多子奁盒；有娱乐用的博具；有日常生活用具和摆设如屏风和几等。

各式器形达20种以上，其中漆耳杯占漆器总数的一半以上，堪称是汉代漆器的杰作。

漆器大部分是木胎，只有少数奁和卮是夹胎。装饰花纹多为漆绘的红、黑和灰绿等色。纹样则以几何纹为主，龙凤纹和草纹为辅。

一些漆器书有"侯家""君幸酒""君幸食"字样，还有的注明器物容量。说明这些器具是由成都官府作坊制造的。它们制作精致，纹饰华丽。

在众多的漆器中，有一件云纹漆鼎格外耀眼。这件漆鼎为椭圆球形，盖是球面形，上有3个橙色的环形钮，盖与鼎身用子母扣套合，鼓腹，底略呈环形。器口附两平直耳，有3个兽蹄形足。

鼎的表面髹黑漆，器内髹红漆。口沿绘有一道菱纹图案。盖和器身绘红色和灰绿色涡卷纹和方连纹等组成的几何云纹。足部用朱漆绘兽面纹，两耳云纹。鼎底部均朱书"二斗"两字，表示这个器物的容量。

马王堆汉墓随葬的土笥共48件，多数在西边厢，

■ 马王堆文物漆盘

东边厢和南边厢内也有一些。

根据笥内遗物和木签上所记载，笥内随葬品大概可以分为丝织品、食品、草药类、明器等。

丝织品有六笥，其中衣笥二，缯笥二，另有二笥装香囊、鞋及丝织物碎片；食品是笥内随葬品中的主要部分，达到37笥；草药类有一笥，可辨识的有木贼、花椒、桂皮等；明器类有4笥，共计有泥珠一袋，木象牙8件，木犀角13件，木璧23件。

马王堆汉墓中还发现有一些制作精美、形象逼真的木俑。其中1号墓有100多件，3号墓有30多件，它们分大型和小型两种，大型木俑出于东、南、北边厢，小型木俑出于中棺和内棺之间的隙缝中。

小型木俑除了3件着丝麻衣的以外，皆以小树枝劈削，墨绘眉目而成，以麻绳编结为两组。大型木俑分立俑和坐俑。

大木俑有的着衣，有的彩绘，服饰、发髻略有区别，着衣俑的服装有罗袍、绣花袍和泥银彩绘袍等，衣袖内系用细竹条支撑。

马王堆汉墓出土的歌舞俑

屏风 古时建筑物内部挡风用的一种家具。屏风作为传统家具的重要组成部分，历史由来已久。屏风一般陈设于室内的显著位置，起到分隔、美化、挡风、协调等作用。它与古典家具相互辉映，相得益彰，浑然一体，成为家居装饰不可分割的整体，而呈现出一种和谐之美、宁静之美。

马王堆出土的木俑大多都是用来盛放肉食品、谷物、果品和香料的竹笥，制作精美，形象逼真。其中以女性木俑最引人注目，1号汉墓中有一件女舞俑。

舞俑腿部微曲，好像正在翩翩起舞。舞俑体态袅娜，有曲线美；舞姿轻盈，有动感美；奋袖蹈足，有造型美。制作木俑的艺术家，仿佛赋予了舞俑生命似的，让她在人们面前轻歌曼舞。

在众多木俑中，有一组显得格外引人注目，它们由5位乐师组成。其中，两位乐师，站在地上，手中拿着吹奏乐器，其余3位乐师跪在地上，用来弹奏的乐器置于地面，摆放在身前。

在乐队俑的对面，放置漆几、屏风、手杖、绣枕、香囊、奁盒以及满盛食物的漆案，这种搭配与设置，当为模拟墓主人生前歌舞宴饮的场面。

阅读链接

长沙是历史悠久的古老城市，早在春秋战国时代，长沙的冶铸业、纺织业、漆器业就比较发达。

秦末汉初，中原地区由于农民大起义中遭到反动军队的残酷杀掠，以及楚、汉之间的连年战争，造成了社会经济的严重破坏；而长沙地区受影响较小，经济恢复也就较快。

西汉时期，这里一直是长沙国所在地，地方经济取得较大的发展。马王堆汉墓的营造及其出土遗物，在一定程度上反映了这个问题。

高贵的丝织品、精美的漆器的大量出土，仅就数量、品种、花纹来说，都是中国考古发掘工作中一次空前重要的发现，特别是覆盖在内棺上的彩绘帛画，更有重大的价值。

此外，例如保存完整的管弦乐器，也是十分难得的。它们为研究中国汉代的纺织业、漆器业、服饰制度以及绘画艺术和古代音乐，提供了十分可贵的实物资料。

珍贵考古发现

妇好墓让我们感受到由文字、青铜器等为代表的灿烂文明。

国王墓是战国中山国墓葬中最大一座，具有大量精美文物。

南越王墓的金印，最为珍贵，是中国最辉煌的考古发现之一。

法门寺地宫是世界上发现规模最大的佛塔地宫。

地下瑰宝殷墟妇好墓

妇好墓是河南省安阳市殷墟遗址中唯一保存完整的商代王室墓葬，在殷墟小屯村西北面的一片冈地上，是一座并不显眼的商代中型墓葬。

殷墟是商王朝后期的王都，据文献记载，自盘庚迁殷至帝辛覆亡，历经8代12王。据夏商周断代工程所列《夏商周年表》确认盘庚迁殷为公元前1300年，武王克商年为公元前1046年，共有200多年，商王朝居殷最久是无可争辩的。

殷墟妇好墓青铜器陪葬品

妇好是商朝第二十三代君主武丁的三位夫人之一，也是商代一位杰出的女将军，深受商王武丁的信任与宠爱。

8　　7　　6　　5　　4　　3　　2　　1

妇好墓5米多长，约4米宽，7米多深，墓上建有被甲骨卜辞称为"母辛宗"的享堂。据说享堂原是商王武丁为祭祀妻子妇好而修建的宗庙建筑，尊其庙号为"辛"。

妇好墓虽然墓室不大，但保存完好，随葬品极为丰富，共出土青铜器、玉器、宝石器、象牙器等不同质地的文物1928件。

妇好墓中刻有铭文的青铜器有近200件。有"妇好"铭文的就有上百件，其中的两件大铜钺最为引人注目，一件以龙纹为饰，一件以虎纹为饰，每件重达八九千克。

据甲骨文判定，它们曾是妇好生前使用过的武器。据考证，铜钺在商代也是王权和军权的象征。

妇好生活于前12世纪前半叶武丁重整商王朝时期，是中国最早的女政治家和军事家。据甲骨卜辞记载，妇好曾多次主持各种类型和名目的祭祀和占卜活动，利用神权为商王朝统治服务。

■ 发式骨笄　笄是中国在新石器时代就有的用来固定发髻的工具，有骨笄、蚌笄、玉笄、铜笄等。笄的用途除固定发髻外，也用来固定冠帽。固定冠帽的笄称为"衡笄"，周代设"追师"的官来进行管理。衡笄插进冠帽固定于发髻之后，还要从左右两笄端用丝带拉到颌下拴住。从周代起，女子年满十五岁便算成人，可以许嫁，谓之及笄。到二十岁时也要举行笄礼，由一个妇人给及龄女子梳一个发髻，插上一支笄，礼后再取下。

此外，妇好还多次受武丁派遣带兵打仗，北讨土方族，东南攻伐夷国，西南打败巴军，为商王朝拓展疆土立下汗马功劳。武丁对她十分宠爱，授予她独立的封邑，并经常向鬼神祈祷她健康长寿。

然而，妇好还是先于武丁辞世。武丁十分痛心，把她葬在河南安阳小屯村西北，并且随葬玉器共755件，是商代玉器最多、最集中的墓。

妇好墓的玉石雕刻种类很多，形态各异，展示了当时很高的制玉水平，人像是其中最重要的部分，是了解研究商代雕塑艺术、商代人种、服饰制度、生活情态等方面的宝贵资料。

这些雕刻作品供佩戴、插嵌装饰用，非独立的雕塑，但反映出商代雕塑创作已具备较准确地掌握头部五官位置和身体比例，并能在小型器上有意放大头部的写实能力；注重发式、冠式的服饰等已显示人物不同社会地位的观察能力。而其中人物面部无表情、双目突出的特点又正是当时流行的雕刻装饰手法的体

■ 殷墟遗址妇好墓出土的玉鹦鹉

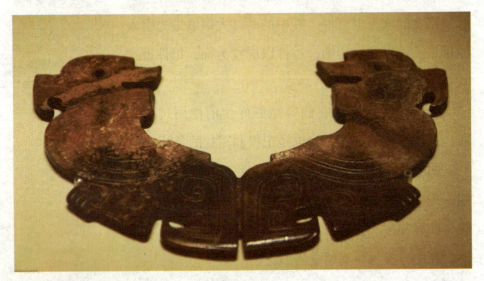

现，具有明显的时代特色。

妇好墓玉器的原料，经鉴别大部分是新疆玉，只有3件嘴形器质地近似岫岩玉，一件玉戈可能是独山玉，另有少数硅质板岩和大理岩。

■ 青铜箕形器

这说明商王室用玉以新疆和田玉为主体，有别于近畿其他贵族和各方国首领所用的玉器，从而结束了中国古代长达两三千年用彩石玉器的阶段。

妇好墓玉器的玉色以浅深不等的青玉为主，白玉、黄玉墨玉极少。除王室玉之外，还有来自地方方国的玉器，如有的刻铭说明是来自"卢方"的，这反映了商王室玉和方国玉器的工艺特色。

琢玉技巧有阴线、阳线、平面、凹面、立体等手法，在一件玉器上往往有多种琢法，图案的体面处理也有变化。

各种动物形玉饰有神话传说的龙、凤，有兽头鸟身的怪鸟兽，而大量的是仿生的各种动物形象，以野兽、家畜和禽鸟类为多，如虎、熊、象、猴、鹿、马、牛、羊、兔、鹅、鹦鹉等，也有鱼、蛙和昆虫类，其中有些器型尚属罕见。

玉雕艺人善于抓住不同动物的生态特点和习性，雕琢的动物形象富有生活气息，如一件回首状的小

巫术 是企图借助超自然的神秘力量对某些人、事物施加影响或给予控制的方术。"降神仪式"和"咒语"构成巫术的主要内容。巫术分为黑巫术和白巫术，黑巫术是指嫁祸于别人时施用的巫术，白巫术则是祝吉祈福时施用的巫术，故又叫吉巫术。

鹿，表现出警觉的神情；而头部歪向一侧的螳螂则显得悠闲自在，生动传神。

玉器之外还有绿松石、孔雀石、绿晶雕琢的艺术品和玛瑙珠等。

妇好墓玉器的艺术特点不仅继承了原始社会的艺术传统，而且依据现实生活又有所创新，如玉龙继承了红山文化的玉龙，仍属蛇身龙系统而又有变化，头更大，角、目、口、齿更突出，身施菱形鳞纹，昂首张口，身躯蜷曲，似欲腾空，形体趋于完善。

妇好墓的玉凤是新创形式，高冠钩喙，短翅长尾，飘逸洒脱，与玉龙形成对照。玉龙、玉凤和龙凤相叠等玉雕的产生可能与巫术有关。

玉象、玉虎等动物玉雕来自生活，用夸张概括的象征性手法准确地体现了动物的个性，如象的驯服温顺，虎的凶猛灵活等。

玉人是妇好墓玉器中最为珍贵的部分，如绝品跪形玉人，头戴圆箍形，前连接一筒饰，身穿交领长袍，下缘至足踝，双手抚膝跪坐，腰系宽带，腹前悬长条"蔽"，两肩饰臣字目的动物纹，右腿饰 S 形蛇纹，面庞狭长，细眉大眼，宽鼻小口，表情肃穆。其身份是墓主人妇好还是贵妇，难以确辨。

青铜封口盉

无论是玉禽、玉兽还是玉人，均为正面或侧面造型，这是妇好墓玉雕以至整个商代玉器的共同特点。

妇好墓中的大量玉器，说明玉器在商代贵族生活中占有十分重要的地位，这也是"玉不

离身"的最早例证。商文
化是经过长期的发展形成
的，从玉器可以看出在发
展过程中吸收了新石器时
代某些文化的先进因素，
并不断发展和创新，丰富
了商文化的内涵。

另外，妇好墓大型青
铜礼器、武器和象牙器等
也显示了商王朝的兴旺和手工业的发展水平。

青铜器共468件，以礼器和武器为主，礼器类别
较全，有炊器、食器、酒器、水器等。多成对或成
组，铸"妇好"铭文的鸮尊、盉、小方鼎各一对，成
组的如圆鼎12件，每组6件，铜斗8件，每组4件。

"司母辛"铭文的有大方鼎、四足觥各一对。其
他铭文的，有成对的方壶、方樽、圆罍等，而且多配
有10觚、10爵。

有铭文的铜礼器190件，其中铸"妇好"铭文的
共109件，占有铭文铜器的半数以上，而且多大型重
器和造型新颖别致的器物。如鸮尊、圈足觥造型美
观，花纹繁缛。

三联甗、偶方彝，可说是首次问世。三联甗由一
件长方形甗架和3件大甑组成。甗架形似禁，面部有3
个高起的喇叭状圈口，可放置3件大甑。腹腔中空，
平底，下有6条扁形矮足，外底有十字形铸缝。

架面饰蟠龙纹3组，分绕3个圈口，龙头做侧面

蟠龙 是指中国
民间传说中蛰伏
在地而未升天之
龙，龙的形状作
盘曲环绕。在中
国古代建筑中，
一般把盘绕在柱
上的龙和装饰庄
梁上、天花板上
的龙均习惯地称
为蟠龙。传说
中，蟠龙是东海
龙王的第十五个
儿子，他时常偷
跑到人间游玩，
当看见人间遭遇
干旱，他便用法
术帮忙人们，从
而得到人们的敬
仰。

饕餮 中国古代传说中的龙的第五子，是一种想象中的神秘怪兽。古书《山海经》介绍其特点是：羊身，眼睛在腋下，虎齿人爪，有一个大头和一张大嘴。十分贪吃，见到什么就吃什么。

盉 是古代盛酒器，是古人调和酒和水的器具，用水来调和酒味的浓淡。盉的形状较多，一般是圆口，深腹，有盖，前有流，后有鋬，下有三足或四足，盖和鋬之间有链相连接。青铜盉出现在商代早期，盛行于商晚期和西周，流行到春秋战国。

■ 精美绝伦的骨饰

形，两端的头朝下，中间的头朝上。在一端蟠龙之前有一个兽面和一龙。龙的身尾均饰菱形纹和小三角形纹。架面四角分别饰以牛首纹，牛口向外。

圈口周壁饰三角形纹和一周云纹。甗架四壁也有精细花纹：长边两面各饰五组龙纹和6个大圆形火纹，两者相互间隔，其下接饰大三角纹10个；短边两面中部各有一龙，两侧饰以大圆形火纹。主纹均以雷纹为地。在中间圈口的内壁有铭文二字。

甑形制较大。敞口，下腹急收，凹底，底有3个扇面形孔，兽头半圆形空心耳。口下有两条细棱，饰游动状的龙纹两组，每组二龙，头相对，以雷纹为地。在龙身的上下侧分别填以圆形火纹。3件甑的口下内壁与两耳外壁分别有铭文两字。

三联甗是灶形器与甑配套使用，它可以同时蒸出三大甑相同或不同的食品，又可移动位置，使用方便，是炊具的创新。

妇好墓中这件偶方彝的器盖似屋顶，两端有对称的短柱钮，长边各有7个方形盖和7个尖形盖，正好和

器身槽口吻合。器盖与器身装饰饕餮纹、夔纹、鸟纹、三角形纹等。

妇好墓的武器有戈、钺、镞等，两件铸"妇好"铭文的大铜钺最令人瞩目，一件纹饰作两虎捕捉人头，虎似小虎，形象生动。相似的图案曾见于"司母戊"大鼎的两耳上。似有震慑作用。

大铜钺是中国古代用于劈砍的格斗冷兵器。由斧身和斧柄组成。斧身为石质、铜质或铁质，斧柄为木质。钺与斧形制相近，区别是钺形体薄、刃部宽而且成圆弧形。

钺主要是作为军权的象征，所以钺大多铸造精良，钺身上刻有人面或兽面纹饰，形象狰狞，给人一种威慑力。

妇好墓中有3件象牙杯，有两件成对，其中，一件夔鋬杯的形状似觚，通体以双线阴刻繁缛精细的饕餮、夔龙、鸟等图案，其口、眼、眉、鼻以及身部镶嵌绿松石，图案周围刻以细纤的"回"纹作为衬托。杯的一侧安以鸟、夔龙图案的鋬，其目、喙、羽、爪、眉及身部也都镶嵌绿松石。另一件象牙带流虎鋬杯，是中国最高的象牙杯，造型美观，雕琢精致，堪称国之瑰宝。

阅读链接

　　妇好墓1976年春由中国科学院考古研究所发掘，发掘工作由一名女考古专家主持。发掘的成功离不开专家的坚定信念与不畏劳苦的坚毅品格。

　　由于妇好墓保护隐蔽，很难发掘，在工作进程一半时，看到毫无结果，许多专家都断下定论，说这是只是普通的地，上面的夯土也仅是残留建筑物的痕迹。

　　只有这名女专家坚信这夯土下一定有名堂，她积极投入其中，并且号召所有的同事，工作人员一起努力，终于功夫不负有心人，妇好墓再现于世……

陵墓奇珍中山国王墓

中山国王墓位于河北省平山县，是春秋战国时代中山国王璺的陵墓，王璺生于公元前344年，公元前327年成为中山国第五代君主。

中山国是春秋战国时期位于太行山东侧的一个小国，是中国北方少数民族白狄族的一支鲜虞人建立的国家，分布在河北境内，以正定为中心。而至战国时期，发展成为北方"千乘之国"，在战国时期占有重要地位。

金银错马首形青铜辕

尤其是王璺执政时期，中山国国富兵强，曾与战国七雄中魏、韩、赵、燕五国共同称王，以抵御秦、齐、楚等强国的侵略。之后伐燕也取得大胜，国势达到空前鼎盛时期，使中山国跻身于强国之林，历史地位更显重要。

那时，中山国和赵国世代为仇，经

常发生战争。历史上著名的赵武灵王"胡服骑射"的改革，一个主要目的就是强兵富国消灭中山。

中山国自建国至灭亡，历时400多年，但由于史书缺载，有关中山国的资料只靠零碎的推断。而中山国王璺的陵墓则证明了中山国的真实存在，他36岁去世，生前耗费巨资为自己营建陵寝，制作玩物。

国王墓为一大型墓群，3号至6号4座大中型墓呈东西向排列，附近都有陪葬坑。另距城址西墙2000米处，并列着1、2号两座大墓，墓上及附近有建筑遗址、陪葬墓、坑等。

1号墓最大，为中山国王之墓，埋葬时间在公元前310年左右。墓上封土呈方形，由下而上为3层台阶。第一层内侧有卵石筑成的散水，第二层有回廊建筑遗址。

墓主室平面呈"中"字形，南北长约110米，宽约29米。室壁成4级阶梯，表面用白粉涂饰。椁室在室内中部，平面方形，用厚约2米的石块砌成，椁室内约有四层套棺。

西汉金银错青铜壶

1号墓椁室内发现了兆域图铜板，兆域图是一幅葬域建筑平面图，图中注明建筑各部分尺度以及王后和夫人的棺椁制度等。它是中国最早的建筑设计图，据此图并结合遗址，可以推测出王墓建筑的原状非常雄伟。

1号墓南北各有一条墓道。墓葬周围有6座妾、婢陪葬墓、两座车马坑、一座杂殉坑和一座葬船坑。国王墓的随葬器物很多，但多属雕塑作品，主要是生活用具和礼器等，有青铜礼器、兵器、乐器，以及玉器、金器和陶器等随葬品1万余件，真实地再现了中山国的物质生活面貌。

1号墓的青铜器有鸟柱盆、金银错龙凤座方案、虎座15连盏灯、错银双翼神兽、金银错虎噬鹿器座、金银错犀形器座、金银错牛形器座、金银错神兽等；发现于六号墓的，有银首人形灯、鸟柱盆、银错镶金镶绿松石牺尊等。其中，各种动物形器物，造型都很生动。

最成功的作品是金银错虎噬鹿器座。作者选择了虎已将鹿攫住、鹿犹在挣扎的瞬间，虎腹弯曲贴地，尾平甩起，四肢有力地撑持着，预示即将转身腾跃，从姿态的转变中表现了力度和运动感。

虎座立柱上有15盏灯歧出，有如灯树。底盘由3只一首双身的虎承托着，盘镂空刻蟠龙，盘上立有两个裸上身的人正与灯树上的6只猴子戏逗，树中间栖大鸟，再上，有长龙向顶部攀缘。

金银错龙凤方案以底座上的4只鹿承托，器的主体部分为纠缠交叉在一起的4条龙4只凤结构而成，局部变化多端而整体关系明确简洁，显示了战国金属工艺作品的构思巧妙和制作严谨。

1号墓有50余件铭刻铜器，其中有"刻铭铁足铜鼎""夔龙纹铜方壶""铜圆壶"，方壶与大鼎铭文为中山王所著，这几件铜器铭文提到了导致燕国内乱的燕王哙让位于相邦子的事件，中山国见机派相邦司马赒率军北略燕国，占领数百里的燕地。

中山国王墓中的玉、石器多发现于1号墓和3号中型墓，玉器有1000件以上，它们质地坚硬、光泽温润，色彩柔和，是崇高与珍贵的象征，大部分也是刻画着抽象的动物形态。

重要的有3件小玉人，其中，两件为头梳牛角形双髻的妇女，一为儿童；由虎、蟠虺和兽面等纹饰组成的浮雕线刻石板；玉佩饰中的三龙蟠环透雕佩及龙、虎形佩，具有玲珑剔透之美。

中山人自古就以擅长酿酒而闻名，一直流传着许多与酒有关的神奇故事。国王墓中发现的酒已埋藏了2300多年，仍然散发着浓郁的醇香之气，是世界上第一次发现的最古老的实物酒。

国王墓中这些丰富的文化遗产，形象地说明了中山国人的聪明与智慧。他们在继承北方优秀文化的同时，又吸收着中原文化的先进成分，创造出了令世人惊叹的灿烂文化。

阅读链接

中山国的历史文化面貌在中国的史书上很少见到，一直是历史学界长期悬而未解的问题。

1974年，在河北省平山县发现的中山国王璺的陵墓提供了很多有价值的史料。

有些考古学者认为因为在墓中有鲜虞族的器具，所以推断中山国最早是由北方民族鲜虞人所建立，而也有人认为中山国境内鲜虞与华夏民族因长期来往与共同生活而融合，使得彼此文化上的差异也逐渐消失。

文化宝库西汉南越王墓

　　西汉南越王墓位于广东省广州解放北路的象岗山上，是西汉初年南越王国第二代王赵眜的陵墓。

　　在秦末楚汉相争之际，时任南海郡尉的赵佗吞并桂林、象郡，于公元前203年建立南越国，定都番禺。南越国疆域基本就是秦朝岭南三

西汉南越王博物馆

郡的范围，东抵福建西部，北至南岭，西达广西西部，南濒南海。

■ 南越王赵眜的丝缕玉衣

从赵佗最初称王后，南越国共传5代王，历时93年。开国之君赵佗僭称南越武帝，第二代王赵眜为赵佗次孙，在《史记》中被称为赵胡，僭称文帝，第三代王赵婴齐为赵眜之子，死后称明王，皆筑有陵墓。

赵眜的南越王墓劈山为陵，从象岗顶劈开石山20米，凿出一个平面"凸"字形的竖穴，再从前端东、西侧开横洞成耳室，南面开辟斜坡墓道。墓室以红砂岩石仿照前堂后寝的形制砌成地宫，墓顶用24块大石覆盖，再分层夯实而成。

墓室仿照生前宅居筑成，墓室坐北朝南，前三后四共7室。墓主居后部中室，前厅后库，前部东西为耳室，后部东西为侧室。殉葬者共15人，其中，姬妾4人，仆役7人。

南越王墓的前部前室四壁和顶上均绘有朱、墨两色云缎图案；东耳室是饮宴用器，有青铜编钟、石编

西汉 前202年由刘邦建立，又称前汉，与东汉合称汉朝，是中国古代秦朝之后的大一统封建王朝。西汉奠定了现代中国版图；开辟了连接欧亚大陆的丝绸之路；首次确立了儒家的核心地位等。对中国2000多年的封建社会和世界历史进程产生了决定性的影响。

箭 又名矢，一种借助于弓、弩，靠机械力发射的具有锋刃的远射兵器。因其弹射方法不同，分为弓箭、弩箭和捽箭。箭的历史肇始于弓的产生，远在石器时代箭就作为人们狩猎的工具。传说黄帝战蚩尤于涿鹿，纯用弓矢以制胜，这是有弓矢之最早者。

钟和提筒、钫、锫等酒器以及六博棋盘等。

西耳室是兵器、车、马、甲胄、弓箭、五色药石和生活用品、珍宝藏所，尤其珍贵的是来自波斯的银盒、非洲大象牙、漆盒、熏炉和深蓝色玻璃片。这证明南越国早期或更前年代广州已与波斯和非洲东岸有海上贸易。

后部主室居中，为墓主棺库主室，墓主身穿丝缕玉衣，随身印章9枚，最大一枚为"文帝行玺"龙钮金印，此外，还有螭虎钮"帝印"。龟钮"泰子"金印以及墓主"赵眜"玉印等。

东侧室为姬妾藏室，殉葬姬妾4人均有夫人印一枚；西侧室为厨役之所，殉葬7人，无棺木，室后置猪、牛、羊三牲。后藏室为储藏食物库房，有近百件大型铜、铁、陶制炊具和容器。

■ 南越王赵眜的玉玺

南越王墓共发现遗物千余件套，其中，金印是国内首次发现的汉代帝王金印。这对研究秦汉时期岭南土地开发、生产、文化、贸易、建筑等状况以及南越国历史等方面都具有重要价值。现就陵墓及部分珍贵文物作较详细的介绍。

南越王墓有一件物品被称为"镇墓之宝"，那就是"文帝行玺"金印，是中国发现的第一枚帝印。此前在传世或发现的秦汉印章中，未见一枚皇帝印玺，只有文献记载。

据文献所讲，帝印都是白玉质印、螭虎钮印，印文是"皇帝行玺"或"天子行玺"；而南越国赵眜这枚帝印却是金质印、蟠龙钮印，印文是"文帝行玺"。这是金印的独特之处，是南越国自铸、赵眜生前实用之印。

■ 南越王赵眜的
"文帝行玺"金印

这枚"文帝行玺"金印是正方形，印台重148.5克，含金量非常高。印面呈田字格状，阴刻"文帝行玺"4个小篆体的字，书体工整，刀法刚健有力。

蟠龙钮是一条龙蜷曲的样子，龙的首尾和两足分置在4个角上，似腾飞疾走，印面槽沟和印台四周壁面都有碰撞和划伤的痕迹，而且还遗留着一些暗红色的印泥。印台背上的龙，有些部位磨得十分光滑，说明这枚金印是墓主人生前日常行使王权的大印。

南越王墓除了"文帝行玺"金印外，还有"泰子"，即太子金印和"右夫人玺"金印，但不是龙钮，而是龟钮。"泰子"金印也是首次发现，在传世印玺中未曾见过。

按秦汉礼制规定，只有皇帝、皇后的才能称"玺"，其他臣属的印是不能称"玺"的。皇帝用玺

弓 是抛射兵器中最古老的一种。它由富有弹性的弓臂和柔韧的弓弦构成，当把拉弦张弓过程中积聚的力量在瞬间释放时，便可将扣在弓弦上的箭或弹丸射向远处的目标。弓箭作为远射兵器，在春秋战国时期应用相当普遍，被列为兵器之首。自人类出现战争到近代枪炮大量使用为止，弓的作用是任何武器无法替代的。

玺 "玺"是中国印章最早的名称。秦以前，无论官，私印都称"玺"。秦统一六国后，制订一系列等级制度，当时规定"朕"仅为皇帝专用，皇帝印章独称"玺"，其材料用玉，臣民只称"印"，而且不能用玉。

并非只有一种，而有多种。

例如用于赐诸侯王的"皇帝之玺"、用于封国的"皇帝行玺"、用于发兵的"皇帝信玺"、用于册封外国的"天子之玺"等。

"皇帝玺"被视为"传国玺"，历代统治者视为保国镇疆之宝，正所谓"得宝者得天下，失宝者失天下"。而赵眜的"文帝行玺"是个人专用，不往下传，因此死后用于陪葬。

历史上发现的印实属较多，但是大多数是铜质、玉质或水晶质的，很少发现有金印，大概只有12枚，12枚金印中属东汉的有8枚，属西汉的4枚，仅南越国便占了3枚。

南越王墓的金器除金印外，还有金带钩、金花泡和杏形金叶，均是饰物。而金花泡普遍被认为是海外输入的"洋货"。

南越王墓中有一件白色的银盒特别引人注目，那闪闪发光的花瓣显得尤为突出。在主棺室，盒内有10盒药丸。

从造型、纹饰和口沿的镏金圈套等工艺特点看，银盒与中国传统的器具风格迥异，但与古波斯帝国时期遗物相似。经化学分析、研究，认为是波斯产品，银盒

■ 南越王墓出土的铜承盘高足玉杯

■ 南越国六山纹铜镜

里的药丸很可能是阿拉伯药。因此，银盒并非南越国制造，而是海外舶来品，具有重要的历史价值。

南越王墓的银器除了银盒外，还有银洗、银卮和银带钩，都是越王室的专用器具。7件银带钩工艺十分精美，有5种式样，钩首有雁头形、龟头形、龙头形和蛇头形等。

铜器在南越王墓随葬物中占有重要地位，共有青铜器500多件，不但品种数量多，而且制作工艺技术精湛，极具地方特色。这批铜器中有厨具、饮食用具、酒器、乐器、生产工具及各种日用器具等。

铜鼎共有36件，有汉式鼎、楚式鼎和越式鼎，其中，有9件刻有"蕃禺"铭文，都是由南越国的都城工匠所造，是广州建城历史的重要物证。

特别是越式大鼎。鼎内有"泰官"封泥一枚。南越国也像西汉一样设有"泰官"一职，是掌管南越王日常饮食的职官。

封泥 又叫作"泥封"，它不是印章，而是中国古代盖有古代印章的干燥坚硬的泥团，是古代用印的遗迹保留下来的珍贵实物。由于原印是阴文，钤在泥上便成了阳文，其边为泥面，所以形成四周不等的宽边。后世篆刻家从这些珍贵的封泥拓片中得到借鉴，用以入印，从而扩大了篆刻艺术取法的范围。

南越王墓出土的龙虎并体玉带钩

莲 莲花是中国传统花卉，古名芙蕖或芙蓉，从春秋战国时就曾用作饰纹。自佛教传入中国，便以莲花作为佛教标志，代表"净土"，象征"纯洁"，寓意"吉祥"。在石刻，陶瓷、铜镜和彩绘上到处可见。

铜壶共9件。特别值得一提的是一个镏金铜壶，细长颈，大腹，造型美观大方，通体镏金，光亮华丽，是一件艺术精品。

铜提筒共9件，是南越王墓中最具地方特色的器物之一。特别是一个船纹铜提筒，除器身有几组几何饰纹带外，最为突出的是4只首尾相连的羽人船，每船有羽人5名，各饰羽冠，赤脚。船首倒挂一具人头；船首尾各竖两根羽旌。

5个人形态各异，有的划桨，有的击鼓，有的持兵器，有的在杀俘虏祭海神。船与船之间还有海龟、海鱼等作装饰，形态生动，工艺精美，是精美的艺术品。

南越王墓中的39件铜镜大部分都是精品，例如连弧龙纹镜、带托镜、十字龙凤纹镜、绘画镜、六山纹镜等。其中，绘画镜是彩绘人物大画镜，为国内最大的西汉绘画圆镜，是汉代铜镜中的珍品。

绘画圆镜仍保留白、青绿两色的绘人物组画，中央有两人做跨步弓腰斗剑表演，两侧各有4人站立围观，生动逼真。周围和中间还配以连弧纹和卷云纹。

还有一件六山纹镜，有6个斜形山字，衬以浪花形羽状纹和莲叶形花瓣纹饰。

铜熏炉共有11件，有单件和四连体的，炉腹和顶盖均镂孔透气，是用来焚香料的，香料被认为是舶来品，这是最能反映南越国地方特色的典型铜器，其复杂的工艺反映了当时的铸造技术水平。

宴乐之器是古代统治者炫耀其奢华生活和身份地位的标志。南越王墓内东耳室有一批乐器，旁边还有一名殉葬的乐师。

乐器可分铜、石、陶、丝四大类，青铜乐器有钮钟一套14件，甬钟一套5件；句镭一套8件。

句镭扁方形实柱体柄，弧形口，阴刻篆文"文帝九年乐府工造"，并刻有"第一"至"第八"的编码，是中国唯一发现具有年代而又有序号的句镭。

南越王墓中的兵器种类多，数量大，除15把剑为铁质外，其余皆为铜造。最为难得的是一把"张仪"铜戈，铭文"王四年相邦张仪"等字，"王四年"应为秦惠王时。由张仪监造，说明是由秦带入南越的。

铜虎节是一件难得的珍品。姿态生动威猛，蹲虎欲跃，虎头

■ 南越王墓出土的凤纹牌形玉佩

■ 南越王墓出土的
玉璧

昂扬。张口，露齿，弓腰，卷尾，饰以金错虎斑纹，是国内仅存的一件金错虎节尤为珍贵，有金错铭文"王命：车徒"，属于孤品，是一件重宝。节是外交和军事上的信符，有虎节、龙节、人节之分，可以用来证调战车和士兵。

铜钫是一个方形壶。腹呈椭圆形突出，饰以繁缛的浮纹，复杂多变。这种盛酒的铜器制作精良，具有透雕风格，更能衬托出主人酒的名贵与醇香。

墓中的铜构件较多，有鎏金铜铺首6件。有一个已朽的漆屏风的铜构件多种，例如，转角鎏金铜托座、鎏金蟠龙托座、正间鎏金铜托座、鎏金朱雀铜顶饰、鎏金双面兽形铜顶饰等。

玉璧是正中有孔的圆形玉器。南越王墓有各种玉璧56件，仅主棺室就有47件，说明墓主对玉璧的喜爱。特别是主棺室的一件大玉璧，是墓中所有玉璧中最大的一件，雕刻精致，纹饰古朴庄重，颇有帝王之气，是中国已知玉璧中体形最大、龙纹饰最多的一块，被称为"璧中之王"。

算筹 根据史书的记载和考古材料的发现，古代的算筹实际上是一根根同样长短和粗细的小棍子，多用竹子制成，也有用木头、兽骨、象牙、金属等材料制成的，放在一个布袋里，系在腰部随身携带，放在桌上、炕上或地上都能使用。

玉衣是汉代特有的丧葬殓服，东汉灭亡以后，未发现有玉衣。玉衣是有等级规定的，有金缕、银缕、铜缕玉衣，诸侯王多用金缕，也有用银缕的。

而南越王墓的这件丝缕玉衣为首次发现，也是中国唯一的一件。整件玉衣全长1.73米，共用玉片2291块，用朱红色丝带粘贴，构成多重几何形纹样，色彩鲜艳。

另外墓中有玉印共9枚，其中3枚有文字的玉印都是出在主棺室墓主身上，分别是"赵眜""泰子""帝印"的方形玉印。"赵眜"印和"帝印"都是墓主身份的物证。

在人们生活中，陶器比其他器具的存在时间更长、作用更大、关系更密切。南越王墓共有陶器371件，计有储容器、炊煮器、日用器，还有网坠、响器和模型明器等，众多的陶器说明其在王宫的日常生活中的重要作用。

在西室中还发现原支大象牙一捆，共5支、并排堆放。经鉴定，这5支大象牙的产地是非洲，可能是通过海上丝绸之路来到广州的。另外还有刻画象牙卮、象牙算筹等，可见这些大象牙是进口雕刻原料。

阅读链接

西汉南越王墓是1983年发现的南越国第二代国王赵眜之墓，是已发现汉代最早的彩绘石室墓。

墓中出土文物1000多件套，共万余件，集中反映了2000多年前南越国政治、经济的发展状况。

南越王墓是中国重大的考古发现之一，1996年被列为全国文物重点保护单位。

佛门秘宝法门寺地宫

　　法门寺位于陕西省宝鸡市的扶风县法门镇。据传法门寺始建于公元68年，周魏以前也叫阿育王寺，隋改称成实道场，唐初改名法门寺，被誉为皇家寺庙，因安置释迦牟尼佛指骨舍利而成为举国仰望的佛教圣地。

法门寺内的地宫

■ 法门寺宝函

公元前486年，佛祖释迦牟尼圆寂之后，他的弟子们用香木焚烧了他的遗体。等大火熄灭以后，在灰烬中发现了许多圆珠一样的结晶体，还有一节手指骨、4颗牙齿和一块头盖骨等，称之为"舍利"。

从此，舍利就被视为佛门的圣物，而那节没有焚化的手指骨就称作"佛指舍利"。200年后，称霸印度河流域的古印度孔雀王朝阿育王为弘扬佛法，把舍利分载于8.4万个宝函，由僧众分送世界各地。

东汉灵帝时期，虔诚的佛教徒们带着佛指舍利来到中国陕西，恰逢扶风镇上光芒万丈，汉灵帝视为吉兆，大喜之下令工匠造地宫秘藏佛指舍利。

地宫是中国佛塔构造特有的一部分，用以瘗藏佛舍利、佛的遗物、经卷等法物的密室。它不同于古印度把佛舍利藏在"刹竿"里的做法，而与中国古代的深藏制度结合。

舍利 原指佛教祖师释迦牟尼佛圆寂火化后留下的遗骨和珠状宝石样生成物。舍利子译成中文叫灵骨、身骨、遗身。它的形状千变万化，有圆形、椭圆形、莲花形，也有呈佛或菩萨状的；它的颜色有白、黑、绿、红等；有的像珍珠，有的像玛瑙，水晶，有的像钻石一般。

■ 镏金银茶罗

唐朝是法门寺的全盛时期，它以皇家寺院的显赫地位，7次开塔迎请佛骨的盛大活动，对唐朝佛教、政治产生了深远的影响。

唐代200多年间，先后有高宗、武后、中宗、肃宗、德宗、宪宗、懿宗和僖宗8位皇帝六迎二送供养佛指舍利。每次迎送声势浩大，朝野轰动，皇帝顶礼膜拜等级之高，绝无仅有。

874年正月初四，唐僖宗李儇最后一次送还佛骨时，按照佛教仪轨，将佛指舍利及数千件稀世珍宝一同封入塔下地宫，用唐密曼荼罗结坛供养。

迎请佛骨在唐末越演越烈并达到高潮。所谓迎请佛骨，就是每隔30年把珍藏在塔基下地宫中的佛骨迎入长安城皇宫瞻仰。

自874年迎骨请佛骨之后，地宫关闭，与世隔绝1000多年之久。法门寺在唐代也曾遭到过厄运，唐武宗在845年大规模灭佛，史称"会昌法难"。

他曾下令毁掉佛指骨舍利，但此前，寺僧们已经准备了几件佛指骨舍利的影骨，即仿制品，用以搪塞君命，而把如来佛真身指骨秘藏起来。而且从此地宫就再未被打开过。

宋代法门寺承袭了唐代皇家寺院之宏阔气势，被

宋徽宗（1082—1135），名赵佶，酷爱艺术，在位时将画家的地位提到中国历史上最高的位置，成立翰林书画院。以画作为科举升官的一种考试方法。他自创一种书法字体被后人称为"瘦金书"，另外，他在书画上的花押是一个类似拉长了的"天"字，据说象征"天下一人"。

恢复到最大规模，当时仅二十四院之一的"浴室院"即可日浴千人。宋徽宗曾手书"皇帝佛国"4字于山门之上。

法门寺地宫由踏步、平台、隧道和前、中、后三室组成。全长21.4米，虽然面积仅31.48平方米，但却是世界最大的佛教地宫。

地宫中有制、储、饮一套精美的金银茶具，这是中国所知时间最早、等级最高的成套茶具，也是世界上发现时代最早、等级最高的宫廷茶具。

这套茶具是唐僖宗亲自使用过的镏金茶具，还附带有银火箸、银坛子、结条笼子等，分别对应了唐朝宫廷茶道的全过程，完全印证了陆羽写的《茶经》中的有关内容，用实物讲述了中国茶文化的发展过程。

而世上仅存的佛指骨舍利就在地宫的密龛里，共有4枚。

地宫后室的土层挖开后，就有一个密龛显露出来，密龛里藏着一个包裹，里面又是一个铁函。那个沉甸甸的宝函里套着一重又一重的宝函。直至第七重，里面是镶满珍珠的金质宝函，宝函里是一座宝珠顶小金塔。纯金塔打开后，金座子上有个像手指一样的银柱子，上面还有白花花的东西。这就是第一枚佛指舍

■ 法门寺唐代茶具

■ 法门寺佛指舍利

千古遗迹的考古发现

香炉 即是焚香的器具。用陶瓷或金属做成种种形式。其用途亦有多种，或熏衣、或陈设、或敬神供佛。中国香炉文化的历史可以追溯到商周时代的"晶"。香炉起源于何时，尚没有定论。古代文人雅士把焚香与烹茶、插花、挂画并列为四艺，成为他们重要的生活内容。

利，但是一件仿制品，命名为"特级1号"。

第二枚佛祖舍利珍藏于地宫汉白玉灵帐中的盝顶铁函。一般开启八重宝函，是完全按照碑文的记载来进行的。但是这只铁函，碑文却没有任何记载。

启开木盒，盒内是彩绢，当取开最后一层彩绢时，发现镏金银棺。银棺左右两侧，各雕一位守卫银棺的金刚力士，左执剑、右执斧。

整个小银棺置于金棺床上。第二枚佛指舍利就置于镏金银棺内，命名为"特级2号"。

第三枚佛指舍利藏于地宫后室北壁秘龛内，一只锈迹斑斑的铁函，打开铁函，里面是一枚45尊造像盝顶银函。银包角檀香木函内为嵌宝石水晶椁子。椁盖雕观世音菩萨及宝瓶插花，椁身四面皆雕文殊菩萨坐像及莲座、花鸟。水晶椁子里又是一个壸门座玉棺，玉棺里面又是一枚佛指舍利，命名为"特级3号"。

这枚佛祖真身指骨舍利重呈现乳黄色，一面有一些霉点，还有一个非常细小的裂纹；三面俱空，一面稍高，骨质细密而有光泽。在日光灯下，似有灵怪异彩。经鉴定，这枚才是佛祖释迦牟尼真身指骨舍利，也是世界上独一无二、佛教界至高无上的圣物。

第四枚佛指舍利发现于阿育王塔中。阿育王塔全称汉白玉浮雕彩绘阿育王塔，由塔刹、塔盖、塔身、塔座四部分组成。铜铸塔刹，葫芦状，安置于盖心。塔盖为九层棱台，由上而下逐渐变大，每边刻一圈如意云头二方连续图案。

塔内放着一座宝刹单檐铜塔。铜塔为模铸成型，平面呈方形，分作塔基、塔身、塔刹部分。塔基为须弥座，其外有三层渐收的护栏，每面护栏正中有弧形踏步。

铜塔内盛放银棺一枚。棺体下有两层台座，上层台座四周錾出一圈仰莲瓣，下层四周镂空成壸门。当这口银棺的棺盖被启开后，又一枚佛指舍利出现了，被命名为"特级四号"。

法门寺地宫出土的佛骨真身是世界上唯一的佛教圣物，法门寺将因此成为世界佛教朝拜的圣地。

法门寺地宫还发现有熏香品9件。据地宫内《物帐碑》记载，有唐茹宗奉佛的香炉3件，唐僖宗供养的香囊两枚。这是唐代皇帝在宫廷使用熏香器的力

阿育王 是印度孔雀王朝的第三代君主，也是印度历史上最伟大的一位君王。他还是一位虔诚佛教徒，后来还成了佛教护法。其知名度在印度帝王中无与伦比。阿育王寺是中国现存唯一的一座以阿育王命名的千年古刹。

■ 法门寺文物锦绣

证。

在法门寺地宫开启前，对秘色瓷一直有各种说法，有认为秘色指的是一种釉色的隐秘，也有人认为是对一种颜色的叫法。地宫物账碑中记载，以及13件秘色瓷器珍品的发现，为人们揭开了这个谜团。

唐朝时中国的丝绸织物已发展到一个高峰，地宫中的丝织品就成了很好的佐证。这些物品多是历代皇后所供奉的，其中还有武则天的"武后绣裙"一件。

地宫《衣物账》碑，全称《应从重真寺随真身供养道具及恩赐金银器物宝函等并新恩赐到金银宝器衣物账》。罗列着地宫里2499件文物清单。

千古遗迹的考古发现

该碑文详细记载了懿、僖二宗、惠安皇太后、昭仪、晋国夫人、诸头等皇室戚贵、内臣僧官供奉佛指真身舍利的金银宝器、衫袍衣裙等，是至今首次发现的唐代衣物账碑。碑文物主清楚，名称罗列明晰，有标重类注，为研究唐代政治、经济以及衣物宝器名称、制作工艺、衡制、纺织服饰等方面提供了丰富的资料。

阅读链接

1981年8月24日，法门寺宝塔半边倒塌。1986年政府决定重建，1987年2月底重修宝塔。适逢农历四月初八佛诞日，"从地涌出多宝龛，照古腾今无与并"，在沉寂了1113年之后，2499件大唐国宝重器重见天日，其中，包括最重要的"佛指舍利"。

1987年5月8日，第一枚舍利被发现；5月9日深夜，发现第二枚；5月10日0时6分，发现第三枚佛指舍利；5月12日，在原旋转地宫前室的阿育王塔中发现第四枚佛指舍利。

1994年11月29日至次年2月28日，为促进中泰人民友谊，应泰国国王、僧王之请求，经中央政府批准，佛指舍利首次离境，用专机护送到曼谷，供泰国广大佛门信徒瞻拜85天。

陵墓遗存

古代陵墓与出土文物

江陵楚墓越王剑

在湖北省江陵县城北的纪南城，即郢都故址的周围，分布有大量楚墓，其年代大约从春秋中期至公元前 278年。

江陵自古人才荟萃，名流辈出。春秋战国时，楚国鼎盛时期的政治、经济、文化中心始终在江陵。

在纪南城内及其外围发现各类楚墓2800多座，其中800余座有多重棺椁的贵族墓和小型的平民墓，内有精美遗物7000余件。

楚人在江陵的历史繁衍

　　江陵又名荆州城，位于湖北省中部偏南，地处长江中游，江汉平原西部，南临长江，北依汉水，西控巴蜀，南通湘粤，古称七省通衢。

　　江陵雨量充沛，土地肥沃，早在四五千年前的新石器时期，已普遍种植稻谷。江陵物产丰富，经济繁荣，至春秋时期，就已经是中国

荆州古城墙

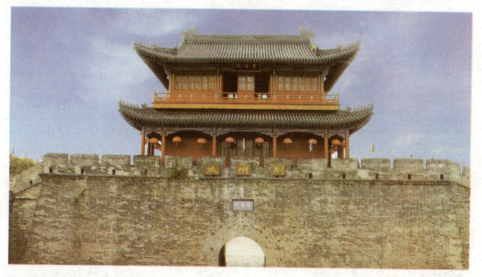

■ 荆州城城门

南方最大最繁华的都会了。

江陵因"以地临江""近州无高山，所有皆陵阜"而得名。因为地理位置重要、自然条件优越而备受世人关注，历来为兵家必争之地。

江陵前身即为楚国国都"郢"，从春秋战国至五代十国，先后有34代帝王在此建都，历时515年。城池由砖城墙、土筑城垣、护城河组成。

楚国是中国历史上春秋战国时期南方重要的诸侯国，楚人是华夏族南迁的一支，最早兴起于汉江流域的丹水和淅水交汇的淅川一带，其国君为熊氏，其全盛时疆域为中国整个南方地区。

楚人的先祖出自颛顼帝高阳氏。高阳为黄帝之孙，昌意之子。颛顼帝后第五代吴回，是帝高辛氏的火正官，传说主管天火与地火，能光融天下，帝喾命名为祝融。

吴回之子陆终，生有6子，幼子叫季连，芈姓，是楚人的先祖。季连之后叫鬻熊，他是周文王的老

春秋战国 前770年至前221年，这时周室开始衰微，只保有天下共主的名义，而无实际的控制能力。而一些边远民族在中原文化的影响或民族融合的基础上很快赶了上来。中原各大国间争夺霸主的局面出现了，各国的兼并与争霸促成了各个地区的统一。

■ 城墙上的楼阁

千古遗迹的考古发现

师，其曾孙熊绎，以王父字为氏，称熊姓。

周成王分封先王功臣时，封熊绎为楚地的子爵，于丹淅之地建立了楚国。

春秋战国时期，楚国一度强大起来，一路南征，灭掉了随国，迫使随侯投降。熊通因此在前704年自称为王，一路向南征伐江汉地区那些大小诸侯国，最终成了南方的霸主。

公元前689年，楚文王继位后"始都郢"，建城于纪山之南，故名纪南城。楚国崛起于江汉地域，其城市也首先兴起于此。

随着楚国的强盛及向外的扩张，楚国城市也向四周扩展。这些城市成为楚文化远播的桥梁、楚国政治统治的工具、经济文化发展的枢纽、军事扩张的基地、抵御外侵的堡垒。这些城市的兴衰史也是楚文化的兴衰史。

楚国的城市见于文献记载的不下200座，是诸侯列国中城市最多的国家。楚城是楚国的一个重要组成部分，是楚国历史文化的具体体现。

公元前223年楚被灭于秦国。在浩瀚历史长河中，楚国先人用自己的勤劳与智慧创造出了无数令世人瞩目的灿烂楚文化。

荆州古城地处连东西贯南北的交通要塞，历来均

春秋五霸 春秋时期指从前770年至前476年，在这290多年间，社会风雷激荡，烽烟四起，战火连天。初期诸侯列国140多个，经过连年兼并，到后来只剩较大的几个。一些强大的诸侯国争做霸主，《史记》称先后称霸的齐桓公、宋襄公、晋文公、秦穆公和楚庄王为"春秋五霸"。

为兵家必争之地，荆州城屡毁屡建，现在的荆州古城最后一次修建是在清朝顺治年间，依原址而建，保存至今，是中国南方不可多得的完整古城。

春秋五霸、战国七雄，楚国均居其一。国力最强盛的时候，楚国领土几乎涵盖了半个中国。

自公元前689年楚文王迁徙到郢都，至公元前278年秦将白起攻克郢都，历时412年，郢都一直是楚国政治、经济、文化中心所在，也是当时南方最大的都会。当时的繁荣景象为"车毂击，人肩摩，市路相排突，号为朝衣鲜而暮衣蔽也"。

江陵城是楚文化的发祥地之一。秦灭楚后，成为历代封王置府的重镇。江陵城也是著名的三国时期古战场，历史上"刘备借荆州""关羽大意失荆州"等脍炙人口的三国故事都发生在这里。

传说三国蜀将关云长镇守荆州，忽遇9位仙女下凡。传王母娘娘旨意，说荆州刀兵动得太多，要收回

157

传奇墓葬

江陵楚墓越王剑

■ 荆州古城墙一角

古城墙

置于神地，不准凡人争夺。

关公忠于其兄不让荆州，于是想了一个计策，对仙女说："你们在西北，我在东南，各筑一城，城周五千步，天黑始，鸡鸣止，谁先筑好，谁就管理这个地方。"

九仙女用衣裙兜土，关公伐芦苇筑城。关公城就，九仙女城差一隅，鸡尚未鸣。关公震动鸡笼，公鸡啼鸣，九仙女羞愧地上天去了。这就是现在荆州城北门外九女冢的来历。

阅读链接

战国后期，在秦国日益富强的同时，楚国却走向衰落。公元前278年，秦将白起先后攻入鄢郢与纪郢，尽毁都城，史称"白起拔郢"，楚顷襄王只得北逃城阳。

楚在纪南城建都近400年，西汉初曾在此封有两代临江王，但为时不长。

江陵建都的第二个高潮始自东晋，终于南北朝，先后有晋安帝、齐和帝、梁孝元帝短期移都于此，这几个朝代领域广大，江陵成为当时中国南方仅次于今南京的第二政治中心。

公元前554年，西魏破江陵城，梁孝元帝自焚，江陵又遭受一次浩劫。

分期明确的江陵楚墓

　　江陵楚墓是东周时期的楚国墓葬，史籍记载此处原为楚国郢都所在地。楚以外的诸侯国家的墓葬，无论从规模、数量、密集度，还是保存的完整性，比起江陵楚墓来都显得逊色不少。

■ 楚墓内的铜车马

雨台山 位于湖北省荆州市郊，相传是中国古代人们求雨的地方，因祈雨而得名，有丰富的祈雨文化。祈雨，早在西汉时期就有记载。是一种民间活动，是中国农民生活的真实写照，反映了人们在恶劣的自然生活环境中，渴望美好明天，创造美好生活的一种期盼行为。

在古楚国郢都纪南城西北方向的望山和沙冢地带，有一大片地下墓葬，其中，雨台山的地表土下有500余座中小型墓。在江陵，像雨台山这样的墓地已发现30多座，楚墓数量之多可见一斑。

雨台山是一条由西北向东南走向的山岭，属纪山余脉。在它的南部，是一片稻田和岗地，558座楚墓便密集地分布在这里。

在这里的楚墓级别不高，基本上都是下层贵族和平民的墓，但却有近900座墓葬，是湖北省发现楚墓最多的楚墓群。

这批楚墓的建造时间自春秋中期至战国晚期前段不等，不仅数量多，而且跨度也很长，达400余年。随葬器物5000余件。有组合齐全的陶器、铁质生产工具、青铜器、精美绝伦的玉器和漆木器，还有竹器和丝麻织物。

■ 楚墓墓坑

在楚国故都纪南城东北地区是一片绵延起伏的丘陵岗地，在丘陵西部边缘处的施家洼和西南的范家坡东边，密集分布着九店楚墓东周墓群。

九店墓地西南距纪南城1.2千米至1.5千米，南距江陵县城约8.5千米，北距九店约2千米。

在九店墓地20多万平方米的广大范围内，共有墓葬597座，分为甲、乙两组。

其中，甲组墓19座，下葬年代始于西周晚期止于春秋中期偏晚，属于周文化的江汉类型；乙组墓578座，下葬年代始于春秋中期偏晚，止于战国末期，多数属于典型的楚人墓葬，极少数巴、越、秦人的墓葬夹处其间。

墓葬东北面紧靠长湖，长年累月湖水不断地吞没墓室上的封土和墓室内的填土。

其中，编号为"天星观1号墓"的墓口平面、封土青灰泥堆积底部，有规整的盗洞口。洞内遗弃了一批铁质盗墓工具和陶器。从遗迹和遗物来看，盗墓年代大约在战国晚期。

"天星观2号墓"墓坑残长9.1米，宽8米，深至椁垫板底部4.5米。墓道残长5.28米，北部宽3.9米，南部

■ 楚墓骨骸

巴 即中国古代的巴国，字面意思是大蛇国，在先秦时期位处中原西南面、信封盆地东部的一个国家，国都为江州，即今重庆渝中区。始于先夏时期，于夏初加入夏王朝，成为其中一个诸侯国，在周武王伐纣时有功，被封为子国。因首领为巴子，而叫"巴子国"，简称"巴国"。

钵 洗涤或盛放东西的陶制的器具。也指比丘六物之一，又称钵多罗、波多罗、钵和兰等。意译应器、应量器。即指比丘所用的食具。钵的颜色，应熏为黑色或赤色。钵的形状呈矮盂形，腰部突出，钵口钵底向中心收缩，直径比腰部短。

宽3米。葬具为二椁二棺。

2号墓中有数量众多、制作精美的古代遗物，包括青铜器、漆木器、竹器、骨角器、玉石陶料器、银器、丝麻织品和皮革等，共计1430件。

荆州地区的楚墓属于纪郢区。中心地域是以纪南城为中心的数十千米的范围。在这里有墓葬40多处，每一处墓葬分布均很密集，有的一处就可达万座以上，数十处估计总数多达数十万座楚墓。纪南城四周的楚墓最为密集，已发现3000余座。

楚墓形制清楚，墓具完整，有大量的随葬器物，其组合关系和演变情况有一定规律可循，江陵楚墓可分为春秋、战国两大阶段，每一阶段又可分早、中、晚期。

第一批保存较好的423座墓葬，可以分为6期。

第一期为春秋中期，共9座墓，其中，无椁无棺墓两座、单棺墓7座。

第二期为春秋晚期，共65座，其中，单棺墓56座、一椁一棺墓9座。

第三期为战国早期，共115座，其中，无椁无棺墓6座、单棺墓45座、一椁一棺墓54座，另有10座墓的棺椁形制不清。

■ 陪葬墓坑

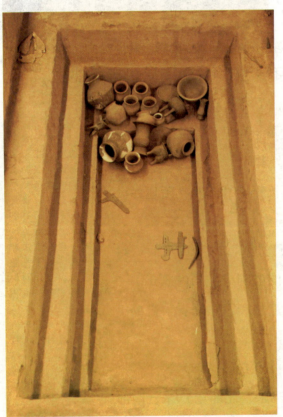

第四期为战国中期前段，共139座，其中，一椁一棺墓118座、单棺墓20座、一椁重棺墓一座。

第五期为战国中期后段，共56座，其中，无椁无棺墓一座、单棺墓24座、一椁一棺墓27座、一椁两并棺墓两座、棺椁形制不清的墓两座。

第六期为战国晚期，共39座，其中，一椁一棺墓15座、单棺墓22座、一椁重棺墓一座、棺椁形制不清墓一座。

战国中前期的墓葬最为丰富，这也正是楚国最强盛的时候。至战国中后期，随着秦国的不断打击，楚国开始走向了衰落，这里墓葬也逐渐减少。

春秋时代的墓比战国时代的少，尤其是春秋早期和中期的更少，并且以小型墓居多，随葬品以实用陶器为主，组合主要为鬲、钵、豆、罐。

春秋晚期主要为鬲、钵、长颈壶。这里的长颈壶很有特色，为其他地区所少见。

■ 鬲　中国古代煮饭用的青铜炊器。铜鬲最初是依照新石器时代已有的陶鬲制成的。其形状一般为口沿外倾，有3个中空的足，便于炊煮加热。铜鬲流行于商代至春秋时期。商代前期的鬲多无耳。西周前期的鬲多为高领，短足，常有附耳。西周后期至春秋的鬲大多数为折沿折足弧裆，无耳；有的在腹部饰以觚棱。

楚墓随葬品铜敦

敦　中国古代用来盛放黍、稷、粱、稻等饭食的器皿，由鼎、簋的形制结合发展而成。后来逐渐演变出盖。常为三足，有时盖也能反过来使用。产生于春秋中期，秦代以后渐趋消失。

战国以后随葬品以陶器为主，种类和数量均较丰富，战国早期已较多地用鼎、壶或敦一类的仿铜陶礼器陪葬。战国中期以后，小墓多使用一套陶礼器等级稍高者在两套以上。

总之，荆州江陵的楚墓下葬时间非常明确，随葬品的年代也较易辨认，这些特点为中国的历史文化研究提供了重要的实物证据。

阅读链接

1965年秋天，湖北省荆州地区开始修建漳河水库，不久，工人们就在楚国郢都纪南城西北方向的望山和沙冢地带发现了一大片地下墓葬，从此掀开了对江陵望山楚墓发掘的序幕。

1975年的深秋，江陵县政府开始了龙桥河改道工程。然而工程一开工，在地表土下就暴露出了500余座中小型墓。

1986年，为修建荆沙铁路工程，湖北省博物馆以及原江陵县文物局的工作人员又在这里发掘楚墓300余座。

分类齐全的江陵楚墓

　　荆州江陵的楚墓不仅数量多，而且类别全，既有上层贵族墓，也有中、下层贵族墓，还有一般平民，甚至奴隶的墓，这在其他地区是少见的，可谓其一大特色。

　　中层和上层贵族墓多为有封土的大中型墓，距纪南城较远。境内

■ 战国时期墓冢

有封土的墓可分为7个墓片区。

一是八岭山片区。八岭山在纪南城正西，为南北走向的长蛇形。在《江陵县志》中记载：

崇岭八道，蜿蜒若游龙，获云龙山也。

这一片区共有封土墓300座左右。在八岭山的每座山头上，几乎无处不有大小古冢。

二是纪山片区。纪山在纪南城北，正在江陵与荆门市交界之处。纪山之巅，有一个纪山寺，正对纪南城。这一片区包括荆门市境内的很多古冢，范围含纪山西南，即纪南城西北的藤店、裁缝店一带。

纪山寺四周和八岭山一样，也是古冢林立，江陵和荆门加起来，整个纪山的大小楚墓共有近400座。封土墓主要集中在纪山寺以南江陵境内。

■ 丘陵土岗墓

■ 古墓墓道

三是双冢、川店片区。此片区在纪南城西北，正当荆门、江陵、当阳三地交界之处。这一片区基本为南北走向的山冈，北端较高，蜿蜒向南逐渐低矮，在山冈上共有封土墓近百座。

四是雨台山片区。在纪南城正东500米左右，在其西、南、东三面为长湖的港汊环绕，北面是平原。此处，为略隆起的丘陵土岗，大小墓葬均分布在岗地上，有封土墓100多座。

五是孙山片区。在纪南城东北，包括封土墓的岳场、九店、董场等一些丘陵岗地。此片共有封土墓数十座。

六是观音垱片区。在纪南城东南，有封土墓的大多分布在长湖南岸的高地，共有近20座，其中，有像"天星观1号墓"这样的重大发现。

封土 一般情况下，墓穴都在地表以下，但通常下葬后并不是再把土填平成跟地表一样平，而是在上面做一个高出地面的一个土丘。对于普通老百姓而言，这个土丘就叫作坟头。对于帝王，由于这个土丘往往很大，而且很气派，为表示出帝王的身份，专称为封土。

棺椁 指棺材和套棺，也指棺材。红色棺椁亦作"棺郭"，是装殓尸体的器具。椁，套在棺外的外棺，就是棺材外面套的大棺材。一般说来，棺材是一种统称，棺椁则显示了死者的地位。它可以由不同的物料制造，最常见的以木制造。亦有以铜、石等制造的棺材。木棺最早出现于中国新石器时代的仰韶文化时期，主要用于氏族中之头领。

七是拍马山片区。此片在纪南城南，土冢分布在平地中略突起的高岗上，不很集中，共有大小封土墓20座左右。

这些有封土的楚墓大多身份较高，椁多室，棺多重层，有丰厚的随葬品，有的可能是级别相当高的贵族墓。

下层贵族与平民墓多为有封土的小型墓或没有封土的墓，距纪南城较近，尤以纪南城四周5000米的范围内较密集。

中上层贵族大多会在城外选择风水宝地并大兴土木，而下层贵族和平民没有这样的条件，只能就近简单埋葬。所以，中上层贵族墓离纪南城较远，而下层贵族和平民墓却大多离城较近。

纪南城四周已发现30多处墓地，最近的距纪南城不到1000米，如城北武昌义地，距城外仅300米；城东雨台山秦家嘴距城也不到1000米。次近的墓距城在2000米范围内，稍远的距城在5000米范围内，更远一些在10 000米范围外。

据统计，这些墓地已发现的楚墓已达5000余座，其中楚墓最多的是雨台山墓地，其次的是九店墓地，再次是张家山墓地，其余各地由几座至数十座不等。

这些墓地，除雨台山个别墓有封土以外，其余基本都没有封土。因此在地面上看不出任何痕迹。

江陵楚墓贵族墓均有大型封土堆，墓坑有台阶和斜坡墓道，椁多室，棺多层。

其中，"天星观1号墓"封土残高7.1米，墓口长

169

传奇墓葬

江陵楚墓越王剑

■ 一椁三棺

41.2米，宽37.2米，斜坡墓道长18.8米，从墓口至椁盖板深8.9米，墓壁有15级台阶，这些规模体现了墓主人崇高的地位和身份。

葬具为一椁三棺，棺椁均保存完好。整个椁室由隔板或隔梁分隔为5大室、7小室，长8.20米，宽7.50米，深3.16米。其中南室两间、东室两间以及北室、西室、中室。东边设有乐室、西边设有兵器室。

整个棺椁用木材约150余立方米。椁的四周填白膏泥，室间用整木料垒成隔墙。椁内三棺层层套合。

一般士和平民的墓规模较小，都是土坑竖穴，无封土和台阶，多为一棺一椁或单棺无椁。一棺一椁的墓，有的在椁室内棺首或棺侧留有空隙，放置随葬品，习称头厢或边厢。

木棺有3种形制。第一种为长形弧棺，即盖板与两侧棺板都为弧形的，底板不落地；第二种盖板与两边壁板都为平直的，底板亦不落地；第三种为长方盒状棺，但很少见。棺内一般有竹席裹尸，死者为仰身直肢。

"马山1号墓"死者衣衾保存完好，面部还有覆盖之物，双手各握有一卷绢团，即所谓"握手"，这些都反映了当时的葬俗。

千古遗迹的考古发现

阅读链接

1978年，当时江陵九店公社砖瓦厂，正在生产取土的过程中，一些墓葬显露了出来。于是，继雨台山楚墓群的发掘之后，又一大型楚墓群逐渐披露。和雨台山楚墓为配合铁路建设所进行的急速抢救性的发掘不同，九店楚墓的发掘工作自1981年正式开始，至1989年底才告一段落，整整用了近10年时间。

当时观音垱公社五山大队北部的长湖沿岸自东向西排列着5座土冢。据当地人讲，明清时期，人们曾在5座土冢中最大、最东的一座冢上建过天星道观。墓葬东北面紧靠长湖，长年累月湖水不断地吞没墓室上的封土和墓室内的填土。

江陵楚墓的丰富遗物

在中国北方，由于气候、土质、水位和埋葬方法等因素，墓葬的棺椁及部分有纤维质的随葬品，都保存不好甚至没有保存下来。但是，江陵楚墓却完整地保存了下来。

江陵楚墓完整地保存着大量青铜器、陶器、竹简、帛书、帛画等。楚墓随葬品类齐全，很多青铜器上的铭文甚至清晰可见，有的陶器连封泥、印章也有留存。当一些漆木、竹器、丝麻织品等则仅见于楚墓。

江陵楚墓中的青铜器占遗物总量的30%左右，器类涵盖了楚国时青铜器的大部分，不仅反映了该墓葬的等级和

楚墓出土的青铜器皿

镂雕 亦称镂空、透雕。指在木、石、象牙、玉、陶瓷体等可以用来雕刻的材料上透雕出各种图案、花纹的一种技法。距今5000年前的新石器时代晚期，陶器上已有透雕圆孔为饰。汉代到魏晋时期的各式陶瓷香熏都有透雕纹饰。清乾隆时烧成镂空转心、转颈及镂空套瓶等作品，使这类工艺的水平达到了顶峰。

■ 楚墓内镂空凤纹铜镜

葬俗，更体现了楚国精湛的铸造工艺和灿烂的文化特色。

在江陵楚墓当中，青铜礼器多出自于中等以上的贵族墓，主要有鼎、敦、樽、盏、壶、缶、盥缶、杯、盘等。

青铜龙纹镂空杯发现于江陵九店东周墓，口径0.122米，底径0.103米，通高0.147米，重0.77千克。整件器物呈上大下小的圆筒状，口微侈，斜直壁，外底有三兽蹄足内侧有凸榫，圆形镂空平底置于器内凸榫上。杯外壁上下分别饰以错银装饰的带形二方连续勾连夔龙纹。

镂空杯中部由6组对称的镂孔夔龙纹图案组成，每组对称排列，龙头相对，身体蜷曲，姿态生动，其上铸有细密的三角卷云纹和鳞片纹。

镂空凤纹铜镜直径0.11米，整镜构图精巧，形象

生动。镜面与镜背是用两种合金成分不同的青铜分铸，再合为一镜。背面为"三弦钮"，圆形钮座，斜边，窄平缘。镜背自然分为4区，每区各饰一组对称镂空凤纹图案，每组两凤躯体呈蜷曲形，曲线自然、柔和。

镂空凤纹铜镜以圆形小镜钮为中心，按十字将文饰分为4个单元。每个单元由一双头相对、身体弯曲、尾部向外翻卷的凤鸟组成。

■ 勾云纹龙首带钩

每两只凤鸟之间的中部和尾部又以卷云纹相连，使整个画面浑然一体、构图匀称。因为是镂雕，故立体感特别强烈，有极强的艺术感染力。

镂空凤纹铜镜高冠回首，体态活泼，两凤之间颈、翅相连，成双成对翩然飞舞。凤身饰有精美的羽毛纹饰。

带钩是束腰带上的钩扣。在楚国的贵族们看来，带钩不仅仅是服装的饰物，也是身份和地位的象征。江陵望山1号墓中有一件带钩，弧长0.462米，宽0.065米，如此大的带钩，在先秦诸国的带钩中可算是绝无仅有的。

在江陵楚墓中还发现一架大型青铜编钟组合。大多数钮钟集中堆放在东室的南部，镈钟则按大小有序

镈钟 中国古代一种大型单体打击乐器，青铜制。形制如编钟，只是口缘平，器型巨大，有钮、可单独悬挂在钟悬上，又称"特钟"。始见于殷末，盛行于东周。史籍记载，它应当是用来指挥乐队、控制整体节奏的乐器。贵族在宴飨或祭祀时，常将它同编钟、编磬相配相和，以槌叩之而鸣。

■ 春秋战国时期楚墓陪葬木俑

镇墓兽 中国古代墓葬中常见的一种怪兽，有兽面、人面、鹿角，是为震慑鬼怪、保护死者灵魂不受侵扰而设置的一种冥器。《周礼》记载说，有一种怪物叫魍象，好吃死人肝脑；又有一种神兽叫方相氏，有驱逐魍象的本领，所以家人常令方相氏立于墓侧，以防怪物的侵扰。

地直接放置于椁室底板之上，另有几件小型钮钟悬挂于钟架横梁上。

东周时期，随着楚文化的崛起，雕塑艺术异彩纷呈，不仅出现了大量装饰性艺术精品，而且出现了镇墓兽、虎座立凤、木俑等大批专门性雕塑物品。

江陵楚墓中的虎座立凤，又称虎座飞鸟、虎座鹿角鸟，是楚文化具有标志性的物品。圆雕施彩，多为木质，也有少量的陶胎，以伏虎为底座，昂首展翅的凤鸟立于虎背，凤背插一对麋鹿角，雄奇神妙。关于它的意义，有山神、引魂升天神之说，也有说是凤神飞天的。

楚墓中的人物雕塑主要有木俑、人形器座及小型佩饰等。以雕塑的人俑代替活人殉葬在东周时代比较普遍。而中原诸国则多为陶俑，楚国的木俑自有其特色。

荆楚木俑多出自贵族楚墓，有侍俑、乐俑、炊厨俑和武士俑。多整木雕塑，有的为榫卯结构。

立俑一般高度在0.5米上下，跪坐俑高度在0.3米左右，俑的形象多为平顶、瓜子脸，有的加丝质假发或用真人头发。圆雕彩绘，有的着衣佩饰，还有的身上书有文字。

江陵武昌"义地6号"楚墓的一对木雕彩绘侍俑，木俑正面各绘有两串长长的佩饰，对称地分列左右。木俑高0.566米，头与身为整木雕塑，足部以榫卯结构另外安装。一件双手是交叠胸前，另一件双手是安装上去的，作捧物状，长颈细腰，体态秀雅。

着衣俑以江陵"马山1号"楚墓的彩色着衣木俑最佳。共有4件，高矮、大小、体态、容貌、服饰等基本相同。

其中，一件女性木俑，身高0.596米，身上的绢衣保存最好，整木圆雕，无手脚，面、颈绘肉红色，乌发后梳，双唇朱绘，眼睛传神，身着曲裾锦绣绢袍，细腰束带，袍裙曳地，色彩鲜艳。

另外还有一件持剑武士木俑，身着小袖短衣，衣长及膝，裹腿，威武雄壮。

楚人崇鹿，战国时代流行鹿角饰和木雕鹿。如镇

榫卯结构 中国古建筑以木材、砖瓦为主要建筑材料，以木构架结构为主要结构方式，由立柱、横梁、顺檩等主要构件建造而成，各个构件之间的结点以榫卯相吻合，构成富有弹性的框架。榫卯构件连接方式，不但可以承受较大的荷载，而且在地震发生时，允许一定的变形。

■ 楚墓中的木雕彩绘侍俑

楚墓内的漆器

千古遗迹的考古发现

墓兽、虎座立凤，大多插有麋鹿角，许多器物也绘饰鹿纹，而且独立的木雕鹿数量也较多。

江陵马山楚墓的木雕彩绘带鼓卧鹿或卧鹿鼓，身长0.33米，通高0.28米，做侧卧状，四足内蜷，头插双鹿角，向左侧视，全身饰梅花斑纹。后背立一小木鼓，鼓径0.04米，厚0.03米。这是一种造型奇特的乐器。

中国最早的根雕作品发现在荆楚。江陵"马山1号"楚墓发现根雕辟邪一件，依据树根自然成形，圆雕彩绘，整体为一长形弯曲的龙形，全长0.69米，高0.31~0.4米，圆身，高足，卷尾龙首，目、耳、鼻、嘴、须、齿俱全，面目狰狞。

在漆木雕塑艺术品中，荆楚彩绘动物座屏别具一格。在众多的彩绘木雕座屏中，以江陵"望山1号"楚墓的彩绘动物雕屏最有代表性。

该雕屏长0.518米，宽0.12米，高0.15米，雕屏四周为长方形彩绘框架。雕屏底座中部悬空，两端着地，宽实厚重。整个座屏是凤、鸟、鹿、蛙与蛇搏斗场面。

屏座水域是蛇的天下，有二鸟为蛇所困。屏内偏下，蛇吞蛙咬鹿，鹿双双奔腾，两组凤鸟奋起啄蛇。

底座与屏内内容相连，融为一体，造型复杂，井然有序，50多个动物生死搏斗，场面极为壮观，充满了神奇浪漫的色彩。

楚人生活在一个漆器的王国中，生时使用的日常生活实用器具和娱乐用品多是漆品，死后丧葬用品也多为漆品。

中国发现最早的夹苎胎漆器实物出自楚墓之中，有一件彩绘漆盘，为夹苎胎漆器，器内外均黑地朱绘各种云纹和凤鸟等花纹图案。

江陵望山楚墓的彩绘漆鞘，是一件十分轻巧的夹苎胎漆器，漆鞘全身裸黑漆，朱绘花纹，在鞘的一端绘有云纹和凤纹。

此外，还有皮胎、竹胎、金属胎、陶胎以及丝麻织品髹漆物等。

楚国的竹胎漆器以竹编织物最为精致，是楚人的日常生活用品之一。楚国的竹编织物在许多楚墓中都有发现，其中，髹漆竹器有竹

■ 九连墩楚墓群出土的漆器

扇、小型竹笥、圆竹筒等。

　　其中，竹扇制作精细，保存完好，色泽如新，扇面呈梯形，经篾红色，纬篾黑色，用三经一纬的细篾编织而成。

　　楚国漆器中，彩绘漆器占有相当大的比重。如雨台山楚墓有272个漆耳杯，没有纹饰的素面耳杯只是少数，绝大多数是彩绘耳杯，耳杯上的纹饰颜色有金、黄、红等。

　　江陵望山楚墓的耳杯上有白色的花纹，彩绘木雕座屏上的彩绘花纹色有红、绿、金、银等多种，其中，绿色甚为鲜明。

　　雨台山楚墓中的漆器以黑、红漆为地色，一般在器表髹黑漆，器内髹红漆。表明当时楚国的漆工艺中，已经采用了多种颜色的色漆。要获得有色漆，必须与植物油配合使用。

座屏 指带有底座而不能折叠的屏风。古时常用它作为主要座位后的屏障，借以显示其高贵和尊严。后来人多设在室内的入口处，尤其是室内空间较大的建筑物内，进门常用大型的座屏作陈设，起遮掩视线的作用，也即现代所称的地屏。有木制座屏、瓷板座屏、竹制座屏和藤制座屏。

楚漆器反映的主要对象不外乎自然与神怪。楚人崇尚自然，对自然界生命的运动、自然界的万物和谐都具有强烈的赞美之情。

因此，楚国艺术家通过雕塑造型的手段逼真传神地摹写自然界的生灵，大至鹿、虎，小至蛇、蛙都是他们表现的对象。这些形象以形写神，栩栩如生。

楚人是相信天地万物皆有神存在的泛神论者，因而神灵也成为他们造型艺术形象的主要对象。他们的神的形象是对自然生灵的另一种方式的表现。

装饰性的纹饰多为龙凤纹和云雷纹，龙凤是楚艺术的母体。楚漆器上的凤纹变化多端，具有高度的抽象性。有些凤纹甚至有符号化了的凤头或凤尾纹。

在楚漆器的装饰中，云雷纹占有重要地位。楚漆器上的云雷纹舒云漫卷、灵活自如。江陵雨台山楚墓有彩绘云雷纹木梳和彩绘云雷纹蛇。

楚漆器上的漆绘内容客观反映了当时楚国的宗教

■ 古青铜器上的云雷纹

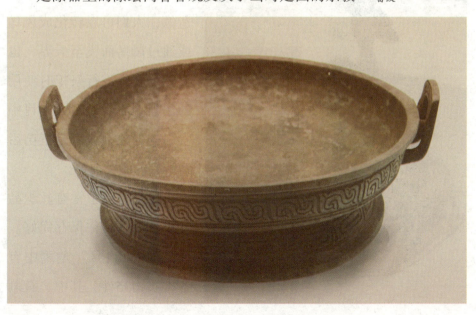

千古遗迹的考古发现

生活与社会生活。如信阳"长台关1号"墓中的彩绘瑟上的巫师图、燕乐图、狩猎图等。

在江陵"天星观2号"楚墓当中，漆木器多为楚墓中常见的器型，但也有数件新器型。其中，一件叫"羽人"的漆器非常有特色。

这件羽人漆器是楚墓中的唯一发现。它通高0.655米，人高0.336米，翅展0.34米，由蟾蜍状器座、凤鸟和羽人三部分组成，蟾蜍匍卧，羽人上身外裸，体型肥胖，人面鸟喙，鸟爪形足踏于凤鸟之上，凤鸟为展翅飞翔状。

全漆器通体黑漆为底，用朱红、黄、蓝等色绘制花纹。此器是一件构思奇特、想象丰富的罕见漆器艺术品。

这件器物反映的可能是楚人与凤鸟的亲密关系，该器物是人和凤鸟彼此转型的造像，人们可以转化成凤鸟或通过凤鸟而飞至天界，也可能是巫师进行祭祀时使用的法器，或者是楚人心目中女娲的形象，或者是三苗后裔雕刻的驩头神像。

江陵楚墓中常有丝织品发现，而且往往保存完好。江陵"马山1号"楚墓中有各类衣物35件，其中，有刺

■ 楚墓内的羽人漆器

绣的衣物有21件。这些衣物由8个品种的丝织物制成，另在4件竹笥中装有12个品种的452片丝织物碎片。

其中，有裹尸的衣着15件，丝衾4床。其他包括绣、锦、罗、纱、绢、绦等多种品种，质地精良，保存完好。

衣被上用朱红、绛红、茄紫、深赭、浅绿、茶褐、金黄、棕黄等色彩的丝线绣出或织出对称的蟠龙、凤鸟、神兽、舞人等与几何纹相间的各种图案，色彩柔和，显示出楚国纺织业已达到相当高的工艺水平。

最能反映当时丝织技术水平的织物是锦。锦是一种经线提花织物，在古代要具有高级身份的人才能穿着锦衣、锦衾和锦帽。

锦的提花技术是相当复杂的。花纹越大，技术也越复杂。楚墓中有大量彩锦，江陵"马山1号"墓的锦最多，不同花纹的就有10余种，充分说明当时已有了先进的提花织机和熟练的织造技术。

楚国丝织品的色彩，以红色、棕色为主，这与楚人崇尚火的风俗相一致。仅江陵"马山1号"墓的丝织品的色彩，就有深红、朱红、橘红、红棕、深棕、棕、金黄、土黄、灰黄、绿黄、钴蓝、紫红、灰白、深褐、黑等。

■ 真丝织锦大褂

竹笥 是用以盛放衣物书籍等的竹制盛器。形状如同我们常见的长方形小箱。凡鲜干食物、日常用品，乃至衣着巾饰等都可以盛放。笥多以竹篾、藤皮、苇皮编制，也兼用荆条。制作有精有粗，或髹漆或素面。讲究的笥，还用夹纻胎，外髹漆彩绘，内衬绫罗为里。一般人家都为粗篾编制，杂放什物。

■ 马山楚墓出土的
服装

■ 楚墓内的车马坑
遗址

"马山1号"楚墓中的一件绦带上的田猎纹是一个完全写实的纹样，描写的是贵族进行田猎活动的场面。田猎纹绦用棕色、土黄、钴蓝色相间织出两人驭车追逐猎物、奔鹿仓皇逃命、武士执剑与盾搏兽等戏剧性的生活场景。

另一件具有代表性的编织纹丝织品是"马山1号"墓的动物舞人纹锦，花纹由7组不同的动物和舞人构成，其中长袖飘拂的歌舞人物、长尾曳地的峨冠凤鸟，以及两组姿态不同的爬行龙，都显得意趣盎然。

此外，江陵"马山1号"墓还发现许多保存完好的刺绣品，刺绣题材以动物、植物为主，而动物中又以龙、凤为主，刺绣品花纹有10多种。包括蟠龙飞凤纹绣、舞凤舞龙纹绣、花卉蟠龙纹绣、一凤二龙蟠纹绣、一凤三龙蟠纹绣、凤鸟纹绣、凤鸟践蛇纹绣、舞

凤逐龙纹绣、花卉飞凤纹绣、凤龙虎纹绣、三首凤鸟纹绣、花冠舞凤纹绣、衔花凤鸟纹绣、凤鸟花卉纹绣等。

在龙、凤纹绣主题之外，有的纹样还有虎。动物纹样伴以花草、枝蔓，或为纹样的有机组成部分，或作为纹样的间隔、填充，表现了自然界的生机与和谐。

在江陵九店楚墓104号墓北3.7米处，有车马坑一座。车马坑与104号墓处于南北向的中轴线上，当为其陪葬坑，坑内葬车两辆，马4匹。

坑为长方形竖穴土坑，方向正南北。车辕、马头向北。坑长5.9米，宽3.9米，深0.8米。

坑底挖有半圆形轮槽4个，放置车轮。车位是木制的，髹褐色漆，均已朽，只存痕迹。其中，2号车痕保存较好，剔剥后结构较为清楚，车为单辕两轮。

■ 竹简 指战国至魏晋时代的书写材料。是削制成的狭长竹片或者木片，竹片称简，木片称札或牍，统称为简，现在一般说竹简。均用毛笔墨书。册的长度，如写诏书律令的长约67.5厘米，抄写经书的长约56厘米，民间写书信的长约23厘米。竹简多用竹片制成，每片写字一行，将一篇文章的所有竹片编联起来，称为"简牍"。它与甲骨文、敦煌遗书、明清档案一同被列为21世纪东方文明的四大发现。

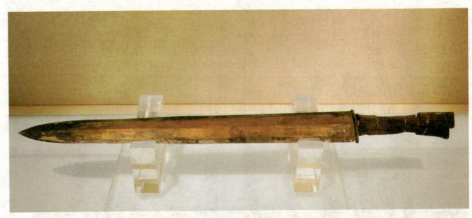

卜筮 指中国古代用龟甲、蓍草等工具预测某些事项，不同的时代使用的方法有不同，历代也有创新，是利用一些无生命的自然物呈现出来的形状来预卜吉凶。古人认为，经过神圣的求卜过程，那些自然物也就获得了神圣的象征意义，它们呈现出来的形状不是人为的结果，而是神灵和上苍的赋予，是神灵的启示或告诫。

在江陵九店楚墓中，有5座楚墓共发现竹简约700枚，其内容一般为遣策、祷辞或卜筮记录之类。竹简经破竹修削而成，黑褐色。

"九店56号"墓中的竹简近于云梦秦简中的《日书》，主要为选择吉凶日之类的记载。这批楚简的发现说明选择时日吉凶的书籍早在战国时期的楚国就已经流行了。

在江陵天星观楚墓也发现了很有价值的铭文以及大量的竹简。简文共计450字，字迹大部分清晰，多次记录为"邸阳君番乘力"，而且全部简文内容没有出现一处是为他人占卜的。

楚国历法以大事记年，秦客公孙鞅使楚，是楚国这一年中外交活动的重大事件。简文中"秦客公孙鞅"的年代应是商鞅在秦受封之前，即公元前361年至公元前340年。

此外，结合墓中的竹简和随葬器物推测，墓主人生前可能是一位武官，爵位当为上卿，官职在令尹、上柱国之列。

在江陵楚墓当中，尤以青铜兵器品种全，制作精致，常见的有剑、戈、矛、戟、镞等，以剑为最多，凡成年男性几乎都用剑随葬，贵族墓中随葬铜剑尤多，如"天星观1号"墓随葬铜剑达32件。

许多重要的吴越兵器相继出于楚墓，是列国争霸的重要反映。佩剑在各阶层之广，是他国无法比拟的，体现了楚人的尚武精神。

江陵的一般楚墓中都有兵器，其中尤以青铜剑为最多，占随古荆州兵器总数的35%左右。其中，有20多座小墓，其他随葬品一无所有，唯独都随葬一把青铜剑。

江陵张家山楚墓最出名的是勾践之子所用的"越王鹿郢剑"和"越王勾践剑"，它们被并称为"越剑双绝"。

商鞅（？—前338），中国战国时代政治家、改革家、思想家，法家代表人物。卫国国君的后裔，姬姓公孙氏，故又称卫鞅、公孙鞅。后因在河西之战中立功获封于商十五邑，号为商君，故称之为商鞅。商鞅通过变法改革将秦国改造成富裕强大之国，史称"商鞅变法"。

阅读链接

1999年秋冬季节，江汉平原久旱无雨，造成长湖在2000年的初春出现了几十年少见的下降水位，原来波涛浩渺的长湖显露出一个个滩涂。

一天傍晚，北风呼啸，寒气袭人。天星观村一组的吴于福来到长湖岸边放鸭子，忽然看见一伙人鬼鬼祟祟。吴老汉心生疑虑，大喊一声："你们想干什么？"

那伙人见有人，立即溜掉。

第二天一早，吴老汉迅速将情况报告给村主任张永福，张永福又立即向文物主管部门报告。荆州博物馆的考古专家赶到现场，果然发现一个刚刚被盗掘过的大型古墓葬。考古工作者立即对古墓进行了抢救性发掘。因为这里距"天星观1号墓"不远，所以被编号为"天星观2号墓"。

千年不锈的越王勾践剑

　　江陵的"望山1号"墓葬是江陵楚墓中规模最大的一个，内有许多珍贵的礼器、用器和大量的兵器，可见墓主人很可能是一位能征善战的男性贵族。

青铜宝剑

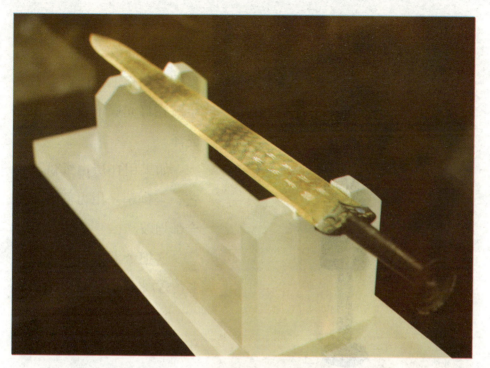

■越王勾践剑

在他的陪葬物品当中，最引人注目的是4把保存良好的青铜剑，其中刻满花纹的一把尤为特殊，这就是传说中神秘的越王剑。

中国古代冷兵器在世界兵器史林中占有重要的地位。悠远的华夏历史文明星河中，曾有一个宝剑最为辉煌的时代，即春秋战国时期。无数光耀千秋、彪炳史册的传奇宝剑都诞生在这个时代。

作为犀利的战争武器和无上的艺术瑰宝，湛卢、纯钧、巨阙、鱼肠、龙渊、太阿等东周青铜宝剑深深地融入了历史，成为2000多年来中国剑文化精神理念的发祥源头。

江陵"望山1号"楚墓越王剑是一把装在漆木剑鞘内的青铜剑。位于楚墓内棺尸首骨架的左侧。

2000多年后，当这把青铜剑从剑鞘中抽出时，仍

冷兵器 狭义上冷兵器是指古代火药、炸药或其他燃烧物发明前，在战斗中直接杀伤敌人，保护自己的近战武器装备。广义的冷兵器则指冷兵器时代所有的作战装备。冷兵器的发展经历了石器时代、青铜时代和铁器时代三个阶段。后来火器时代开始后，冷兵器已不是作战的主要兵器。

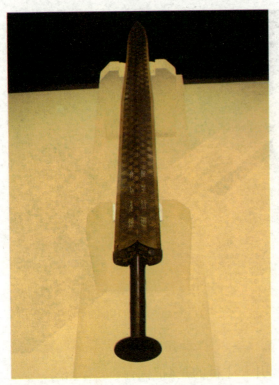

■ 勾践剑身上的鸟篆铭文

然会发出亮眼的寒光。宝剑满身都是花纹，剑柄上缠有丝绸，剑格上镶嵌有宝石，宝石在灯光底下发出绿色的光泽。

如果用16层白纸试其锋芒，宝剑稍一用力便可将纸全部划破。

这把令人炫目的青铜剑长0.557米，柄长0.084米，剑宽0.046米。剑与剑鞘吻合得十分紧密。拔剑出鞘，寒气逼人，而且毫无锈蚀，刃薄锋利。剑首外翻卷作圆箍形，内铸有极其精细的11道同心圆圈，圆箍最细的地方犹如一根头发丝。

这把剑的剑格向外凸出，正面镶有蓝色玻璃，后面镶有绿松石，即便在黑暗中也散发出幽幽的寒光。剑身上还纵横交错着神秘美丽的黑色菱形花纹，精美异常。剑柄以丝绳缠缚。

在这把锋利无比、精美绝伦的青铜剑剑身正面近格处刻有两行鸟篆铭文，共8个字。这种古文字，史称"鸟篆文"，是篆书的变体，释读颇难。仔细分辨为"越王鸠浅自乍用鐱"。

宝剑铭文中至关重要的两字王名为"鸠浅"，即"勾践"两字的通假字。因此剑上的8字铭文应该解释为"越王勾践自作用剑"。

中国古代的青铜器，主要为铜与锡的合金，成书于战国时期的《周礼·考工记》中就有"四分其金（铜），而锡居一，谓之戈戟之齐；三分其金而锡居一，谓之大刃之齐"的文字记载。

春秋战国时期青铜剑的合金组成中，铜与锡的含量依制作的年代、地点、原料来源、工艺的不同而不同。一般说来，铜的含量稍高，锡的含量稍低，此外，合金中常常还含有铅、铁等其他成分。

越王勾践剑的含铜量约为83%，含锡量约为17%，另外还有少量的铅和铁，可能是原料中含的杂质。作为青铜剑的主要成分铜是一种不活泼的金属，在日常条件下一般不容易发生锈蚀，这是越王勾践剑不锈的原因之一。

越王勾践剑位于古墓主人的左侧，插在髹漆的木质剑鞘内。这座墓葬深埋在数米的地下，一椁两棺，层层相套，椁室四周用一种质地细密的白色黏土填塞，其下部采用的是经过人工淘洗过的白膏泥，致密性更好。

■ 苏州博物馆展品青铜剑

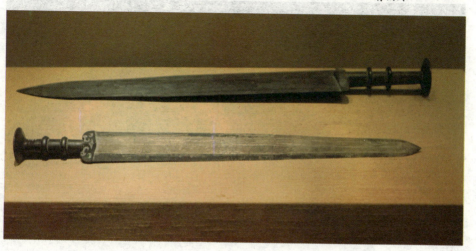

■ 越王勾践（约前520—前465），大禹后裔。春秋末期越国的君主。越王允常之子。公元前496—公元前465年在位。吴王阖闾曾于公元前496年被越军所败。阖闾受伤而死，其子夫差立志报仇。勾践于第二年主动进攻吴，越兵大败。越王勾践与大臣范蠡作为人质留在吴国，服侍夫差。勾践在吴三年，卧薪尝胆，时时不忘灭吴雪耻。在此期间，他请人铸造了越王勾践剑。并在回到越国后，大举攻吴，击败吴军，夫差自杀。

加上墓坑上部经过夯实的填土等原因，使该墓的墓室几乎成了一个密闭的空间，这么多的密封层基本上隔绝了墓室与外界之间的空气交换。在完全隔绝氧气的条件下，即使在中性或微酸性的水中，钢铁都不会生锈。这又是越王勾践剑千年不锈的原因。

此外，还有证据可以证明，越王勾践剑的不锈之谜完全是它所处的环境条件所致：

第一，越王勾践剑不是绝对的没有生锈，只是其锈蚀的程度十分

■ 勾践剑

轻微，人们难以看出。该剑发现后一直放在囊盒中妥善保管，但是，40多年以后，该剑的表面已经不如刚出土时明亮了。这说明在目前这样好的保管条件下，锈蚀的进程也是难以绝对阻止的。

第二，与越王勾践剑同时发现的还有3把青铜剑，这3把青铜剑都放在该墓棺外的椁室内，相对说来，它们所处环境的密封程度不如越王勾践剑密封得好，但是它们的锈蚀程度也较轻，甚至与越王勾践剑完全相同。

第三，发现于江陵马山楚墓与越王勾践剑时代相近、制造工艺也相近的吴王夫差矛，由于该墓的保存情况不好，棺木等大都已经腐烂。夫差矛不仅矛柄几乎全部腐烂，其青铜表面也都布满了绿色的锈层。

以上所述均已说明，越王勾践剑能够不锈完全是它所处的环境条件所致。勾践剑表面上的硫化物，其实是墓室中尸体、丝绸衣物、食物等腐烂后产生的。

在用剑时，人的手指会经常摸到剑身，从而很快就将该处的硫化铜抹去，古代工匠们也并没有在越王勾践剑的表面采用过硫化处理。但尸体、丝绸衣物、食物等腐烂后都会产生相当多的硫化物，这就是越王勾践剑上硫的来源。

越王勾践剑上的花纹是用金属锡制成的，在中国

■ 夫差矛

夫差矛 于1983年11月在湖北省江陵县马山的一座楚国贵族的墓葬中出土，是中国春秋末期吴国使用兵器。上面刻有"吴王夫差自乍予"的错金铭文。此矛装饰华美，锋利无比，是春秋时期一件青铜珍品。值得注意的是夫差矛并非吴王夫差专用武器，而是夫差时期所铸青铜矛。

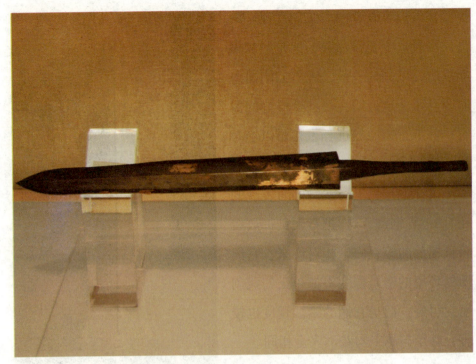

■ 从楚墓内出土的
青铜宝剑

楚怀王（？—前
296），中国战
国时期楚国的国
君，为楚威王之
子，楚顷襄王之
父，公元前328年
至前299年在位。
楚国本来是六国
中的强国，拥有
强大的国力，但
楚怀王贪婪成
性，屡次误听秦
国相张仪的计
谋，得不偿失，
本是齐国的坚定
盟友，却背齐投
秦，把楚国的国力
耗尽，前299年入
秦被扣，死于秦。

春秋战国时期，青铜器的表面装饰有多种，采用锡是其中之一。青铜的亮黄色与锡的亮白色相互衬托，耀眼美观。

但是，在青铜器上用锡有以下两点缺点：

一是锡的硬度低，容易出现划痕，所以只能填在剑身的花纹内。

二是锡在空气中容易被氧化而使剑的光泽暗淡，失去了装饰的意义。

为此，用锡装饰青铜器的这种方法并没有被较广泛地使用。

墓主人邵滑，也称淖滑，是楚怀王时的大贵族。据《史记·甘茂列传》和《韩非子·内储说下》所载史料，楚怀王曾派邵滑到越，离间越国君臣，诱使越国内乱，从而乘机亡越。

邵滑是楚国的一位老练的外交家，在齐破燕后，曾肩负联赵魏伐齐的重要使命，之后，他又是灭越的大功臣，楚怀王把从越国掠夺回来的越王勾践剑作为战利品赏赐给了邵滑。

邵滑死时很年轻，尚不足30岁，楚王为了表彰他的忠心而把名贵的越王勾践剑随葬墓中，以显示他生前的功绩。

越王勾践剑之所以会流落到楚国来，和楚国灭越问题是分不开的。因此，江陵"望山1号"墓的上限必然在楚国灭越以后，下限必然在楚顷襄王迁徙都于陈之前。因为楚国灭越以前，越国正在强盛时期，勾践宝剑不可能流落到国外。

传奇墓葬

江陵楚墓越王剑

阅读链接

在把从越王剑出土的这座楚墓出土的竹简、墓葬形制、随葬器物与其他墓葬的同类器物分析比较之后，有人认为墓主是邵固而非邵滑，他应是生活在楚威王时或早些时候，而史书记载中的邵滑主要政治与外交活动都在楚怀王后期，邵固与邵滑是生活于不同时期的两个人。

根据史书和竹简所记，楚越之间的关系在楚威王之前是很密切的，两国一度互为盟友，楚昭王曾娶越王勾践之女为妃，生下了楚惠王。勾践将他珍贵的青铜宝剑作为嫁女之器送入楚国，这并不是没有可能的。

据考古专家方壮猷方先生研究，越王勾践剑也有可能是越国王子奔楚国，客死郢都的随葬品。已故著名考古学家夏鼐先生则认为，春秋末年，各国相互角斗，故吴物入晋，而越器也出土于楚都。勾践灭吴以后，越楚接壤，更有交流互赠可能。

扬名千古的越王剑

越王剑是越王勾践请铸剑名师经历数年精心铸造出来的。据《吴越春秋》和《越绝书》记载，越王勾践曾特请龙泉宝剑铸剑师欧冶子铸造了5把名贵的宝剑，这5把越王剑，都是削铁如泥的稀世珍品。

关于越王铸剑及越王剑在后世的传奇，有许多美丽的传说故事。

剑是兵器，然而在中国传统文化中，这冰冷嗜血的凶器，慢慢地经过文化之手的不断摩挲，竟然成了一样看上去很美的文化吉祥物，

■历史悠久的青铜剑

■ 青铜剑

洋溢着一种类似浪漫的温柔。中国人说起剑来，丝毫不为其原始的兵器功能所影响。

剑在中国的历史可追溯至商周，在中国历史和文化中，被赋予极高的地位，所谓王者剑、君子器。剑贯穿了几乎整个中国历史：君王赏赐、壮士互赠、美人定情，宣示权力、张扬誓约、铭表信义。

中国历史上有种种神奇的铸剑故事。如干将莫邪铸剑，出自中国古代神话故事集《搜神记》，属于小说家言。但是，类似这种传说，将剑化之以文，就成了剑文化。其文化，借铸剑之传说，宣扬的是剑之外的东西。

公元前6世纪中叶，当中原各国动荡之际，南方的楚、吴、越之间也开始了激烈的征战，一度形成三国鼎立的局面。

吴楚两国争霸之际，与吴国相邻的越国也不甘寂寞，乘吴忙于攻楚之际，经常袭击吴国。

公元前496年，伐楚获胜回国的吴王阖闾趁越王

《搜神记》是中国古代一部记录民间传说中神奇怪异故事的小说集，作者是东晋的史学家干宝。它是集中国古代神话传说之大成的著作，收集了古代的神异故事共400多篇，开创了中国古代神话小说的先河。故事大多篇幅短小，情节简单，设想奇幻，极富浪漫主义色彩。

■ 战国时期的青铜剑

夫差　又称吴王夫差，姬夫差，春秋吴国末代国君，阖闾之子，公元前495年—前473年在位。公元前494年在夫椒大败越国，攻破越都，使越屈服。此后，又在艾陵打败齐国。夫差释放了越王勾践，又沉迷于骄奢淫逸的生活，而越王勾践发愤图强，最后战胜了吴国。

允常新丧，王子勾践即位，国势未稳之际，大举兴兵伐越。年轻的越王勾践用奇谋大败吴师，吴王阖闾负伤而死。

公元前494年，吴越大地又发生了一场惨烈的大战，吴王阖闾之子夫差一举击溃了越王勾践。越王勾践沦为吴王夫差的仆役。在饱尝失国的屈辱中，勾践在苦苦地寻找一个人和一把剑。

勾践听说，有个叫欧冶子的人能铸造削金断玉的神奇利剑。

欧冶子在越国诞生时，正值东周列国纷争，楚国先后吞并了长江以南45国。越国就成了楚灵王的属国。

少年时代，欧冶子从舅舅那里学会了冶金技术，开始冶铸青铜剑和铁锄、铁斧等生产工具。他肯动脑筋，具有非凡的智慧。欧冶子身体强健，能刻苦耐劳。他发现了铜和铁性能的不同之处，冶铸出了第一把铁剑"龙渊"，开创了中国的冷兵器之先河。

以短胜长的目的诉求，必然导致短之精良锋利，于是，当中原地区还是青铜器为主要武器材质的时候，在百越的群山之中，生存安全的压迫，激发了他们的聪明才智和毅力决心，终于发现了越人精良的冶炼铸造技术，铁兵器开始出现了。而此铁兵器，一开始就是合金的兵器。

于是越王勾践请来欧冶子，他不但为勾践铸造了湛卢、纯钧、胜邪、巨阙和鱼肠5把名贵宝剑，还向越国传授了铸剑技术。而这把越王勾践剑，无疑是出自欧冶子之手。

凡是传统手工业发达的地区，传统的农耕时代必然是土地资源等匮乏、农业生产水平和产量不高的地区。浙江龙泉，这个浙南小城就是典型的例子。

当时，由于农耕养活不了人，于是，人们便寻找

龙泉 位于浙江省的西南部，东临浙江温州，西接福建省武夷山，素有"瓯婺入闽通衢""驿马要道，商旅咽喉"之称。境内层峦叠嶂，溪流纵横。龙泉宝剑创始于春秋战国时期，其剑以"坚韧锋利、刚柔并寓、寒光逼人和纹饰巧致"四大特色而成为剑中之魁，闻名天下。

197

传奇墓葬

江陵楚墓越王剑

■ 出土文物青铜剑

■《千字文》为南朝周兴嗣撰，它的撰作相传还有一段故事：原来是当年梁武帝令殷铁石在王羲之书写的碑文中拓下不重复的1000个字，供皇子们学书用的。但由于字字孤立，互不联属，所以他又召来周兴嗣嘱道："卿有才思，为我韵之。"周兴嗣只用了一个晚上就编好进呈武帝。这便是传至今日的《千字文》。《千字文》精思巧构，知识丰赡，音韵谐美，宜蒙童记诵，故成为千百年蒙学教科书。

别的活路，瓯江两岸的山里、甚至瓯江河床里居然都是含铁的矿石。这里更是群山环抱，柴薪取之不尽，瓯江水恰好用来淬火。

神奇的是连周围的山上都有天然的上好的磨刀石。于是龙泉迎来了越国的欧冶子！

当时人们用天上坠落的陨石制作剑的刃部。因为陨石中所含的铁质远比青铜坚硬，但这种陨铁非常稀少。后来，欧冶子终于找到了陨铁的替代物，为越王铸造了坚兵利器。

而且，相传在那个时候，许多人都认为，铁是一种低俗的材料会带来厄运，因此，有恶金之称，一般只用来铸造农具。王所用的配剑自然也就不会是铁剑，当是合金所制。

《千字文》中说："剑号巨阙，珠称夜光。"巨阙是古代名剑，是传说中剑祖欧冶子为越王铸造

■ 出土文物

的5把神剑之一。撰写《千字文》的周兴嗣受制于1000个散字，只能举巨阙为例，作为宝剑乃至兵器的代表。

传说巨阙剑初成时，越王勾践坐于露坛上，忽见宫中有一马车失控，横冲直奔，惊吓了宫中饲养的白鹿。于是越王勾践拔出欧冶子刚铸成的巨阙剑，指向暴走中的马车，欲命勇士上前制止。但却在这拔剑一指时，手中的剑气却将马车砍为两截。

随后，勾践又命人取来一口大铜锅，用此剑一刺，便毫不费力地将铜锅刺出了一个大缺口来，就如切米糕般轻易。巨阙也因此而得名。

传说当年在造巨阙剑时剩下了一块锻造所用的神铁，于是欧冶子用这块神铁，打造了一把匕首"龙鳞"。这把匕首，后来用于朝廷之中，因太过锋利而被用于古时最残酷的死刑"凌迟"。

据《越绝书》记载，欧冶子后来奉越王命为楚王

《越绝书》是记载古代吴越地方史的杂史，又名《越绝记》。书内所记载的内容以春秋末年至战国初期吴越争霸的历史事实为主干，上溯夏禹，下迄两汉，旁及诸侯列国，对这一历史时期吴越地区的政治、经济、军事、天文、地理、历法、语言等多有所涉及，被誉为"地方志鼻祖"。

■ 欧冶子铸剑池

千古遗迹的考古发现

■ 欧冶子铸剑亭

铸剑。他遍访闽越，在龙泉秦溪山下开炉铸剑，最后铸成"龙渊""工布""泰阿"3把剑。它们削铁如泥，风吹发断，能屈能伸，精美绝伦。敬献给楚王后，楚王大喜，于是封欧冶子为将军。

《越绝书·宝剑篇》中记载，当时的宝剑鉴赏大家薛烛曾这样评论越王勾践的"纯钩"剑：

手振拂，扬其华，淬如芙蓉始出。观其钣，灿如列星之行；观其光，浑浑如水之溢于塘；观其断，岩岩如琐石；观其才，焕焕如释……虽复倾城量金，珠玉竭河，犹不能得此一物。

《越绝书·外传记宝剑》中记载："越王允常，即勾践之父命欧冶子铸剑。"欧冶子到闽、浙一带名山大川遍寻适宜铸剑之处。当他见到湛卢山清幽树茂，薪炭易得，矿藏丰富，山泉清冽，适宜淬剑，就决定于此铸剑。

　　欧冶子三年辛苦，终于铸就了锋芒盖世的湛卢之剑。那时世上五大名剑是：湛卢、巨阙、胜邪、鱼肠、纯钧，名列第一的是湛卢。此剑可让头发及锋而断，铁近刃如泥，举世无可匹者。

　　后代诗人题诗写道：

　　　　斗间瞻气有双龙，人间何处问欧冶？
　　　　欧冶一去几春秋，湛卢之剑亦悠悠。

　　湛卢山也因此称为"天下第一剑山"。

　　《东周列国志》中记载，湛卢宝剑铸成，越王视之为国宝。越国被吴国攻灭，吴王阖闾获此剑。但有一天此剑忽然不见了，而某日在楚昭王的枕边突然发现这把寒光闪闪的宝剑。

■ 楚墓中的青铜剑

搏殳于雁門關。

■薛仁贵（614—683），字仁贵，中国唐朝名将，著名军事家、政治家，道教传其为白虎星君下凡。随唐太宗李世民创造了"良策息干戈""三箭定天山""神勇收辽东"等诸方面在军事、政治上的赫赫功勋。薛仁贵的故事广为民间流传，如元代戏剧《薛仁贵衣锦还乡》，清代通俗小说《薛仁贵征东》等。

相剑者入宫解谜说："此乃吴中剑师欧冶子'湛卢'宝剑，吴王无道，杀王僚自立，又坑杀万人以殉其女，吴人悲怨，岂能得此剑？此剑所在之国，其国祚必绵远昌炽。"

楚昭王大悦："此乃天降瑞兆也！"

可见，湛卢宝剑已成为预示国家兴亡的神物了。

唐朝诗圣杜甫有诗咏道："朝士兼戎服，君王按湛卢。"历代诗文提及湛卢的很多。

湛卢剑几经辗转流传，据说唐时为薛仁贵获得，后传到南宋抗金名将岳飞手中，岳飞父子遇害后，湛卢剑就不知下落了。

阅读链接

在中国春秋战国时期，由于步兵的兴起，剑成了战场上决胜的利器之一。在冷兵器时代，谁拥有一把威力无比的名剑，就会远近扬名。

江陵发现的越王勾践剑与薛烛对"纯钧剑"的描述十分吻合。其坚韧锋利，足以证明《战国策·赵策》对吴、越之剑"肉试则断牛马，金试则截盘匜"的描述并非虚言；其做工之精美绝伦，也足以证明欧冶子的铸剑技艺巧夺天工、旷绝千古。

高句丽墓葬壁画

　　高句丽是西汉至隋唐时期东北地区出现的一个具有重要影响的边疆少数民族。公元前37年，夫馀人朱蒙在玄菟郡高句丽县辖区内建立政权。

　　高句丽鼎盛时期其势力范围包括今吉林省东南部、辽河以东和朝鲜半岛北部等地。

　　在中国吉林省集安市周围的平原上，分布了10 000多座高句丽时代的古墓，这就是闻名海内外的"洞沟古墓群"。高句丽墓葬神秘而独特，为我们留下了丰富的精品遗物。

高句丽王朝的千秋兴衰

　　据《三国史记》和《三国遗事》记载，公元前37年左右，夫馀王子朱蒙因与其他王子不和，逃离夫馀国来到高句丽。

　　其实，"高句丽"早在公元前2世纪就作为一个地理名词出现在

■高句丽古城的辑文门

■ 高句丽古墓

《汉书》中。专家普遍认为，高句丽建于公元前37年或公元前1世纪中期。

据推测，高句丽人在其政权建立的初期可能是由濊貊人和部分迁徙至这一地区的夫馀人组成的。

"濊貊人"这一词语最初并非指一个确定的民族实体，而仅仅是中原古代史家对出现在东北这一特定地区的一些古代部族的泛指。

高句丽与夫馀长期处于军事对抗中。为了扼制处于成长期而十分具有侵略性的高句丽政权，中原王进与夫馀在军事上常常协同打击高句丽，相关记录在《三国志》《汉书》中时有出现。

高句丽太祖王时期，高句丽从早期的几个濊貊部落国家很快扩张到汉江流域。

公元53年，高句丽太祖王将高句丽分散的5个部

靺鞨 中国古代民族名，自古生息繁衍在东北地区，是满族的先祖。先世可追溯至商周时的肃慎和战国时的"挹娄"。北魏称"勿吉"，唐时写作靺鞨。靺鞨初有数十部，后逐渐发展为七大部。以粟末靺鞨和黑水靺鞨最强大。靺鞨各部发展水平不一，大多以角弓、楛矢射猎为生，凿土穴而居。

■ 高句丽王陵墓

千古遗迹的考古发现

曹魏 即三国时期的魏国，因由曹操之子曹丕建立，多称曹魏，是三国之中最强大的一国。东汉末年天下扰乱，群雄逐鹿，曹操在军阀混战中，势力逐渐增强，并且控制了东汉朝廷，为曹魏的建立奠定了基础。220年，曹操逝于洛阳后，其子曹丕逼汉献帝退位，篡夺了汉室政权，在洛阳称帝，至此，曹魏始建。

落设为5个省，实行集权化统治。

公元56年，太祖王吞并东沃沮。后又吞并东濊一部分领土。随后，高句丽又对乐浪郡、玄菟郡和辽东发动攻势，摆脱汉朝的控制。

高句丽的扩张与集权化，导致了与汉朝的直接武力冲突。汉朝的军事压力迫使高句丽迁都到丸都城。

汉朝灭亡后，辽东郡被好战的地方土豪控制。高句丽接受曹魏政权的册封，并主动与刚刚成立的曹魏联盟攻打辽东郡。

曹魏攻下辽东后，高句丽终止了与曹魏的合作并发兵袭击了辽东西部。244年曹魏反击，摧毁了丸都城。高句丽东川王逃到沃沮。

曹魏摧毁了丸都城后，以为高句丽灭亡了，所以很快就撤离了。不过仅仅70年，高句丽又重建了丸都城，并开始袭击辽东、乐浪和玄菟。

313年，高句丽美川王吞并原汉朝四郡的最后一郡乐浪郡，从东北地区进入并控制了朝鲜半岛北部的大部地区，开始与百济、新罗处于激烈的军事对抗之中。

高句丽的扩张并不是一帆风顺的。342年，丸都城受到前燕攻击。371年，百济近肖古王袭击高句丽。后来，高句丽小兽林王继位后，开始加强高句丽国内的稳定和统一，出台新的法律。

372年，高句丽从中原引入佛教为国教，并依照中原制度建立国家教育机构——太学，同时对高句丽军队进行了改革。

589年，隋灭南朝陈统一中国后，开始要求周边国家为其臣属，并得到了其中大多数国家的认可。只有高句丽对此阳奉阴违。

598年，高句丽先发制人攻辽西，引发第一次高句丽与隋的战争。当隋文帝准备兴全中原之兵问罪时，高句丽王匆忙上表谢罪，自称"辽东粪土臣元"，于是得到赦免。

但是，高句丽仍旧四处联合反隋势力，当隋炀帝在突厥可汗处发现高句丽的使臣后，开始认识到高句丽是中原潜在的边患，隋与高句丽的战争爆发。

■ 高句丽古墓群

隋炀帝（569—618），即杨广，是隋朝的第二个皇帝。隋文帝杨坚的次子，581年立为晋王，600年11月立为太子，604年7月继位。他在位期间修建大运河，营建东都洛阳城，开创科举制度，亲征吐谷浑，三征高句丽，因为滥用民力，造成天下大乱，直接导致了隋朝的灭亡。《全隋诗》录存其诗40多首。

■ 高句丽古墓

612年，隋朝的百万大军从陆路和海上同时攻打高句丽，但由于隋炀帝的失误，使渡过辽河进攻的30万大军几乎全军覆没。

613年和614年，隋朝再次攻打高句丽，但因杨玄感起义反隋炀帝和高句丽诈降交还叛逃的隋将斛斯政，使得隋对高句丽的这两次战役被迫中止。

615年，隋炀帝又打算攻打高句丽。但由于隋朝内乱加剧，攻打高句丽的计划被取消。隋对高句丽的战争使隋朝国力锐减，并引发了隋末农民大起义。

618年，隋朝灭亡。不过隋与高句丽的战争也削弱了高句丽的国力。

唐太宗贞观后期，四夷宾服，大唐空前强盛，征服高句丽逐渐提上日程。

653年，新罗遣使来到唐朝，述说百济攻占了新罗40多座城池，并与高句丽图谋断绝其去往唐朝的通路。

唐太宗派人出使高句丽，命令其停止争战，遭高句丽权臣莫离支泉盖苏文拒绝，遂决定发兵东征高句丽。

654年11月，唐太宗李世民诏命刑部尚书张亮为平壤道行军大总管，太子詹事、左卫率李绩为辽东道行军大总管，率水陆大军分道进击高句丽。

■ 高句丽王陵墓

655年2月，唐太宗率六军从洛阳出发，御驾亲征。张亮率水军渡海袭占卑沙城；李勣军攻克辽东重镇辽东城，斩俘2万多人。

当年6月，唐军进至安市城，即现在辽宁海城东南营城子。高句丽北部耨萨高延寿、高惠真率15万大军前来救援，被唐太宗军击败，残兵全部归降，高句丽举国震恐。

7月，唐军开始围攻安市城，由于守军殊死抵抗，使唐军至9月还没有攻克。当时已经到了深秋，草枯水冻，兵马难以久留，唐太宗被迫于9月18日班师还朝。此次征伐没有达到征占高句丽的预期目的。

这次唐太宗征讨高句丽，攻占辽东等10座城，获7万多户，斩杀高句丽兵4万多人，唐军阵亡几千人，战马损失了百分之七八十。

唐太宗回朝后，群臣建议对高句丽派偏师进袭骚扰，使其国人疲于应付，耽误农时，几年后即可使高

唐太宗（599—649），即李世民，唐朝第二位皇帝，不仅是著名的政治家、军事家，还是一位书法家和诗人。为大唐统一立下汗马功劳，开创了著名的贞观之治。在此期间，唐朝在李世民的带领下，依次取得了对东突厥、吐蕃、高句丽等地用兵的胜利。这些胜利奠定了唐朝300年的基业。

■ 高句丽王陵墓的墓石

李勣 原名徐世勣，字懋功。唐高祖李渊赐其姓李，后避唐太宗李世民讳改名为李勣，唐初名将，曾破东突厥、高句丽，与李靖并称。后被封为英国公，为凌烟阁二十四功臣之一。李勣一生历事唐高祖、唐太宗、唐高宗三朝，出将入相，深得朝廷信任和重用，被朝廷倚为长城。

句丽因粮荒而土崩瓦解，唐太宗采纳了这一建议。以后，唐军采取了对高句丽发动骚扰性攻击的策略。

647年，唐太宗命牛进达和李勣率军从水陆两路进扰高句丽，拔石城。高句丽王派遣其子高任武入唐谢罪。

648年，唐太宗派右武卫大将军薛万彻率3万名大军乘楼船渡海，进入鸭绿水，在泊灼城，即现在辽宁丹东东北，大败高句丽军。

655年，因高句丽与百济、靺鞨联兵入侵新罗，新罗王金春秋遣使向唐求救，唐高宗命营州都督程名振和左卫中郎将苏定方率兵击高句丽。

658年，程名振攻克高句丽赤烽镇。

659年，唐右领军中郎将薛仁贵在横山，即现在辽宁省辽阳附近华表山，大败高句丽军。

660年，唐朝灭了百济，高句丽失去了盟国，陷入孤立境地。第二年，唐高宗下令对高句丽发动大规模进攻，水陆分道并进，屡战屡胜，军队一直进攻至平壤。

当时遇到大雪天寒，唐高宗不得不于662年2月命唐军自高句丽班师。退军时，左骁卫将军、沃沮道总管庞孝泰在蛇水战死。这是高句丽灭亡前的最后一次胜绩。

由于高句丽的首领渊盖苏文在世期间一直没有采取明智的外交策略，导致唐朝与新罗联合欲灭高句丽而后快。渊盖苏文在世时虽然尚能以高压政策控制高句丽政局，但其内部已经危机四伏。

666年，高句丽内乱，渊盖苏文死后，他的世子泉男生代为莫离支，莫离支相当于唐的兵部尚书兼中书令，权力很大，专政国事。但泉男生为二弟男建所逼，归降于唐。唐高宗派契苾何力、庞同善等出兵高句丽，援救泉男生。

不久，唐高宗以李勣为辽东道行军大总管，统率诸军，分道合击高句丽。以后一年多时间，各战场捷报频传。

李勣攻取高丽军事重镇新城，即现在辽宁抚顺北高尔山城，并趁势将附近的16座城池全部攻下。同时，薛仁贵在金山击破高句丽大军，攻下南苏、木底、苍岩等三城，与泉男生军会师。

李勣等攻占夫馀城，斩俘万余人，夫馀川中40余城也望风归降，

丸都山城龟甲墓

再战薛贺水斩俘3万余人，乘胜攻占大行城，即现在辽宁省丹东西南娘娘城。

668年春夏，各路唐军会师推进到了鸭绿江。高句丽发兵抵抗，唐军奋勇出击，大败高句丽军，唐军追击高丽军200多千米，攻拔辱夷城，即现在朝鲜永柔境，其他各城守军有的逃了，有的归降了唐朝。

唐军一直攻至平壤城下，高句丽王高藏派泉男生率首领98人出来投降。泉男建仍然闭门拒守，并多次遣兵出战，都失败了。

当年9月12日，高句丽僧信诚打开城门，唐军冲进城中，高句丽灭亡。唐朝平定高句丽后，分其境为9个都督府、42个州、100个县，并于平壤设安东都护府，任命右威卫大将军薛仁贵为检校安东都护，领兵2万名镇守该地。

高句丽第二十七代国王宝藏王高藏被唐朝俘虏，根据司马光《资治通鉴》的记载，高句丽贵族及大部分富户与几十万百姓被迁入中原各地，融入中国各民族中，另有部分留在辽东，成为渤海国的臣民，其余小部分融入突厥及新罗。自此，高句丽国家不再存在于世。

阅读链接

668年，高句丽灭亡后大批高句丽遗民展开了反对唐和新罗联盟的复兴高句丽运动。其中较为著名的有原高句丽将军剑牟岑、乞乞仲象和大祚荣等。

唐朝曾多次试图在高句丽故地建立督府控制这个地区，但都失败了。

唐朝为管理原高句丽故地而设置的安东都护府，最初是由薛仁贵来管理的，但由于吐蕃在西线的压力，唐朝开始羁縻治理高句丽故地，任命高句丽宝藏王高藏为辽东州都督、朝鲜王。后来宝藏王因暗中支持高句丽遗民起义被流放。宝藏王的儿子高德武接管了安东都督府。

王陵的千载不朽遗风

　　高句丽政权在吉林省集安市的时间，即以国内城和丸都山城为王都的时间，前后长达425年，其间有19位高句丽王传续。如此多的王存在，自然也就有了许多王陵的存在。经过研究考证，在集安的洞沟古墓群中，至少应该有18座高句丽王陵。

　　在中国吉林省集安数以万计的高句丽遗迹中，古墓葬数量最多。仅集安洞沟古墓群，就有7000余座，其墓群范围之广、种类之多、数

■ 丸都山城古墓

目之大、内涵之丰富，堪称中国北方少数民族古墓群之冠。

高句丽墓葬可分为积石墓和封土墓两大类。其中，积石墓出现的年代较早，它是高句丽民族传统的丧葬方式，具有浓郁的民族特色。

在当时，无论高句丽王公显贵还是平民百姓死后的墓葬都用石块垒砌，死者多葬在墓葬的中上部。只是死者的身份不同，墓葬在规模、形制有所差别。

高句丽积石墓的形制大致经历了积石石护墓、方坛积石石矿墓、阶坛积石石护墓、阶坛积石石室墓的演变过程，其时间上限为高句丽政权建立前后，下限应在4世纪中叶至5世纪初。

在集安地区内，现已确认的高句丽王陵均属积石类墓葬，而且是同时期墓葬中最大、最典型、地理位置最优越的。

除积石墓之外，还有一种墓葬就是封土墓。大约在4世纪末，高句丽人开始吸纳周边文化、特别是中国中原文化的因素。就是在这种背景下，高句丽墓葬的形制由积石墓转变为封土墓。

高句丽封土墓的形制经历了有坛封土石室墓、封土石室墓、洞室墓3个不同的演变阶段，时间为4世纪末至高句丽灭亡前后。

这些墓葬以高句丽的国内城为中心，沿鸭绿江右

■ 丸都山城封土墓墓碑

集安 位于吉林省南部边陲，历史悠久，文化底蕴厚重。至少在公元前三四千年以前，集安浑江、鸭绿江流域就已经闪烁着人类文明的光辉。远在唐、虞、夏、商之时，即已人烟早布；"禹平北土，置九州"，此地属齐州；舜分齐为营，此地转营州属。故集安地域建制较早。

岸分布，形成了一个蔚为壮观的墓葬群。

高句丽王陵是历代高句丽墓葬的典型代表，是同时期规模最大、埋葬设施最完备的墓葬，它集高句丽物质文化与精神信仰之大成，具有许多鲜明的特点。

古代人对礼制有很多讲究，高句丽人也不例外。当时高句丽人对瓦的使用有严格的规定，只有佛寺、神庙、王宫、富府可以用瓦。

从这一规定人们也能够看出，瓦被当成古代高句丽王朝的等级与身份的象征。高句丽王陵的墓上有瓦，就意味着墓上有建筑物。所以，用瓦是高句丽王陵的重要标志。

通过对已经发现的高句丽王陵考察发现，高句丽早期王陵保存较浓厚的原始血缘传统族葬的表现形式首先是陪葬墓。

随着王权意识的深化和埋葬制度的演进，祭台的出现和规格化成为高句丽王陵的明显特征。这一特征在高句丽的王陵中，清楚地反映了出来。

在中原文化中，王陵选址受到非常重视，后来高句丽王陵选址可能也是受到了当时汉、北魏帝陵葬制的影响，开始把墓地选择在较高的地方。高句丽早期王陵均在山麓最高处或陡崖处，后渐向平地的高

■ 高句丽的王室墓

阜处转移。

葬地居高这种形式，使其固有的民族传统与中原的王权意识、风水观念逐渐结合。高句丽早期王陵聚群埋葬的传统较浓厚。但约在2世纪以后，随着墓葬向谷地转移，高句丽王陵墓周相对开阔。墓制也发生变化，开始独立为陵，而且均有墓域。

此外，高句丽王陵的墓葬还愈见高耸，墓域更加宏大。往往一座王陵，就占据了一个高地。王陵的这一变化，充分体现了王者之威。

陵寝设施的出现在2世纪左右，人们一般认为，陵寝设施的出现是高句丽国力强大、效仿中原丧葬礼制的结果。

高句丽王陵中的陵寝设施包括陵墙、陵寝建筑等，种类齐全，设施完备。高句丽王陵中除了王陵必有的建筑构件、陵寝设施以外，有些王陵还发现了代表当时最高生产力水平和王族专用的遗物。

能够代表王族的王陵遗物有错金刀、镏金冠、龙凤图案的饰件、龙形刻石、"王"字纹瓦等。并非所有的高句丽王陵都具备这些特征，因为在高句丽陵墓的演进中，有些特征是从无到有、从雏形向完善逐渐变化的。

阅读链接

高句丽政权始于公元前37年，止于公元668年，曾是中国东北地区影响较大的少数民族政权之一，在东北亚历史发展过程中发生过重要作用。

高句丽政权发轫于今辽宁省桓仁满族自治县，公元3年迁都至国内城（今吉林集安），427年再迁都至平壤。桓仁与集安是高句丽政权早中期的政治、文化、经济中心。

在2004年举行的第二十八届世界遗产委员会苏州会议上，高句丽王城、王陵及贵族墓葬被列入世界遗产名录。高句丽文化遗产是中华民族祖先创造的、不可再生的重要文化资源。

历代王陵各归其主

　　在中国吉林省集安市周围的平原上，分布了1万多座高句丽时代的古墓，这就是闻名海内外的"洞沟古墓群"。其中，以太王陵、将军坟和千秋墓等规模最为宏大。

　　太王陵位于集安城东的禹山南麓岗地上，是高句丽第十九代王广

■ 丸都山城古墓群

集安城东太王陵

开土境平安好太王的陵墓，始建于391年，是高句丽王陵中唯一确知年代、葬者的典型墓葬。

太王陵是一座大型方坛阶梯夫妻合葬石室墓，墓高达15米，由山砾石和花岗岩混筑，四周护放护坟石。

太王陵几经兵燹战乱，陵墓变得十分破烂。光绪年间，墓上还有大量的莲花纹瓦当和文字砖。

好太王名安，也称谈德，391年即位，412年去世，在位22年。好太王统治时期是高句丽国家政治、经济、军事重要发展时期。

好太王碑记载：

恩泽洽于皇天，威武振被四海，扫除不佞，庶宁其业，国富民殷，五谷丰熟。

好太王一生东征西讨，开拓疆土，是高句丽历史上具有重大影响的代表性人物。

好太王陵的方坛构筑前曾下挖0.8米的基槽，奠

莲花纹 中国古代传统纹饰之一。莲花，是中国传统花卉，古名芙渠或芙蓉，从春秋战国时就曾用作饰纹。自佛教传入中国，便以莲花作为佛教标志，代表"净土"，象征"纯洁"，寓意"吉祥"。莲花因此在佛教艺术中成了主要装饰题材。尤其在南北朝时期，随着佛教的广泛传播，极为流行。在石刻、陶瓷、铜镜上到处可见。

基0.9米，由于1600多年的地层变化，方坛基部变动较大，边长66米，近于正方形，残高14.8米，方向近于正西方。

太王陵有16级阶梯，第一级阶坛由修琢工整的石条垒砌，顶部修筑墓室，东西2.95米，南北3.25米，藻井上部石条稍内收，盖顶石是一整块长圆形石板，长径8.4米，短径5米，厚0.8米，墓室高3米，墓道长5.3米，宽1.85米。

墓室内置一座两坡水硬山式的石椁，长2.4米，宽2.7米，高2.05米。石椁内并排两座石棺床，长2.2米，宽1.2米，中间无空隙，四周边缘突起。

石椁用沉积页岩精磨而成，呈绿、蓝、紫三色，各部由榫卯结构结合，西侧椁山墙开门，两扇石门，通向墓道墓门。

距太王陵300余米处是好太王碑，好太王碑是中

■ 高句丽长寿王陵墓碑

国最大的石碑之一，被誉为"海东第一古碑"。在好太王碑上刻有"国冈上广开土境平安好太王"，由此推断此碑是高句丽第十九代王好太王的记功碑。

将军坟位于集安市东北的龙山脚下，因其造型颇似古埃及法老的陵墓金字塔，因此被誉为"东方金字塔"，推算为4世纪末5世纪初高句丽王朝第二十代王长寿王之陵。

将军坟整座陵墓呈方坛阶梯式，高13.1米。墓顶面积270平方米，墓底面积997平方米，全部用雕琢的花岗岩砌成。坟阶7层，每层由石条铺砌而成，每块条石重达几吨。

第五阶有通往墓室的通道，盖棺石板重50多吨，每面3个护坟石各重10余吨，其势宏伟壮观。

在陵墓的第五阶正中，有早年打开的甬道，可通墓室。墓室呈方体，边长5米，高5.5米，四壁用6层石条砌筑，墓顶覆盖一块巨大而完整的石板，平面达50平方米。墓室内的地面上并排置放着两个石棺床，棺木及随葬品早已荡然无存。

坟的上下到处都是巨大石条，光是坟的外缘石条就用了1100多块。这些巨大的

■ 高句丽将军坟旁的石碑

高句丽王陵将军坟

石条，都是从22千米以外的采石场运来。

　　1500多年前，缺乏运输和起重工具，高句丽工匠运用滚木、填土斜坡等土办法，把石条一块一块运来，又一块一块地垒砌上，需要付出极大的艰辛和努力。将军坟的建造，充分反映出高句丽人民的聪明和才智。

　　在坟的顶端，四边的石条上留有排列整齐的圆洞，墓顶的积土中有板瓦、莲纹瓦当和铁链一类构件，可以看出是亭阁建筑的遗迹，这与北方其他民族的丧葬习俗极为吻合。

　　"将军坟"之称是清末当地老百姓叫起来的，前人有《别金相登将军坟》一诗写道：

　　　　　　将军坟墓几千秋，坟外年年江水流。
　　　　　　桂酒椒浆伤往事，荒烟蔓草赋闲游。
　　　　　　三辅霸业今何在，百济名邦早已休。
　　　　　　独有英雄埋骨处，峨峨高峙龙山头。

　　将军坟曾有一个很广阔的陵园和墓域，南面一角下有长长的水道，将墓顶和墓室的渗水排出。

　　在将军坟的后面，有一排陪坟，原有4座，形制与将军坟相似，只是规模要小许多，应该是长寿王妃子们陪葬的墓。

　　临江墓位于吉林省集安市区东侧龙山南麓一座小山丘上。西侧460米为好太王碑，900米处为太王陵。是高句丽政权的早期王陵，因地处临江的台地边缘而得名。

　　临江墓是一座大型阶坛积石石圹墓，其外形呈圆角方丘状。南北约76米，东西约71米，高约10米。

　　临江墓基本没有经过加工修整的大块石条，也没有见到整齐规矩的大块基石。墓葬边缘和阶坛均以较大山砾石砌筑。石材多数保留着自然断面，摆放也不很规则。

　　由于山顶地势落差不等，墓葬四面砌筑的阶坛级数也不同。东南角与西南角分别为21级至23级，地势相对较低的北面为30级至33级。

　　当时，确定墓的范围后用较大的山石摆砌出墓坛，内部填充稍小的碎石。铺平后内收0.4米至0.6米再砌筑第二层阶坛。临江墓的四面阶坛高宽并非全部整齐划一，走向也不完全相同，有的弧度较大，阶坛分岔的现象普遍存在，砌筑也似乎较为随意。

临江墓顶部较为平坦形状大致呈长方形，中间有一个大坑，长17米，宽10米，深2米，几乎占据了整个墓顶。坑内外均未发现整齐的石条或加工过的较大石板，推测其墓室为不加封盖的圹室。

临江墓上发现有大量筒瓦、板瓦和少量脊瓦残片，推测其墓顶可能原来有建筑。

临江墓的规模较大，独居于临江的山顶上，显示出卓尔不群的风范。墓上用瓦，有祭台和祭祀用的金器和车具，由此可以表明其身份地位的尊贵。

根据临江墓所用石材、砌筑方式及出土遗物等综合分析，临江墓的墓葬年代最晚不超过3世纪末。

千秋墓位于集安城西麻线河东岸200米的坡地上，是高句丽中晚期

■ 临江墓上的碎石

■ 铭文砖

的一个王陵。墓上发现有"千秋万岁永固"字样的汉字铭文砖而名之为"千秋墓"。可能是高句丽第十八代王故国壤王的陵墓。

故国壤王姓高，名伊连，是高句丽第十七代王小兽林王的弟弟。小兽林王没有儿子，死后由其弟弟继位。但是只在位短短的8年的时间。

千秋墓为方坛阶梯石室墓，近正方形，边长60.5米至71米，残高11米。墓顶较平坦，约20米见方。墓上存有大量的筒瓦和板瓦残片及文字砖残段，其文为"千秋万岁永固""保固乾坤相毕"等。

千秋墓占地5000多平方米，形制浩大，宛若山岳。使用石材数万立方米，修筑方式与将军坟相同，仅残存体积就相当于将军坟的7倍多。工程量也大于将军坟数倍，规模堪称高句丽王陵之冠。

西大墓是高句丽中期的王陵。清末中原人在此垦荒时，就发现了此墓，并称其为西大墓。根据墓葬形制及墓内遗物推测，这是高句丽第十五代王美川王的陵墓。

美川王姓高名乙弗，是高句丽第十四代王烽上王之弟的儿子。烽上王即位次年，怀疑其弟有野心，将他赐死，乙弗心里害怕而逃跑了。

乾坤 八卦中的两爻，代表天地，衍生为阴阳、男女、国家等人生世界观。是中国古代哲人对世界的一种理解。《系辞上》认为，乾卦通过变化来显示智慧，坤卦通过简单来显示能力。把握变化和简单，就把握了天地万物之道。古人以此研究天地、万物、社会、生命和健康。

300年，烽上王因骄逸而多疑，被群臣谋废而自杀。此时，逃亡的乙弗又被接回来立为高句丽王，就是美川王。美川王在位32年。

西大墓的形制为阶坛积石石圹，实测东、北两侧边长53.5米，西侧边长56.7米，南侧边长62.5米，残高约11米。

西大墓的墓内部以大小不一的碎山石和河卵石堆砌，外部用修琢整齐的阶坛面石包砌。尚存有14级阶坛。墓北侧第一级阶坛之外有排水沟，墓北侧40.5米处，有一条与阶坛相平行的河卵石墙遗迹。

西大墓东侧40米处，有一处平面近似长方形的台状遗迹，边长与西大墓东边略等，宽约17米，残高0.6米，方向基本与墓东边平行，台上还有一些镏金步摇残件。

西大墓周围发现铜、铁、陶、石器等各类遗物38

步摇　中国古代妇女的一种首饰。取其行步则动摇，故名。原为中国传统汉民族首饰，西汉时从西域地区吸收创新而来，约在东汉时经燕传入辽西，后又向东传入朝鲜半岛及日本。其制作多以黄金屈曲成龙凤等形，其上缀以珠玉。六朝而下，花式愈繁，或伏成鸟兽花枝等，晶莹辉耀，与钗细相混杂，簪于发上。

■ 九都山城古墓

■ 丸都山城千秋墓

卷云纹 是中国古代青铜器纹饰之一。起源于战国，秦时得到进一步发展，汉、魏时代流行的装饰花纹之一。通过粗细、疏密、黑白和虚实等对比手法，组成各种卷云纹。由卷曲线条组成对称的图案，大都作为瓦当或金银错器物上的边饰。云纹寓意高升和如意。

件，并有卷云纹铭文瓦当。

禹山992号墓是高句丽中期王陵，它位于太王镇禹山村村北，墓内随葬品多而精美，此墓上曾出土"戊戌"纪年瓦当，这是高句丽王陵所见难得的文字史料，根据墓葬建造年代及高句丽年表，"戊戌"年应是338年，因此墓主很可能是高句丽第十六代王故国原王。

故国原王姓高，名斯由，是高句丽第十五代王美川王之子，在位41年，死后葬于故国之原，所以谥号为"故国原王"。

禹山992号墓为阶坛积石圹石墓，边长38米，高度约6.5米，墓的外观为方台状或称覆斗形。此古墓可以确定的阶坛石有7级。

992号墓上曾有相当规模的敷瓦，因此或许有墓上建筑。东西两侧各有一座表面低平、周边整齐的石砌台形建筑，可能是用于祭扫献牲的祭台或是陪葬墓。

禹山墓区2110号墓是高句丽政权的早期王陵，位于禹山南麓中段缓坡与平野的交界处，北依禹山，面临平野，墓形巨大，位置独立，又有多座贵族墓葬拱卫于其左右，形成以此墓为中心的大型陵墓群。

2110号墓为长方形阶坛积石基，因破坏严重，现存墓葬南北长66.5米，东西宽45米，高35米至55米。

墓葬砌筑前并未下挖基槽，而是直接构筑在黄土层上，以简单加工后的山砾石砌筑阶坛。可能是先砌筑第一级阶坛，然后在阶坛内填充山石和河卵石。当填石与阶坛平齐时，再砌筑第二层阶坛。

墓葬阶坛石所剩不多，只有东西两面还部分存在。墓葬东侧阶坛级数最多，可辨识13级。

在墓葬中部砌有两道东西走向的隔墙，使南北两侧分为两座墓葬。这表明禹山2110号墓应是双墓并列，各有圹室。墓上有大量的瓦砾存在，瓦是直接覆盖于墓葬顶部的阶坛和封石之上。

禹山2110号墓发现有锅镂空三翼银箍铁镞和青铜人形车辖，这些均属贵重物品。由此推测，这应是一座高句丽王陵，其建造年代在2世纪左右。

阅读链接

据文献记载，341年，燕王迁都龙城后，视高句丽为心腹之患。于是他亲自率领精兵4万人从南道进攻高句丽，另派长史玉寓带1.5万兵马从北道进攻高句丽。

当时的高句丽第十六代王故国原王，错误地分析了形势，派重兵把守北道，自己带领老弱士兵依恃天险，把守南道，结果大败，故国原王单骑逃跑。

燕王取得胜利后，他捣毁了丸都山城，掳掠人口财宝，并掘开美川王陵墓，载走其尸。第二年，故国原王向燕王称臣进贡，才将美川王的尸体要回。

贵族墓葬的珍贵壁画

在吉林省集安市高句丽王城外，群山环抱的洞沟平原上，现存近7000座高句丽时代的贵族墓葬，堪称东北亚地区的古墓群之冠。

许多高句丽的贵族墓室里绘有线条飘逸流畅、内容丰富并具有传奇神话色彩的精美壁画，距今已经1000多年了，仍然色彩鲜艳。

据考证，高句丽壁画墓的建造年代大约在4世纪至7世纪之间，持

■ 高句丽的贵族墓

■ 高句丽陵墓内部

续了300多年，横跨了整个东晋南北朝时期。而这一时期的中原绘画实物资料保存至今的很少，因此，数量大艺术性高的高句丽古墓壁画显得弥足珍贵。

著名的高句丽贵族壁画墓有角觝墓、舞俑墓、三宝墓、四神墓、五盔坟等。

角觝墓属于洞沟古墓群禹山墓区，位于吉林省集安城东北3000米禹山南麓的坡地上，因墓中绘有两人角觝壁画故名"角觝墓"。

角觝墓是一座封土石室壁画墓，截尖方锥形封丘。封土直径15米，高4米。整个墓葬由墓道、甬道、左右耳室和墓室构成。墓道长1.2米，宽1.1米，高2.1米，上部两室相连为长方形覆斗顶，宽0.3米。近墓室处和连接墓道处均有白灰抹成的门框的痕迹。

墓室为单室穹隆顶，藻井是平行叠涩砌3层以后又抹角叠涩砌筑了4层，然后加上石板封盖，平面呈

角觝 中国古代摔跤运动。清入关前即已盛行。皇宫内时常有摔跤表演和比赛，并专设"善扑"营对摔跤进行训练。在民间，这种体育竞技活动也广为流行。比赛时，双方只穿裕褴和短靴。预备时，两脚叉开站稳，两臂交叉顺肩至腰间，相互抱住。比赛开始后，可用摔、绊、背等招式，以把对方摔倒在地为胜。

方形，四壁内收。底边长3.2米，高3.4米。

室内壁下有一残破的石板，似为破碎的棺床。墓葬耳室、甬道、墓室遍抹白灰上绘壁画，虽历经沧桑，显得斑驳，仍不失为高句丽颇具特色的壁画墓葬之一。

墓室四角绘赭色一斗三升斗拱，上面承接赭色梁枋，梁相横贯四壁，上有卷云纹组成的三角形脊尖，将墓室分为四壁和藻井两部分。

墓室的东壁所绘《角觚图》最富有特色，人物神情惟妙惟肖，谐趣横生。画面中两位力士正在大树下奋力角觚，双方将头各置于对方肩上，手抓对方腰胯。势均力敌，难解难分。

壁画上的力士都仅穿一条短裤。赤裸着上半身，系着头巾。左边的力士高高的鼻梁，眼窝深陷，短短的胡须向上翘起，似为西域胡人。右边的力士蓄着汉式短胡须。

力士的右侧有一位白发长胡须的老者，腰上系着一条巾结，挂着拐杖，可惜面部已经剥蚀，是观赏者还是裁判就无从得知了。

画面左侧绘有廊柱四阿式房屋，屋外有一人。据分析可能是一个庖厨。

北壁正对甬道，梁枕下画有与北壁等长的帷幔。帷幔的上方有一道窄梁，大概是象征屋宇，檐上有等距的3个尖状屋脊。

屋内绘有《家居宴饮图》，画面中墓主双手叠压在一起，叉腿坐在木几之上。与墓主相对的右侧，有两位女子次第跪坐在毡毯上面。都是双手合抱于胸前，低头面向墓主，猜测应该是墓主的妻妾。

在墓主左右的案桌上放置着弓箭、食具，而妻妾面前的案几上摆放着食物。墓主左侧绘有一坐者，画面已剥落，无法推知这个人的情况。

北壁最下方原绘有花草等图案，现在已经模糊不清。屋内外各绘有一个比例很小的仆人，拱手垂立。

墓室的西壁上绘有《备乘图》，图中两棵大树占据画面的大部分空间，树下有一列整装待发的队伍。队伍的前面是两匹鞍马，每匹鞍马都有驾驭者。其后有侍从和一辆牛车，均面北朝向墓主。

壁画 是指绘在建筑物的墙壁或天花板上的图案。它是人类历史上最古老的绘画形式之一。如原始社会人类在洞壁上刻画各种图形，以记事表情，这便是流传最早的壁画。作为建筑物的附属部分，它的装饰和美化功能使它成为环境艺术的一个重要方面。中国自周代以来，历代宫室乃至墓室都饰以壁画。

辉煌古墓

高句丽墓葬壁画

■ 丸都山城古墓

千古遗迹的考古发现

■ 贵族墓

耳室 中国古代建筑名称。耳室一般位于正屋两侧，恰如两耳在人脸的两侧，因而得名。耳室一般作为仓库使用。宋代以前墓穴之砖室，两旁砖壁中有小室，也称耳室。也就是主墓室旁边的小屋子，搁在墓室中它主要起一个仓库的作用。通常在主墓的左右两边，一共有两个。

墓室的南壁被甬道分为两部分。甬道四周用赭色粗线条影作门框。南壁左右两部分各绘有一棵枝繁叶茂的大树。

墓室的东西两耳室内角绘有木柱，上承横梁，至两室通贯内以粗枝树木、赭色树叶绘成，顶部仍以花蔓曲绕其间。

角觚墓壁画以社会风俗为主题，表现了墓主人生前享乐的场面，尤以角觚图神情毕肖、谐趣横生，为高句丽壁画仅见。根据比较研究，其建造年代在4世纪左右。

舞俑墓位于集安城东北3000米，因墓中绘有群舞画面而得名。该墓为封土石室壁画墓，截尖方锥形封丘，封土边长17米，高4米。

墓葬用石材砌筑墓道、甬道、耳室及墓室，外培黄褐色黏土成丘，墓室、甬道、耳室均用白灰涂抹，上绘彩色壁画。这些壁画题材独特，是高句丽贵族生活的写照。

群舞画面上优美的舞姿给人以清新的感受，舞者如觉其动，歌者如闻其声，是高句丽保存下来的珍贵舞蹈资料。

马槽墓是一座封土石室双室壁画墓，外呈截尖方锥形，周长90米，高4.6米。墓内分南北两室，各自有墓门和甬道。两墓室均用石块砌筑，墓室四壁、耳室及甬道上均有壁画。

南墓室后壁通壁绘一屋宇，屋宇内夫妻对坐，周围是奴仆、侍女等人物。

屋宇上方绘红黑相间的7朵正视莲花。左右两壁绘礼辇图，前壁室门两侧绘舞乐图及守门犬。甬道右侧耳室后壁与左壁绘马厩图，上拴红、黄、青马3匹，十分神骏。

甬道左侧耳室后壁绘作画图，甬道两壁绘狩猎图。北墓室主壁绘夫妻对坐图，右壁绘狩猎图，左壁绘武士斩俘图，为高句丽壁画中所仅见。

环纹墓为截尖方锥形封土石室墓，封土残高3米，周长80米。

此墓墓室平面略呈正方形，墓室与墓道底部均用石材铺成，四壁

■高句丽马槽形陵墓

均用白灰涂抹，上绘壁画。墓道两侧各绘怪兽图。北壁怪兽身饰虎纹，背上羽毛飞扬；南壁怪兽身饰条纹、环纹。

壁画布局严谨、工整、对称，色彩鲜艳、技法娴熟，颇具特色。

墓室四壁绘画，梁枋、绘柱、斗拱俱全，并绘彩色环纹20余个，整个墓室宛如一座彩绘的屋宇。墓室顶部残留有青龙、白虎图画形迹，为四神图像。

冉牟墓位于集安城东北太王乡下解放村。墓主冉牟为高句丽贵族，其先祖曾官至"大兄"。

冉牟墓为截尖方锥形封土石室墓，周长70米，封土高4米。墓内有前后两室，中有甬道相通。前室平面呈横长方形，后室平面呈方形，靠左右壁各置一石棺床。

墓道、甬道及两墓室四壁均用整齐的石材砌成，遍涂白灰。两墓室构造各异，前室为覆斗式，后室为抹角叠涩两层，然后封石盖顶。

■ 高句丽冉牟墓

■ 洞沟古墓群的贵族墓

墓道、甬道、墓室内白灰壁画保存尚好，前室四壁与顶部交界处由长石条构成梁枋。

左壁梁枋下有一条长1.8米、宽0.06米、深0.02米的石槽，槽中、梁枋上相对有3个钉孔，似悬挂壁帐之用。

最为珍贵的是此室正壁梁枋上的牟头娄墨书题记。正文79行，每行10字，纵横间以界格，另有题两行。全文800多字，可辨识者350余字，题字为隶书，有汉简书法风格，工整流畅。

这篇墨书题记是仅次于好太王碑的长篇文字资料，对于研究高句丽的历史具有十分重要的价值。

洞沟12号墓位于高山南麓平缓的坡地上，也称"马槽墓"，墓室中因画有《马厩图》而得名。它是一个高句丽早期壁画墓。北侧为另一座高句丽壁画墓，即散莲花墓；南侧与集锡公路相接，距五盔坟约460米。

在所属墓区上，洞沟12号墓隶属于洞沟古墓群禹

隶书 也称汉隶、隶字、古书。是中国汉字中常见的一种庄重的字体，书写效果略微宽扁，横画长而直画短，呈长方形，讲究"蚕头雁尾、一波三折"。隶书起源于秦朝，由程邈整形理而成，在东汉时期达到顶峰。是在篆书基础上，为适应书写便捷的需要产生的字体。

山墓区。洞沟12号墓是一座封土石室双室墓，即同一个封丘中有两座墓室。墓室外观呈截尖方锥形。周长90余米，高46米。

墓域一周排列着略加修筑的大石块，后来保存下来的有9块，石块长2米，宽、高各1米。墓门向西。墓葬南、北两座墓室平行并立，各有独立的墓门和甬道。

南侧墓室面积稍大，墓顶为穹隆顶。南道南北两侧各有一个耳室。北侧墓室面积较小，墓顶为四阿式，南道北壁有一个耳室。

两座墓室均由大小不等的石块砌筑，上面涂抹白灰。与其他早期壁画墓不同的是，白灰上似曾涂有一层胶状物，以求光洁耐久。

墓室四壁、耳室及甬道的壁上，均绘有壁画。以朱、黄、白、黑等色彩为主。可惜随着岁月的流逝，大部分壁画已脱落或模糊不清，但从残存部分还可以辨认出夫妻对坐、战斗、射猎、舞乐、厩舍、礼辇、作画等图像。

南墓室后壁整幅绘成一座屋宇，青瓦覆盖屋宇。屋内绘有夫妻两人。男主人坐在左侧长方形矮榻上面，女主人拱手跪坐在右侧，周围绘有奴仆、侍女等。

左右两壁壁画大部分剥蚀。

右壁中部还可以看出一幅《车辇图》。一名童子手扶车辕向东行走，车前有3名侍者；左壁左端绘有一名男侍，手挽车辕向前行走，车后有待女跟随。

墓门右侧上部绘有一姿态优美的舞蹈者，以及一跪坐抚琴的伴奏者；下部绘一只蹲伏的守门犬，昂首竖耳。藻井第一重顶石绘菱形云纹图案，其余各层均绘有仰视莲花图案。

甬道右侧耳室后壁与左壁绘有《马厩图》，这是该墓室中较为著名的一幅壁画。画中的马厩内，横放着黄色的马槽，上面拴着红色、黄色、青色3匹马，昂首并立。在该墓室左壁上还绘有一件青色的马鞍具。右壁壁画已剥蚀。

墓室甬道左侧耳室的后壁，绘有《作画图》，画中一位面目清癯、体态修长的老者，他右手持笔伸向前方，做绘画姿势。

北墓室主壁绘有《夫妻对坐图》，图中夫妻周围有男女仆人侍立。

北墓室左壁后段绘《斩俘图》。画中有一名武士身披鱼鳞甲，身后有一匹黄马，身前跪着一名披着铠甲的俘虏。此时，武士左手伸向

■ 高句丽古墓

洞沟古墓群的封土墓

俘虏，右手举刀，正要斩杀俘虏。

北墓室右壁绘《狩猎图》，画中一人身穿鳞甲，骑着红色的马；另一人身穿白色的铠甲，骑着白色的马。两人张弓搭箭，逐鹿山林。

从墓葬结构和壁画内容看，洞沟12号墓的墓主应是高句丽的贵族，壁画中的台榭楼阁、厩满马肥、歌舞宴乐、奴婢成群，应是墓主生前生活的写照。

同样，根据壁画的内容也可推测，洞沟12号墓的建造年代大约为5世纪。

长川墓分为1号墓和2号墓。1号墓是一座封土石室壁画墓。它坐落在集安市区东北黄柏乡长川东村北山坡上。

这座墓由墓道、前室、甬道、后室组成。用工整的花岗岩石条砌筑，白灰抹平。1号墓以丰富多彩的壁画著称。

1号墓前室、后室、四壁藻井、甬道两壁石门正面以及棺床表面，均彩绘壁画。大部分壁画形象清晰、色泽艳丽、内容新颖。

前室四壁上方以赭色单线画界格与顶部藻井隔开，甬道口用赭色的宽带影做门框。四壁下均涂赭色。

西壁为墓道中穿，南北两侧壁各绘一力士，但多剥落。东壁为甬道中穿，南北两侧各绘一双手置腹恭身侍立的守门人，略侧身向甬道。南壁画面多剥蚀，仅存中部和靠两端部分。

长川1号壁画墓是一座重要的高句丽贵族墓葬，这座墓葬壁画摄取了100多个人物形象，展现了高句丽社会生活风貌和浓重的佛教气息。

墓中的礼佛图是高句丽古墓壁画中所仅见的，为研究佛教在高句丽流传提供了难得的资料。壁画虽经历1500多年的风雨剥蚀，依然完好，色彩鲜明。

长川2号墓位于集安城东黄柏乡长川墓群东部二级台地上，为封土石室壁画墓，呈截尖锥形，周长143米，残高6米。

长川2号墓由墓道、南北耳室、甬道、墓室5部分组成。该墓早年被盗，石棺床上的木棺被焚，四壁及藻井上的壁画大部分被熏黑。

基底铺石材，上置南北排列的两棺床，表面涂抹白灰，床上均置有木棺，棺上有镏金梅花饰件，南棺床上有大面积的炭块和铁钉及零碎的人头骨等。南北耳室上都绘有王字图案。墓内共有遗物60余件，有铁器、镏金器和陶器等。

2号墓是长川墓群中形体最大的一座。宏伟的墓室、精致的石棺、绚丽的壁画以及大量镏金饰品的出土，说明墓主人身份很高，很可能

■ 高句丽古墓

古墓旁石块

是当时王族中颇有权势的显赫人物。此墓年代约在5世纪末。

五盔坟4号墓属于高句丽晚期壁画墓的典型墓葬，位于禹山贵族墓地景区内，在吉林集安洞沟盆地的中部。

这个墓名的由来，和墓群的造型、编号有关。在洞沟古墓群禹山墓区内有5座巨大的封土墓，东西向排列在一条直线上，看上去像5个巨大的头盔。当地人称之为"五盔坟"。4号墓，即由西向东的第四座墓葬。

五盔坟4号墓属于封土石室壁画墓，覆斗形封丘。周长160米，高8米，由墓道、甬道、墓室构成。

五盔坟4号墓的墓室是平地起筑，以修琢工整的巨大花岗岩石材砌筑而成，用白灰勾缝。平面呈长方形，东西长42米，南北宽3.68米，高3.64米。

墓的四壁为两层石条砌筑，梁枋以上作两重抹角叠涩藻井，上覆盖顶石。

墓室内南北平行放置3座石棺床。南壁西端有一东西走向的石座，可能是放置随葬品的台座。墓室底部用平整的石板铺垫。

五盔坟4号墓中，墓室四壁绘四神，以网状莲花火焰锦连续图案为衬地，在网纹衬地里绘有人物图像，或坐或立于莲台上，姿态各异。

墓室的东壁绘有《青龙图》。图中龙首高昂，龙口张开，吐出红舌。龙身一波三折，前肢平伸张爪，后肢用力蹬开，装饰白羽，向南飞腾而去。

千古遗迹的考古发现

整个龙的眉宇、眼睛、犄角都描绘得淋漓尽致。龙身为黄、绿、红褐色，龙颈为红、黄、粉色，以黑色斜方格勾勒鳞纹。

墓室的南壁绘有《朱雀图》。画面中的神鸟通体为红色，足踏莲台，展翅修尾，引颈长鸣。

墓室的西壁绘有《白虎图》。画中之虎与东壁青龙相对称，也向南作飞扑的姿势。虎身为白色，以墨线勾勒出皮纹，细长的腰身，尾巴向上翘起。

整体来看，图中的这只老虎虎头高昂，虎目圆睁，虎口大开，露出白色的獠牙，显得异常威猛。

墓室的北壁绘有《玄武图》。画面中一条大蛇缠绕在一只龟身上，两首相对，两尾相交，似争斗、似嬉戏。蛇身为5种颜色，与青龙相同。图中的龟，其背为红褐色，无甲纹。

墓室中所绘制的这四神，还是有缘由的。在古代

玄武 是一种由龟和蛇组合成的一种灵物。玄武的本意就是玄冥，武、冥古音是相通的。玄，是黑的意思；冥，就是阴的意思。玄冥起初是对龟卜的形容：龟背是黑色的，龟卜就是请龟到冥间去谐问祖先，将答案带回来，以卜兆的形式显给世人们。因此说，最早的玄武就是乌龟。

■ 古墓的巨石

千古遗迹的考古发现

四神，也称四灵，即朱雀、玄武、青龙、白虎，是远古先民对天上二十八星宿所构成的4组图像的称谓。

在过去，古人以为四神是上天向正四方而派出的神灵。因此有南朱雀、北玄武、东苍龙、西白虎之说。墓室中东南西北各壁上的壁画，正是与这种说法相对应。

四壁以上为梁枋，梁枋上共绘有8条龙，每面两条相缠。在整个墓室壁画中，共有龙30多条。

龙是身份地位的象征，普通百姓的墓室中是不可能绘有龙的，据此推断，五盔坟4号墓的墓主至少是高句丽的贵族。

墓室四角绘有相同的托梁怪兽。图中是兽面人身，头上长角。左腿屈曲右腿后蹬，双臂奋力上举，托起两条盘曲的龙。

墓室藻井部分也有壁画，这里的壁画内容以神仙、羽人、伎乐仙人为主。

第一重抹角石相交处各角的壁画最为典型。

东角两抹角石绘的是《神农氏燧人氏图》。这幅画面反映人类结束了茹毛饮血的时代，开始从事农业生产。图中左侧神农氏牛首人身，传说神农氏是农业的始祖。图中的神农氏手持禾穗，教人以五谷。

■ 高句丽陵墓内壁画

图中右侧的是燧人氏，传说他是钻木取火的发明者，被尊为三皇之首，奉为"人祖"。图中的燧人氏手持火把，教人用火。

南角两抹角石所绘的故事《奚仲父子图》。奚仲为传说中马车的创制者。画面中一人在树下冶铁，一人在造车轮，表现了古代手工业生产的状况。

西角两抹角石绘一乘龙仙人，头戴平天冠，身着袍服，似为传说中的黄帝。后面有一人乘飞廉，手持旗幡为仪仗。据分析，这幅图的画面反映了远古国家政权产生的历史。

北角两抹角石所绘的是《伏羲女娲图》，形象均为人的上半身、龙的下半身。

图中的右侧伏羲为男子形象，双手高举一个绘有三足乌的圆盘，象征太阳。在中国古代传说中，伏羲是东方的天帝，是华青氏踩了雷泽中雷神的足印而生出的儿子。

图中的左侧女娲为女子形象，面色白皙，长发披肩。手举一个绘有蟾蜍的圆盘，象征月亮。女娲是创世女神，她用黄色的泥土创造了人类。

据说，伏羲和女娲结成夫妇以后，分别成了"人祖爷"和"人祖奶"。因此，后人认为这幅《伏羲女

飞廉 也称蜚廉，是中国神话中的神兽，文献称飞廉是鸟身鹿头或者鸟头鹿身，秦人的先祖之一为飞廉。在中国古代神话书籍《古史箴记》中称：飞廉帮助上古时代九黎族部落首长蚩尤一方参加华夏九黎之战。曾联合雨师屏翳击败冰神应龙。后被女魃击败，于涿鹿之战中被擒杀。

■ 高句丽陵墓内壁画

娲图》，寓意着人类的诞生。

除了上面的壁画外，在第一重抹角石四面正中处，各绘有一条龙。背部高高弓起，似在顶托上方的石条。

龙头低首回顾，龙口张开，而且口中有洞，可能原镶嵌有夜明珠一类的珠宝。

在第二重抹角石上，绘有日月星辰和伎乐仙人。伎乐仙人弹奏的乐器有琴、腰鼓、长笛等，这和当时高句丽乐器种类的繁多有一定的关系。据说当年高句丽的乐器十分丰富，壁画墓中描绘的乐器就多达21种，包括玄琴、筝、长笛、鼓等。

墓室的盖顶石为一整块菱形石板，上面绘有一条五彩蟠龙，张口吐舌，昂首盘旋。

据考证，五盔坟4号墓的建造年代约在6世纪末7世纪初。其丰富多彩的壁画题材，是高句丽民族在艺术追求上的充分显示，也透射出对中原文化绘画传统的借鉴与改造。

五盔坟4号墓中的壁画构图严谨，布局得当，形象生动，线条奔放有力，色彩热烈浓重，用红、黄、白、黑、绿、赭等色，直接画在石面上，异常牢固，

刺史　职官，汉武帝年间始置，"刺"为检核问事之意。刺史巡行郡县，分全国为十三部，各置部刺史一人，后通称刺史。刺史对维护皇权，澄清吏治，促使昭宣中兴局面的形成起着积极的作用。王莽称帝时期刺史改称州牧，职权进一步扩大，由监察官变为地方军事行政长官。

色泽如新，属于高句丽晚期墓，代表着高句丽壁画艺术的较高成就。

禹山3319号墓是一个高句丽贵族墓葬，位于洞沟古墓群禹山墓区的西端，集安市区北侧的小山岗上。

禹山3319号墓的墓室是用砖砌筑的。这种砖室墓在洞沟古墓群中只发现两座，另一座是麻线墓区682号墓。

同时，禹山3319号墓中发现一组釉陶器。这些陶器都是实用器具，有鸡首壶、熏炉、耳杯、虎子。这些都是当时晋朝的流行器具，在高句丽墓葬中不多见，应是从中原传入的。

从墓室形制、墓室构造及遗物多来自中原等情况分析，禹山3319号墓的墓主来自中原，可能是晋代投奔高句丽的东夷刺史校尉崔毖。

禹山3319号墓是一座阶坛积石砖室墓。平面呈方形，边长21米。现可见三级阶坛，墓上及周围有大量板瓦、筒瓦和少量瓦当，或许墓上原有建筑。

禹山3319号墓中有带"丁巳"年号的文字瓦当，"丁巳"年当为357年，这就确定了墓主的身份。

在墓葬南面的左右两侧，各立有一巨大的石块。左侧石块表面较

■ 高句丽古墓遗址

■高句丽石砖墓

千古遗迹的考古发现

平整，上面刻有一个人物形象。石刻所用的石材为灰绿色沉积岩。

画面长1.04米，宽0.54米，单刀阴刻。所刻人像脸作桃形，双目上斜，鼻梁笔直，鼻翼肥厚，小口，耳弓形。

人像的颈部以下只用简单弧线象征肩臂，并收缩为狭窄的身躯，半裸身，胸前以两个带圆心的圈表示乳头。颈部至胸部，有一周19个以两乳头中间为凿刻的圆点，又以此为中心，横、竖分别有两列呈十字形的圆点。

这个时刻人像是唯一的高句丽人像石刻。据推测，这处石刻所表现的内容应与祭犯或崇拜相关。

四神墓位于集安城东禹山南麓，因墓内绘有四神像而得名，也称"四神冢"。

此墓为截尖方锥形封土石室墓，分墓道、甬道、墓室三个部分。墓道在墓室南壁的中央，北接甬道进入墓室，甬道北端用巨石影挡住墓门。

墓室呈正方形，均用修琢工细的巨形青绿色页岩构筑。四壁稍向内倾，其上为抹角叠涩藻井。墓内共有7层石块砌筑，于第四层开始抹角叠涩两层，再加大石板封顶。

墓室内有棺床两组，居中棺床由两块长方石条合筑，东壁棺床稍小。

北壁下有放置随葬品的石座两个，西壁偏南部也有石座一个。墓内壁画以朱、黄、赭、紫、石黄、石青、胡粉等鲜艳的矿物颜色，直接绘于四壁的岩石之上，五彩缤纷，颇为绚丽。

四壁上绘的四神构图严谨，笔力豪放，线条遒劲简练，色调强烈明朗。满壁飞云辅以星辰，有动有静，技艺高超。从建筑规模到壁画内容，显示出墓主人的高贵身份。

集安古墓壁画内容丰富多彩，早期和中期的壁画拙朴、雅气，充满灵性，十分贴近现实生活，流露出一种天真和幽默，好似一部形象的历史长卷，真实生动地再现了高句丽民族的乡土乡情和社会风貌。

阅读链接

高句丽壁画墓葬是这样发现的：

1889年，京师拓工李云来辑安捶拓好太王碑时，发现有的古墓中"壁上现龙凤，彩色如新"。李云的这一发现和记录，被认为应该是有关高句丽壁画的最早记录。

随着高句丽遗迹逐渐被世人所认知，及考古工作的深入，进入21世纪，人们共发现高句丽壁画墓108座。在中国境内有37座，其中，辽宁省桓仁满族自治县境内两座、吉林省集安市境内35座，朝鲜境内有71座。

高句丽壁画墓分布比较集中，大部分以高句丽的3座都城址，即辽宁省桓仁县五女山城、吉林省集安市国内城、朝鲜平壤城为中心，散布在其左右。也因为这个原因，城址附近是否有壁画墓存在，成为判定高句丽王城的一条标准。

好太王碑和古墓八卦图

千古遗迹的考古发现

　　吉林省集安市保存着世界上最多的高句丽陵墓古迹，包括山城、陵墓、碑石、上万座古墓和众多的出土文物，构成令世界瞩目的洞沟文化。这其中最著名的是好太王碑和古墓壁画，特别是壁画中出现了

■ 集安好太王碑亭

■ 好太王碑亭匾额

中国最早的八卦实图。

好太王碑在吉林省集安市东太王乡大碑街，其西为好太王陵。好太王碑是高句丽的重要碑刻，又称好大王碑、广开土王碑、广开土王陵碑或永乐太王碑。

好太王碑是好太王的儿子长寿王于414年建立的，由一方柱形角砾凝灰岩巨石略加修琢而成，石质糙粝，碑面不平。这种石料多见于集安一带的鸭绿江边。

好太王碑高6.39米，底部宽1.34米至1.97米，顶部宽一两米，第三面最宽处可达2米。整个碑体矗立在一块花岗岩石板上。碑的四面均凿有天地格，而后再施竖栏。

好太王碑的碑文镌刻在竖栏内，四面环刻，共44行，每行足字41字，原刻总计1775字，其中141字已剥蚀无法辨识。

碑文为汉字，为方严厚重的隶书，也保留部分篆书和楷书，形成一种方方正正的书法风格，是中国书

鸭绿江 关于鸭绿江的名称来源有多种说法：一是因江水颜色似鸭头之色而得名；二是因上游地区有鸭江和绿江两条支流汇入而得名；三是鸭绿江为满语的音译，在满语中是"土地边端，疆界分野"之意；四是"鸭绿"一词为古阿尔泰语，形容水流湍急状态。这里生活着鄂温克民族先民粟靺鞨族中的一个氏族雅鲁氏。

法由隶入楷的重要例证之一。碑文书法方严端庄、朴茂古拙。

碑文内容分三部分：第一部分记述高句丽建国的神话传说，并简述好太王的行状；第二部分记述好太王征伐百济、救新罗、败倭寇、征东夫馀过程中攻城略地并掠得牲口等史实；第三部分根据好太王遗教，对好太王墓守墓人烟户来源和家数做了详细记载，并刻记不得转卖守墓人的法令。

好太王碑文第一段记叙了高句丽建国的神话传说：

唯昔始祖，邹牟王之创基也。出自北夫馀，天帝之子母河伯女郎。剖卵降世，生而有圣德。……

王临津言曰："我是皇天之子，母河伯女郎，邹牟王。为我连葭浮龟。"应声即为连葭浮龟，然后造渡。于沸流谷，忽本西，城山上而建都焉。

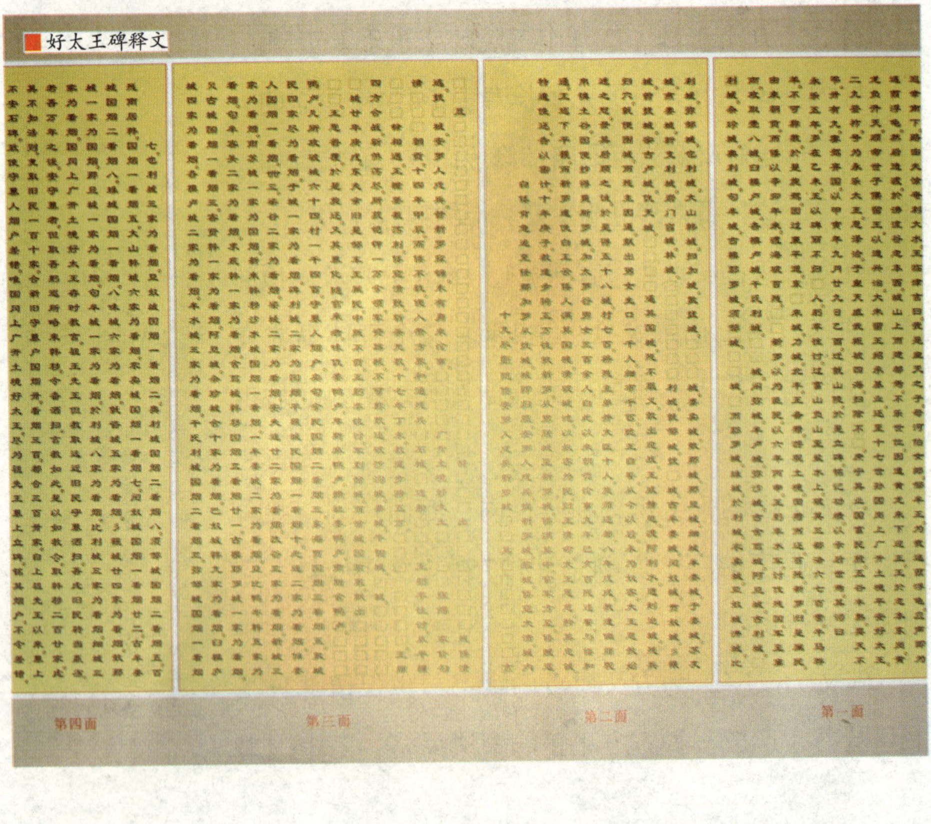

好太王碑释文

第四面　　第三面　　第二面　　第一面

据此，高句丽始祖邹牟王当出自北夫馀，由夫馀南下至浑江流域的卒本川，即今桓仁五女山城，创立了高句丽政权。

好太王在位22年，高句丽国家政治稳定、经济繁荣、军事力量强大。为了纪念好太王一生的功业，铭刻守墓烟户立了这块碑。

第二段以较大的篇幅，记录了好太王一生东征西讨，开拓疆土的战事和军事活动。

碑文中主要是对百济和倭的讨伐战争，同时救援新罗。百济和新罗是朝鲜半岛南部、洛东江以西以东的两个国家；倭则是日本列岛上的古代国家。

倭人多次渡海到朝鲜半岛侵扰新罗、百济，并与百济联兵向高句丽南部边境进犯。因此，好太王亲率大军打败倭寇，征服百济，夺得百济64座城，1400个村子。

好太王的一生，攻城略地，表现了强大的武功，将碑文和有关文献结合，可看出其戎马生涯的全部。

第三段铭刻了好太王的守墓烟户，国烟30家、看烟300家，共330家。国烟的身份比看烟的身份略

■ 好太王陵墓

烟户 是中国在古代时对人户的书面称呼。据《清会典·户部·尚书侍郎职掌五》中记载："正天下之户籍，凡各省诸色人户，有司察其数而岁报于部，曰烟户。"清代陈天华的《狮子吼》第三回记载："该村烟户共有三千多家。"

■ 高句丽墓砖

什伍制度 中国古代户籍编制，五家为伍，十户为什，相连相保。《管子·立政》："十家为什，五家为伍，什伍皆有长焉。"《史记·商君列传》："令民为什伍，而相牧司连坐。"也指古代军队编制，5人为伍，10人为什，称什伍。后泛指军队的基层建制。

高些，其比例关系为以一带十，成为高句丽社会什伍制度的缩影。

同时，该碑还镌刻了好太王教言与守墓制度等，对于了解高句丽的社会生活及王族丧葬制度具有十分重要的意义。

高句丽古陵墓群中的古墓壁画为世界绘画艺术的一座丰碑。据《三国志·东夷传》记载，高句丽人深受中原影响，对修坟建墓十分重视，并有厚葬的习俗。

在高句丽权贵的坟墓中，除陪葬品之外，常常绘有五彩缤纷的壁画，所用的材料多半是矿物颜料。同时在壁画上还镶嵌珍贵的夜明珠、宝石等，这在中国古代壁画中也是罕见的。

集安古墓壁画完成于公元3年至公元42年，高句丽迁都平壤之前。由此推算，集安高句丽壁画创作时间与敦煌早期壁画创作时间基本相同，或更早一些。

在吉林省集安古墓壁画中发现的八卦图被认为是中国最早的八卦图实图。这幅在高句丽贵族墓中出现的极具个性的八卦图，可以在历史资料中找到与之相同的易学依据和联系，是论证高句丽文化与中原文化一脉相承的重要考古证据。

这幅八卦图出现在集安高句丽贵族墓葬五盔坟4号墓室北壁的左下角。壁上绘有一个道士形象的人，跣足坐于莲台上，左腿盘屈，右腿立起，披发低首，身着绿色羽衣，一只手在地上绘着一幅八卦图。

中国卦学界最早的八卦图是在古代文献中发现的。《古今图书集成·经济汇编》中刊载着11个带文王八卦图的古镜，其中，年代最早的一块为6世纪末至7世纪初的"隋十六符铁鉴"。

五盔坟4号墓应建于5世纪末至6世纪初，因此，与"隋十六符铁鉴"相比，4号墓中的八卦图可能要早半个至一个世纪，至少与之同期。而作为八卦图实图，这个八卦图无疑为中国最早。

集安八卦图中八卦的方位排列与易学界流行的先天、后天八卦图排列迥异，有其独特的卦图排序。虽然如此，却完全可以在中国易学史资料中找到与之相

■ 高句丽墓砖

八卦图 衍生自中华古代的《河图》与《洛书》，传为伏羲所作。其中《河图》演化为先天八卦，《洛书》演化为后天八卦。八卦各有三爻，"乾、坤、震、巽、坎、离、艮、兑"分立八方，象征"天、地、雷、风、水、火、山、泽"8种性质与自然现象，象征世界的变化与循环，分类方法如同五行。

通的易学依据和联系。

易卦文化是中华文化的源头之一，也是中华文化区别于世界其他文化的显著标志之一。集安八卦图首先填补了隋唐之前无八卦图实物的空白；其次，因为它的卦的组合与排列不同于通行本《周易》卦序确立的传统易学体系，为中国汉代存在多种版本的易学体系提供了确凿的证据，并且为探询易学源头提供了一条重要线索。

把八卦图画在壁画中，可以认为壁画的设计者或墓主人觉得八卦有通神、通灵的作用，表明了高句丽人对易学的崇尚。

被誉为"东北亚艺术宝库"的高句丽壁画墓，记载了中国古代东北少数民族的特殊文化，是五千年华夏文明的一朵奇葩。

阅读链接

好太王碑的碑铭是研究高句丽历史的珍贵资料，由于内容涉及朝鲜半岛和当年日本列岛倭人的活动，所以自光绪初年发现以来，备受中外史家关注。

由于碑体严重风化，碑文剥蚀不清，加之传世拓本多是经拓工用石灰在碑面上做了修补之后制成的，致使对此碑的释读分歧很大。

20世纪80年代初，中国学者经过深入调查，新识读了89字，认定各家有争议的字62个，查明过去认为是脱文而实际无字29个，共解决了180个字，从而使好太王碑的研究有了巨大突破。

贺兰山西夏王陵

　　西夏王陵位于宁夏回族自治区银川市西的贺兰山东麓，是西夏王朝的皇家陵寝。

　　在方圆53平方千米的陵区内，分布着9座帝陵，253座陪葬墓，是中国现存规模最大、地面遗迹保存最为完整的帝王陵园之一，也是中国最大的西夏文化遗址。被誉为"神秘的奇迹""东方金字塔"。

西夏国两百年的兴衰

　　在800多年前，中国西北大地上有一个与北宋、大辽鼎立的少数民族党项族建立的王国，那就是"大夏"封建王朝，西夏语为"大白高国"。因其位于同一时期的宋、辽两国的西部地区，历史上称之为"西夏"。

西夏王陵遗址复原图

它雄踞塞上，立朝189年，先后传位10代君主。

■ 西夏王陵的古塔和石碑

西夏国的疆域据记载"东尽黄河，西界玉门，南接萧关，北控大漠，地方万余里"，最鼎盛时期面积约83万平方千米，包括今宁夏、甘肃大部，内蒙古西部、陕西北部、青海东部、新疆东部及蒙古国南部的广大地区。

党项族原来居住在四川松潘高原，唐朝时迁居陕北。因平定叛乱有功，被唐朝皇帝封为夏州节度使，先后臣服于唐朝、五代诸朝和宋朝。

但在985年，党项族首领、夏州节度使李继迁会同族弟李继冲诱杀了宋朝将军曹光实，并占据了银州，攻破会州，于是和宋朝闹翻了。随后，李继迁又向辽国"请降"，被契丹人封为夏国王。

996年，李继迁截夺宋军粮草40万，又出大军包围灵武城。宋太宗大怒，派五路军击夏，皆被杀败。宋太宗驾崩以后，宋真宗即位，为了息事宁人，割让

节度使 中国唐代开始设立的地方军政长官。因受职之时，朝廷赐以旌节而得名。"节度"一词出现甚早，意为节制调度。唐代节度使渊源于魏晋以来的持节都督。北周及隋改称总管。唐代称都督。节度使集军、民、财三政于一身，又常以一人兼统两至三镇，多者达四镇，咸权甚重。

■ 李元昊（1003—1048），西夏开国皇帝，党项族人，北魏鲜卑族拓跋氏之后，李姓为唐所赐。李继迁孙，李德明长子，生母卫慕氏。少年时身形魁梧，而且勤奋好学，手不释卷，尤好法律和兵书。通汉、蕃语言，精绘画，多才多艺。其父在位时，已经不断对外出战，扩大势力。1038年自立为帝，脱离宋朝，国号"大夏"，亦称西夏。

了夏州、绥州、银州、宥州、静州几个地方给李继迁，事实上承认了西夏的独立地位。

1032年，李德明之子李元昊继夏国公位，开始积极准备脱离宋朝。他首先弃李姓，自称嵬名氏。第二年以避父讳为名改宋明道年号为显道。开始了西夏自己的年号。

在此后几年内，李元昊派人建造宫殿，立文武班，规定官民服饰，定兵制，立军名，创造自己的民族文字。

1032年3月，李元昊还向其统治境内的党项人发布秃发令，即推行党项传统发式，禁止汉人风俗结发。李元昊首先带头剃光头顶，然后强令党项人秃发，限期3天，有不执行命令者，格杀勿论。

同时，李元昊还派大军攻取吐蕃的瓜州、沙州、肃州战略要地。这样，元昊已拥有夏、银、绥、宥、静、灵、会、胜、甘、凉、瓜、沙、肃数州之地，即宁夏全部、甘肃大部、陕西北部、青海东部以及内蒙古部分地区。

1038年李元昊称帝，建国号大夏，与北宋的关系正式破裂了。

此后数年，元昊相继发动了三川口之战、好水川之战、麟府丰之战、定川寨之战四大战役，歼灭宋军西北精锐数万人。

1044年，元昊在河曲之战中击败携10万精锐御驾亲征的辽兴宗，完全奠定了宋、辽、夏三分天下的格局。

西夏国前期与北宋、辽平分秋色，中后期与南宋、金鼎足而立，被人形容是"三分天下居其一，雄踞西北两百年"。

13世纪，成吉思汗结束了蒙古草原上长期分裂的局面，蒙古迅速兴起并日渐强大，开始对外扩张和掳掠，首当其冲的便是西夏。

22年间，蒙古先后6次伐夏，其中，成吉思汗4次亲征。威震四方的成吉思汗虽战无不胜，却遭西夏人拼死抵抗、陷入苦战之局，蒙古军队付出了极其惨重的代价，成吉思汗降旨"每饮则言，殄灭无遗？以死之、以灭之"。

神秘奇迹

贺兰山西夏王陵

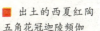
■ 出土的西夏红陶五角花冠迦陵频伽

■ 西夏陵

千古遗迹的考古发现

成吉思汗（1162—1227），乞儿只斤·铁木真，蒙古帝国奠基者，尊号"成吉思汗"。世界史上杰出的政治家、军事家。最大功绩就是统一蒙古草原，为蒙古民族的生存与进一步发展做出了卓越的贡献。1206年春天建国称帝，此后多次发动对外征服战争，征服地域西达中亚、东欧的黑海海滨。元朝建立后追尊成吉思汗庙号为太祖。

1209年，蒙古降伏高昌回鹘，河西地区也暴露在蒙古威胁之下。蒙古第三次征夏即自河西入侵，出黑水城，围攻斡罗孩关口。

夏襄宗派其子李承祯率军抵抗，结果打败了，夏将高逸被俘而死。蒙军又攻陷西壁讹答守备的斡罗孩城，直逼中兴府的最后防线克夷门。

夏将嵬名令公率军伏击蒙军，最后仍被蒙军击溃。中兴府被蒙军围困，夏襄宗派使者向金朝皇帝完颜永济求救，但是金帝拒绝，还以邻国遭攻打为乐而坐视不救。最后夏襄宗纳女请和，贡献大量物资，并且依附蒙古而攻伐金国。

1216年，因为西夏不肯帮助成吉思汗西征，次年成吉思汗率军第四次进攻西夏。夏神宗以太子李德旺守中兴府，自己逃至西京灵州。最后李德旺派使向蒙古和谈才结束了战争。

1223年，夏神宗不愿做亡国之君，便让位给太子李德旺，即夏献宗。夏献宗决定采取联金抗蒙的策略，趁成吉思汗西征时派使联合漠北诸部落抗蒙，以便巩固西夏北疆。

总管汉地的蒙将孛鲁察觉到了西夏的意图，于1224年率军从东面攻入西夏，攻陷银州，夏将塔海被俘。

1225年，成吉思汗得胜返国，同时率军攻打沙州。最后夏献宗同意蒙军条件投降，蒙古撤军

1227年，成吉思汗以夏献宗没有履约为由，兵分东西向西夏夹攻，包围夏都兴庆府达半年，经过一番血雨腥风，蒙古大军集中兵力攻下了西夏都城兴庆府，夏朝末代皇帝李睍投降。

于是，经历了189年的西夏王朝灭亡，党项族也从此消失。只有贺兰山下一座座高大的土筑陵台，即西夏陵，仍然默默矗立在风雨之中，展示着神秘王朝的昔日辉煌。

西夏王朝留给后人的，成了一个又一个谜。无法查找典籍资料，元人主修了《宋史》《辽史》和《金史》，在三史中各立了《夏国传》或《党项传》，却没有为西夏编修专史。

如今，人们只能从那些废弃的建筑、精品遗物和残缺的经卷中，寻找这个古老王朝的踪迹……

阅读链接

西夏的历史根源可以一直追溯至唐初。党项是羌族的一支，隋书上载"党项羌者，三苗之后也"。唐朝时，生活在青藏高原的党项羌和吐谷浑经常联合起来对抗强大的吐蕃。

唐开元年间，居于青海东南和甘肃南部的党项羌非常恐惧四处劫杀的吐蕃军队，向唐玄宗求救，被迁至庆州，即今甘肃省庆阳。

安史之乱起后，郭子仪怕这些异族闹事，建议唐代宗将当时在庆州的拓跋朝光部迁至银州以北和夏州以东地区，相当于今内蒙古鄂尔多斯东南。

这一地区即是南北朝时匈奴人赫连勃勃的"大夏"旧地，当时称为平夏，所以这部分党项羌就成为平夏部，即日后西夏皇族的先人。

西夏各王陵的清晰身份

西夏各王陵营建年代约自11世纪初至13世纪初。是中国最大的西夏文化遗址，也是宁夏最重要的一处历史遗产和最具神秘色彩的文化景观。

1227年，蒙古灭掉西夏王朝，战火殃及了西夏的陵区，地面建筑全部被毁，陵墓大部被破坏。然而，西夏王陵外形虽毁，但骨架尚

存，宏伟的规模，严谨的布局，残留的陵丘，仍可显示出西夏王朝特有的时代气息和风貌。

西夏陵区坐落在宁夏贺兰山东麓，在50余平方千米的范围，一座座黄色的陵台，高大得像一座座小山丘，在贺兰山下连绵展开，在阳光照映下，金光灿烂，十分壮观。

中国明代诗人曾写诗称赞道：

贺兰山下古冢稠，高下有如浮水沤。

道逢古老向我告，云是昔年王与侯。

贺兰山 位于中国宁夏回族自治区与内蒙古自治区交界处。山势雄伟，若群马奔腾。贺兰山名称来源于古代的鲜卑贺兰氏人曾居住于此，而鲜卑贺兰氏源于古代部落贺兰部。贺兰氏在北魏孝文帝实行汉化改革之后，融入汉族。贺兰山有16个岩画分布点，上千幅岩画作品，岩画构图奇特，形象怪诞。

西夏王陵内9座帝陵分别为裕陵、嘉陵、泰陵、安陵、献陵、显陵、寿陵、庄陵、康陵，坐北面南，按昭穆葬制排列，形成东西两行。

昭穆葬制是古代宗法制度，宗庙次序左为昭，右为穆；父曰昭，子曰穆。

裕陵位于西夏陵区最南端，俗称“双陵”之东

■ 西夏王陵全景

■ 西夏王陵之裕陵

千古遗迹的考古发现

吐蕃 7世纪至9世纪时中国古代藏族建立的政权，是一个位于青藏高原的古代王国，由松赞干布到达磨延续200多年，是西藏历史上创立的第一个政权。

浮图 原为对佛和佛教徒的称呼；也有和尚或僧人的意思，又有将佛教建筑概称为浮图，后渐转为专指高塔而言。西晋初年，洛阳一带造立寺塔者不少，达官显贵多有舍宅为寺者。

侧。陵主李继迁，庙号太祖，墓号裕陵，系西夏开国皇帝李元昊的祖父。党项族平夏部落首领，西夏王朝奠基者。

自982年起，李继迁抗宋自立，逐渐强大。985年，诱杀宋将曹光实，袭据银州，自称定难军留后。996年，邀击宋军于浦洛河，进围灵州。宋师以五路出击，无功而返。

第二年，李继迁遣使求和，授定难军节度夏州、银州、绥州、宥州、静州等州观察处置押蕃落使。

1002年，李继迁攻陷灵州，改称西平府，定为都城。第二年，攻西凉府，遭吐蕃大首领潘罗支的袭击，中流矢重伤，次年死亡。子德明继位，尊为光孝皇帝。其孙子元昊建国后追谥神威，庙号太祖，墓号裕陵。

嘉陵位于裕陵之西北部。陵主李德明，李继迁之长子，系西夏皇帝李元昊之父。李德明1004年嗣位。

1010年被辽封为夏国王，遂建宫阙于鳌子山，即今陕西省延川县。

1020年，李德明迁都怀远镇，即今宁夏回族自治区银川，改称兴州。次年，辽封其为大夏国王。

1032年，宋封李德明为夏王。

李德明与宋、辽和好，集中力量开拓河西，战胜回鹘，取得甘州、瓜州、凉州，奠定了西夏版图。子元昊追谥光圣皇帝，庙号太宗，墓号嘉陵。

泰陵俗称"昊王坟"，茔域面积约15万平方米，虽遭破坏，但仍是整个陵区中规模最大的西夏帝王陵墓。陵主李元昊，小字嵬理，后改姓嵬名氏，更名曩霄，自称"兀卒"，意为天子。

李元昊性格刚毅，胸怀大略，晓"浮图佛学，通蕃汉文"。1028年，率兵袭破回鹘夜洛隔可汗，夺取甘州。24岁被立为太子。

蕃学 宋朝时供少数民族贵族和外国商人子弟入学的学校。宋神宗熙宁年间，于熙、河两州置蕃学，招收蕃部首领及蕃官子弟入学。徽宗时在陕西用蕃字地区置蕃字，挑选通蕃语、识文字之人为教授，教授经典和佛经。西夏于是也仿照宋朝设置蕃学。

神秘奇迹

贺兰山西夏王陵

■ 西夏王陵的裕陵和嘉陵

■ 西夏王陵之泰陵

西夏文 又名河西字、番文、唐古特文，是记录西夏党项族语言的文字。属表意体系，汉藏语系的羌语支。元昊命大臣野利仁荣创制，共5000余字，形体方整，笔画烦冗，结构仿汉字，又有其特点。曾在西夏王朝所统辖的广阔地理带中盛行了约两个世纪。元明两朝，仍在一些地区流传了大约3个世纪。

1032年，李元昊袭位，去唐、宋朝廷所赐的"李"姓和"赵"姓，自号"嵬名氏"。并正式称帝，立年号，更衣冠，立官制，制礼仪，建蕃学，置十二监军司，又命大臣野利任荣创制西夏文。

1038年，元昊筑坛受册，即皇帝位，国号大夏，定都兴庆府，也就是后来的银川市，年号天授礼法延祚。

1040年之后，元昊大举攻宋，与宋军分别战于三川口、好水川和定川寨，皆获全胜。1044年与宋议和，并称臣于宋。宋册封其为夏国王。

1048 年，元昊因夺子宁令哥之妻，在没藏讹庞唆使下，被宁令哥刺死。在位17年。谥武烈皇帝，庙号景宗，墓号泰陵。

泰陵是整个西夏陵区中规模最大的一座，历经千年，地面建筑虽遭严重破坏，但陵园的阙台、陵台基本完好，陵城神墙、门阙、角台大部尚好，布局清晰可辨。

安陵位于泰陵西的贺兰山脚下，陵园东、西、北三面环山，面积约10万平方米，坐北朝南。陵台八面五级，高15米。

安陵布局与泰陵相同，由阙台、碑亭、月城、献殿、陵台、墓道等部分组成，遗存碑亭一座。

安陵墓主谅祚为元昊妃没藏氏之子。1048年国相没藏氏兄没藏讹庞唆使元昊长子、皇太子宁令哥杀死其父，复诛宁令哥，立谅祚为帝。周岁即帝位，改元延嗣宁国。

谅祚继位，没藏氏立为太后，因帝年幼，母与舅没藏讹庞执政6年。其间与北宋、契丹时战时和。谅祚生性好佛，1050年役使兵民数万建承天寺。实行亲宋政策，仿宋朝官制，增设职官，起用汉人，调整州军，与宋互市。

1068年12月谅祚病卒，在位20年。谥昭英皇帝，庙号毅宗，墓号安陵。

献陵位于泰陵北，面积约10万平方米，破坏严重。陵城为方形，边长183米，陵台夯土已被后人取作他用。

该陵有碑亭3座，西边一座，东边南北两座，南小北大。西碑亭出土西夏文残碑63通，东碑亭出土汉文残碑26通。

夯土 是中国古代建筑的一种材料。中国古代建筑材料多以木为主，土为辅，石、砖、瓦为配。在古代，用作建筑的土大致可分为两种：自然状态的土称为"生土"，而经过加固处理的土被称为"夯土"，其密度较生土大。古代的城墙、台基往往都是夯土筑成的。有时，它也用于王陵的城墙墙基。

■ 西夏王陵的献殿遗址

献陵墓主李秉常为毅宗谅祚之长子。1068年，被宋朝皇帝册封为夏国主。

1075年，李秉常15岁时，始亲国政，实行联辽政策。1086年7月，李秉常忧愤而卒，在位20年。谥康靖皇帝，庙号惠宗，墓号献陵。

显陵位于献陵西，陵园紧依贺兰山脚，西北两面环山。独特之处有马蹄形外城，南面开口，东西墙前端至月城终止，陵园的阙台、碑亭、月城、献殿、陵台、墓道等布局与其他皇帝陵园相同。

显陵墓主李乾顺为惠宗李秉常之长子。1086年即位，年仅3岁。国政由其母梁太后和其舅梁乙逋操纵。1087年被宋朝册封为夏国主，1088年被辽册封为夏国王。

1099年，李乾顺亲理国政，实行结辽抗宋抗金。后来金以土地相诱又背辽附金。推行"尚文重法"的治国方针，加强了军事力量，扩展了领土。在位54年。谥圣文皇帝，庙号崇宗，墓号显陵。

显陵为多室土洞式，由墓道、甬道、中室、东侧室、西侧室组成。墓道全长49米，墓道甬道两壁有武士像壁画。墓室内出土有甲片、铜泡饰、铜铃、瓷片、铁钉、珍珠。发掘前此墓多次被盗，遗物不多。

千古遗迹的考古发现

太学　中国古代的大学。太学之名始于西周。汉代始设于京师。汉武帝时，董仲舒上"天人三策"，提出"愿陛下兴太学，置明师，以养天下之士"的建议。公元前124年在长安设太学。太学之中由博士任教授，初设五经博士专门讲授儒家经典《诗》《书》《礼》《易》《春秋》。传之后世。

■ 西夏王陵之献殿

西夏陵献殿遗址

寿陵位于献陵北。陵园面积80000平方米。陵园已被破坏，仅剩阙台、碑亭、月城、陵城部分神墙、陵台。

寿陵墓主李仁孝为崇宗乾顺长子，16岁即帝位，改元大庆。李仁孝统治时期，放粮赈饥，减免阻水，同时大力发展教育事业。

1144年，李仁孝令州县各立学校，并立大汉太学，亲释典。1146年尊孔子为文宣帝，令州郡悉立庙祀。发展科举制度，购买儒家典籍，组织人力翻译出版西夏文儒家经典著作，于翰林学士院内设有翰林学士、翰林待制和翰林直学士。封西夏文字创制者野利任荣为广惠王。

李仁孝在位的天盛年间，修成法律《天盛改旧新定律令》，这是中国第一部以少数民族文字制定、颁布的法律。

同时，李仁孝大兴文治，整饬吏治，进一步完善

儒家 又称儒学、儒家学说，或称为儒教，是中国古代最有影响的学派。作为华夏固有价值系统的一种表现的儒家，并非通常意义上的学术或学派，它是中华法系的法理基础，是中国的基本文化信仰。儒家最初指的是冠婚丧祭时的司仪，自春秋起指由孔子创立的后来逐步发展以仁为核心的思想体系。

了中央和地方的统治机构，加强了封建统治，使夏国"典章文物，灿然成一代宏规"。

1193年，李仁孝卒。谥圣祖皇帝，庙号任宗，墓号寿陵。

庄陵位于寿陵西北，紧靠山脚。庄陵墓主李纯祐为任宗仁孝长子。1193年即位，时年17岁。1194年初金册封为夏国王。

李纯祐是西夏历史上"能循旧章"的"善守"之君，竭力奉行对内安国养民，对外附金和宋的方针。但此时蒙古突起于漠北，严重威胁西夏国的安全。西夏国内上层之间矛盾重重。

1206年，李纯祐的侄子李安全在纯祐母罗太后的支持下，自立为帝，在位14年。谥昭简皇帝，庙号桓宗，墓号庄陵。

康陵位于寿陵东北。地上建筑除陵台外其余建筑无存，陵台已坍塌过半。墓主李安全为仁宗仁孝弟越王仁友之子，崇宗乾顺之孙。

1205年，李安全与桓宗母罗氏合谋废桓宗自立，改元应天。6月，罗氏为子请封册于金，金册封为夏国王。

当时，蒙古多次用兵西夏，并破克夷门，进围中兴府。李安全亲自登城激励将士守御。蒙古兵引黄河水灌城，城中居民淹死的极多。

无奈之下，李安全遣使乞援于金，金拒绝出兵。李安全只得向蒙

■ 西夏王陵的神道砖

西夏王陵北端的宗庙

古纳女请和，夏金关系趋于破裂。

1211年夏齐王遵顼废李安全自立。同年8月李安全死，谥静穆皇帝，庙号襄宗，墓号康陵。

在西夏陵墓区中，除了9座王陵之外，还有254座陪葬墓。北端有一处三进院落建筑遗址，为陵邑或宗庙。东部边缘有砖瓦窑、石灰窑遗址，为陵区窑坊。

阅读链接

1971年冬，宁夏博物馆的钟侃听陕西考古所的刘最长称他曾见到贺兰山下有一片墓冢，估计是唐墓。当时中国人民解放军空军某部正在墓群的北部施工，调查者在陵区最北面一座陵前面的一条战壕的虚土里，发现了很多刻有汉文和西夏文的残碑块。

根据碑块上的西夏文字他们立即断定这片墓群应为西夏时期的墓群，并推测出土残碑的地点可能是陵园的碑亭遗址。

1972年，宁夏博物馆就西夏陵的调查结果向国家文物局做了汇报，国家文物局对此非常重视，明确指示今后要继续做好对陵区文物遗址的考证和保护工作。

事实上，李元昊称帝建国后，曾经追封其祖父和父亲为帝，所以西夏有12位名义上的皇帝。除了末代皇帝没有陵墓之外，西夏王陵区当有11座帝陵，但目前仅发现9座。

西夏王陵的珍贵遗存

　　西夏王陵规模宏伟，布局严整，平面总体布局呈纵向长方形，按照中国传统的以南北中线为轴，力求左右对称的格式排列。

　　西夏王陵区同北京明代十三陵的规模相当，陵园地面建筑均有角楼，每座帝陵由阙台、神墙、碑亭、角楼、月城、内城、献殿、陵台

西夏王陵内城

■ 西夏王陵阙台

等部分组成。

西夏王陵高大的阙台犹如威严的门卫，耸立于陵园最南端。于中轴线两侧对称排列，东西相距20米，由黄土筑成。

阙台呈正方形，边长8米，高7米，上部内收，顶部有一个小的台基，台基上散布着残破的砖瓦，推测为原有建筑。阙台是帝陵区别于陪葬墓的特征之一。

碑亭位于中轴线两侧，东西对称，阙台北34米，东西两碑亭相距80米。

东碑亭台基呈圆角方形，四壁呈三级台阶式。台基地边长21.5米，顶边长15.5米，高2.35米。四壁台阶以绳纹砖包砌，石灰勾缝，局部砖尚存。

碑亭发现有3个人像碑座，原应为4座，但其中一个被毁坏后不知到哪里去了。

碑亭曾停放着用西夏文、汉文刻制的歌颂帝王功绩的石碑。还有西夏文残碑360通，残片文字最多的仅5字；还有瓷、铜、铁碎片及泥塑残块等。

角楼 是一种用于城市防御的特殊建筑，它分布在建筑物的棱角转弯之处，故名"角楼"，可供防御者登临瞭望敌情。在中国古代，几乎所有城市的城墙四角都建造有角楼，而其中最为奇特别致的要算北京紫禁城角楼。角楼造型奇特多姿，体现了中国古代劳动人民非凡的智慧。

千古遗迹的考古发现

■ 西夏王陵月城

须弥座 又名"金刚座""须弥坛",源自佛教,系安置佛、菩萨像的台座。在佛教传说中,须弥山是世界的中心。用须弥山做底,以显示佛的神圣伟大。中国最早的须弥座见于北魏石窟,唐代塔上出现两层用须弥座作为承托的佛像、塔幢、坛台、神龛、家具以至古玩与假山。须弥座后发展成为很多的建筑基座的装饰形式。

碑亭后是月城,南墙居中为门阙,经门阙入月城,这里曾置放有文官、武将的石刻雕像。

月城呈东西长方形,东西距120米,南北距52米,墙基宽约2米,高0.7米,占地约6700平方米,北与陵城南墙相贴。

月城因如月牙露出,故名月城。月城南墙正中有门,石道两侧有石像生基址。

月城之北是陵城,陵城南神墙居中有门阙,经门阙入陵城,陵城四面城墙环绕,呈南北长方形,南北相距180米,东西相距160米。

城墙墙基宽3米,用黄土分段夯筑,各段基如须弥座状,故又称须弥座式神墙。

陵城四周城墙正中辟门为门阙,门址宽约12米,每个门阙由3个圆锥形夯土基座组成,从地面散布的瓦片、脊饰残件推测,曾建有门楼。

城墙四角各有角台,角台有砖瓦残存。在南神门内约25米偏西处，有一用黄土垫实的台基，直径20米，高0.7米，其上建筑无存，周围地面残存大量青砖灰瓦及琉璃构件，此为献殿。

陵台偏处陵城西北，为矗立约20米的一个八角形塔状棱锥形夯土台，用黄土密实夯筑而成，上下各分为5级、7级、9级不等，夯土台有椽洞，外部用砖包砌并附有出檐，为砖木瓦结构。

陵台周围地面散有大量瓦片、瓦当、滴水等建筑物残块。献殿与陵台之间有一条南北走向形似鱼脊的用沙石填成的墓道封土。墓道长50米，北端为一盗坑，直径20米，深约5米。

陵台是陵园中的主体建筑。在中国古代传统陵园建筑中陵台一般为土冢，起封土作用，位墓室之上。但西夏陵台建在墓室北10米处，不具有封土作用，其形状呈八边形7级、5级、9级塔式，底层略高，往上

滴水 在中国建筑物中，在窗台或者阳台下，为防止雨水等室外水直接沿阳台、窗台流下而侵蚀墙体，在阳台、窗台下边缘设置的内凹形构件，叫作滴水。滴水属于建筑物的细部构造，却也是建筑施工中经常被忽略的地方。它具有结构细小、构造简单、做法精细等特点。

■ 西夏王陵遗迹

瓮城 是为了加强城堡或关隘的防守，而在城门外修建的半圆形或方形的护门小城，其形状或圆或方。圆者似瓮，故称瓮城；方者亦称方城。属于中国古代城市城墙的一部分。瓮城两侧与城墙连在一起建立，设有箭楼、门闸、雉堞等防御设施。在西夏王陵中，也有这类瓮城。

层层收分，是塔式陵台，为夯土实心砖木混合密檐式结构，而且偏离中轴线矗立，这在中国建筑史上无前例，是党项族的创造。

塔式陵台前有献殿，用于供奉献物及祭奠。

帝陵墓室在墓道北端，位居陵台南10米处，分为主室和左右两个耳室，土洞式结构。

墓室四壁立护墙板，墓内有朽棺木，为土葬。陵城神墙四面居中有门阙，神墙四角有角台，表明了陵园的兆域地界。

有的帝陵还圈有外城，有封闭式、马蹄形式和附有瓮城的外城。其基本格局在仿照宋陵的基础上有所创新。

另外，西夏王陵墓道的入口设置在献殿内部，这也是帝王陵寝中绝无仅有的。

西夏王陵发现精品遗物共671件，专著、论文、

■ 西夏王陵墓道入口

杂志文章413册、篇。有雕龙石柱、石马、琉璃鸱吻、西夏碑文、石雕人像座、佛经、佛画、西夏瓷器、官印等；特别是重达188千克的镏金铜牛，更是西夏文物中的瑰宝。

陵墓周围各种建筑构件散落的很多，有些较完整的构件尚可辨出形制，月城内墓仪石刻残件上的人物胸前璎珞、莲花帽；动物的利爪、鳞片等文饰雕刻得非常细致精美。

这些遗物中有西夏文字，有反映西夏人游牧生活和市井生活的绘画，有各式各样的雕塑作品，有"开元通宝""淳化通宝""至道通宝""天禧通宝""大观通宝"等各个时期的流通钱币，有工艺精巧的各类铜器、陶棋子等文物。更让人惊讶的是王陵中大量造型独特的石雕和泥塑。

西夏王陵的陵塔位于墓室的正后方，为中原地区陵墓所未见，反映了西夏贵族特殊的葬俗。王陵中的西夏碑础、墓碑、镏金铜牛和骨灰木盒，都以其真实的资料再现了绚丽多彩的古西夏文化历史。

另外，在陵城东南角阙和东门发现的用于建筑装饰的栩栩如生的"妙音鸟"，佛经上称为迦陵频伽。

■ 鸱吻 又称"螭吻"，螭是中国传说中龙生九子中的儿子之一，平生好吞，螭吻即殿脊的兽头之形。这个装饰现在一直沿用下来，在古建筑中，"五脊六兽"只有官家才能拥有。泥土烧制而成的小兽，被请到皇宫、庙宇和达官贵族的屋顶上，俯视人间，真有点"平步青云"的意味。

■ 西夏陵全貌

还有从各地征集的具柄铜镜、西夏陶瓷等。

而更为神秘的是，9座帝王陵组成一个北斗星图案，陪葬墓也都是按星象布局排列！

西夏王陵不仅吸收了秦汉以来，特别是唐宋皇陵之所长，同时又受到佛教建筑的影响，使汉族文化、佛教文化与党项民族文化有机地结合在一起，构成了中国陵园建筑中别具一格的形式。

阅读链接

2000年4月结束的"中国20世纪100项考古大发现"评选活动，西夏王陵的调查与发掘以其具有的重大的科学价值和意义在中国考古学史上具有重要的地位和作用榜上有名。

2011年7月，国家文物局与宁夏回族自治区人民政府签署《合作加强宁夏文化遗产工作框架协议》。在此基础上，国家文物局进一步将西夏陵申报世界文化遗产作为2015年重点扶持项目。

2011年11月，中国政府正式启动西夏陵申报世界文化遗产暨国家考古遗址公园建设项目。

三大古墓及遗存

　　睡虎地秦墓位于湖北省的云梦县，墓葬中发现了1100余枚秦代竹简，以及毛笔、石砚、墨块等文房用具，为研究中国书法、秦帝国的发展历史提供了翔实的资料。

　　楚王陵是西汉早期分封在江苏徐州的第三代楚王刘戊的陵墓，4000余件兵马俑是楚王陵的重要陪葬品。

　　宋陵位于河南巩义境内，有皇帝及皇后、大臣等的陵墓300余座，具有重要的文物价值和艺术价值。

睡虎地秦墓的珍贵竹简

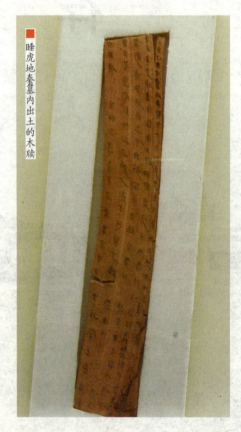

睡虎地秦墓内出土的木牍

睡虎地秦墓位于中国湖北省的云梦县，墓葬中有1100余枚秦代竹简，以及毛笔、石砚、墨块等文房用具。

竹简上的秦代隶书，反映了篆书向隶书转变阶段的情况，其内容主要记载了秦代法律、医学等诸多内容，为研究中国书法、秦帝国的政治、法律、经济、文化、医学、等方面的发展历史提供了翔实的资料，具有十分重要的价值。

睡虎地秦墓的墓葬主人叫"喜"，喜生于公元前262年，在公元前246年时，喜年仅17岁即登记名

籍为秦国服徭役，而后历任安陆御史、安陆令史、鄢令史、治狱鄢等与刑法有关的低级官吏。

喜在公元前245年、公元前244年和公元前233年曾3次从军，参加过多次战斗，到过秦的几个郡县，最后亡于任上。他亲身经历了始皇亲政到统一六国的整个过程。记载喜一生的竹简文书《编年纪》，记载了秦最辉煌的时代。

喜生前任县令史，即县令属下小吏，参与过"治狱"。墓葬竹简法条是喜生前从事法律活动 而抄录的有关法律文书，主要抄录了行政管理与"治狱"方面的律令条文，记录了刑事、经济、民事和官吏管理的法律条文。

这些法律条文肯定不是秦朝的全部法条，但是常用法律条文，其中，还抄录了当时魏国的一个关于"赘婿"的法律，可能与秦律相同，也适用于秦国的法律活动。

秦简记载的秦律的形式主要有：

《编年纪》亦称《大事记》，是一部竹简书籍，此简共53枚，简文为墨书秦隶，共550字，字迹大部分清晰可辨。竹简原无标题，主要内容为逐年记载了自秦昭襄王元年，即公元前306年至秦始皇三十三年，即公元前217年，秦统一中国的历次战争等大事，是留存至今的最早的一部历史书籍。

■《效律》节选

秦律 中国秦代法律的总称。公元前356年，商鞅变法时曾采用李悝的《法经》，并改法为律，颁行秦国。公元前221年秦始皇统一中国后，将秦律修订，作为全国统一的法律颁行各地。秦二世即位后，又修订了秦朝的律令。《秦律》的律文涉及政治、经济、军事、文化、思想、生活等各个方面。

《秦律》：自秦始皇、商鞅时更"法"为律。秦律共202简，位于墓主身体右侧，简长0.275米，宽0.006米。

秦律共有《田律》《厩苑律》《仓律》《金布律》《关市律》《工律》《工人程》《均工》《徭律》《司空》《置吏律》《效律》《军爵律》《传食律》《行书》《内史杂》《尉杂》《属邦》等18种，律名或其简称写于每条律文尾端，内容涉及农业、仓库、货币、贸易、徭役、置吏、军爵、手工业等方面。

《效律》：共61简，位于墓主腹部，简长0.27米，宽0.006米。标题写在第一支简的背面。该法对核验县和都官物资账目做了详细规定，律中对兵器、铠甲、皮革等军备物资的管理尤为严格，也对度量衡的制式、误差作了明确规定。

《秦律杂抄》：共42简，位于墓主腹部，简长0.275米，宽0.006米。包括：《除吏律》《游士律》《除弟子律》《中劳律》《藏律》《公车司马猎律》《牛羊课》《傅律》《屯表律》《捕盗律》《戍律》等墓主人生前抄录的11种律文，其中与军事相关的律文较多。

《法律答问》：共210简，位于墓主颈部右侧，简长0.255米，宽0.006米。以问答形式对秦律的条文、术语及律文的意图作解释，主要是解释秦律的主体部分，即刑法，也有关于诉讼程序的说明。

《封诊式》：共98简，位于墓主头部右侧，简长0.254米，宽0.005米。标题写在最后一支简的背面。

简文共分25节，每节第一简的简首写有小标题，包括：《治狱》《讯狱》《封守》《有鞫》《覆》《盗自告》《盗马》《争牛》《群盗》《夺首》《告臣》《黥妾》《迁子》《告子》《疠》《贼死》《经死》《穴盗》《出子》《毒言》《奸》《亡自出》等，还有两个小标题字迹模糊无法辨认。

封诊式是关于审判原则及对案件进行调查、勘验、审讯、查封等方面的规定和案例。

《编年纪》：共53简，位于墓主头下，简长0.232米，宽 0.006米。简文分上、下两栏书写，逐年记载公元前306年至公元前217年，即秦灭六国之战大事及墓主的生平经历等。

《语书》：共14简，位于墓主腹下部，简长0.278米，宽0.006米。标题写在最后一支简的背面。

《为吏之道》：共51简，位于墓主腹下，简长0.275米，宽0.006米。内容主要是关于处世做官的规矩，供官吏学习。

《日书》：甲种《日书》共166简，位于墓主

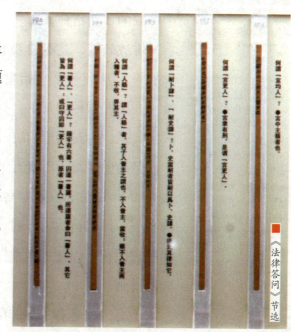

《法律答问》节选

■ 秦始皇（前259—前210），嬴姓赵氏，故又称赵政。中国历史上著名的政治家，首位完成中国统一的秦朝开国皇帝，13岁即王位，39岁称皇帝，在位37年。秦始皇建立皇帝制度、统一文字和度量衡、北击匈奴、南征百越、修筑万里长城。把中国推向了大一统时代，奠定了中国2000余年政治制度基本格局。

头部的右侧，简长0.25米，宽0.005米，两面书字。乙种《日书》共257简，位于墓主的足部，简长0.23米，宽0.006米，最后一简简背有"日书"标题。甲种《日书》载有秦、楚纪月对照。

秦的统一，是历史发展的必然趋势，但秦国和东方六国相比，它在统一的准备和进行过程中，确是发挥了较大的主观能动作用。这一点在秦律中有着充分的体现。

当时的地主阶级正处于上升时期，因此秦律的内容也还含有一种朝气蓬勃、富于进取的革新精神。

耕战政策，是秦的基本国策。"国之所以兴者，农战也"从商鞅至秦始皇，秦国始终坚持了这一政策。人民在这种政策下，努力从事耕战，从而使秦国国富兵强，为秦始皇的统一准备了雄厚的物质基础。

秦简中保留了不少有关重农政策的法律条文。例如《田律》规定：地方官在时雨之后，或连受旱、涝、虫、风等自然灾害时，必须及时向上级报告得益和受灾面积，以便上级掌握农业的生产情况，采取相应的措施。

还有《厩苑律》《牛羊课》规定：如饲养耕牛好

的，奖田啬夫一壶酒、10条干肉，赐牛长30日劳绩，免除饲养人一个月更役；饲养不好的，田啬夫要受斥责，并罚饲养人服徭役两个月；如果牛减膘，则笞打主事者。

这些规定，对农牧业的发展也能起到促进作用。

由于当时战争频繁，为了保证有足够的农业生产劳动力，《戍律》规定："同居毋并行"即一户不得有两人同时戍边。县啬夫、尉及士吏征发戍役时，如果违反这一规定，要罚二甲。

《司空律》还规定：以劳役抵偿罚金的人在农忙季节可以"归田农，种时(莳)、治苗，时各二旬"。

《仓律》在秦律中占了相当大的篇幅，从粮食的收藏到加工、使用都制定了详细的法令。例如粮食入仓，"辄为籍"，即登记石数，并注明仓啬夫、佐、史、廪人等仓库管理人员的姓名，共同加以封印。粮食出仓，也要经过同样手续。

如果出现亏空，隐匿不报或者移赢补亏，与盗窃同罪。如因保管不善使粮食损坏而无法食用，不满百石以下，斥责官啬夫；百石以上到千石，罚官啬夫一甲；过千石以上，罚官啬夫二甲，令官

285

古墓奇珍

三大古墓及遗存

■《为吏之道》竹简节选

啬夫、冗吏共同补偿腐败禾粟。

不但大量粮食亏损要受到惩罚，即使少量耗损也不行。如果仓库里有3个以上老鼠洞，就要罚一盾。

严密的仓库保管制度减少了粮食储藏过程中的贪污和损耗现象。封建国家有没有足够的粮食，不仅关系到农业经济的发展，而且也影响到地主阶级政权的巩固，《仓律》正是从这一个侧面反映了秦统治者的重农思想。

另外，在《金布律》《效律》等律文中，对统一货币、统一度量衡、限制商人的投机倒把活动等也作了若干规定，这些规定对加速封建经济的发展也起了重要的作用。

秦自商鞅变法以来就实行军功爵制度，用重赏鼓励人民在战争中杀敌立功。《封诊式》中有"夺首""争首"两个案例，生动地反映了秦执行军爵制度的情况。

秦简中的《军爵律》规定"从军当以劳论及赐"，即按功劳行赏。《秦律杂抄》也规定战死者有赏，"论其后"，即把死者的爵位赏给他的后人。如果临阵逃亡，则罚"以为隶臣"。

由于实行了这种严格的赏罚制度，因而秦国之民遇有战事，"父遗其子，兄遗其弟，妻遗其夫，皆曰：'不得无返。'是以三军之众，从令如流，死而不旋踵"。这样一来，就使秦国的军队成为战斗力最强的部队。

秦律对军队训练和武器装备也非常重视。如《秦律杂抄》规定：发弩啬夫射不中目标，罚二甲，免除其职务。驾驺被任命4年，不能驾驭，要补偿4年的徭

爵位 又称封爵、世爵，原指诸侯获封赐的封建等级，因此，爵位本来是与封建制度密切相关的。但拥有爵位的人并不等同于封建诸侯。秦朝，继续使用自商鞅变法后定下的自公士至彻侯二十等爵，专门用以赏功。彻侯食县，其他诸爵得食俸禄如官吏。

■《秦律十八种》
节选

古墓奇珍
三大古墓及遗存

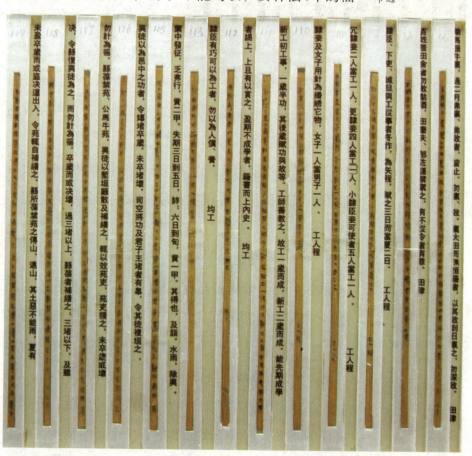

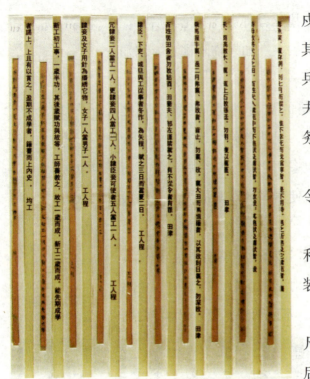

《秦律十八种》节选

耕战 耕，即农耕；战，即作战。主要目的是实现兵农合一，既保障国家的经济力量，又保障国家的军事力量。春秋以前，只有贵族才能从军，战国以后，从贵族战争演变成为全面战争。耕战制度也就随着奴隶制度的瓦解而出现。到秦朝时，商鞅在秦国建立的二十等爵制度就是对耕战的保障。

成，并罚教者一盾，免除其教练职务。发给士卒的兵器不完善，罚丞、库啬夫、吏二甲，撤销其职务，永不叙用。

秦律对于违反各种法令和制度的人往往罚以"赀"若干甲或盾，这也和统一战争需要大量武器装备有关。

另外，律文还规定：凡是骑兵都是先赋马，然后再选拔从军者。参军之后，还要进行课试，如果马被评为下等，令、丞、司马都要受罚。有了这样严格的考核制度，自然会收到兵强马壮的效果。

秦律能不能有效地发挥它的作用，秦的耕战政策能不能贯彻执行，在很大程度上取决于各级官吏能不能忠实地执行。

秦简《为吏之道》列举了吏有"五善""五失"，《语书》更明确地提出了"良吏"与"恶吏"的问题。对其中作恶多端的人，还要"志千里使有籍书之"，也就是说，把恶人的罪行记录在案，通报全国各地，使之成为恶吏的典型。

在秦律中保存了大量的有关官吏的任免、升迁和赏罚的条文，这些条文都贯串着一个基本精神，即以是否通晓和能否执行法律作为考核官吏的主要标准。

秦律十分强调法治，并首先要求各级官吏必须知法、依法、执法，不得违法。例如《法律答问》专门有一条解释什么叫"犯令""废令"的问题：

律所谓者，令曰勿为而为之，是谓犯令；令曰为之，弗为，是谓法(废)令。

也就是说凡是"犯令"或"废令"的官吏都要依法惩办。

《除吏律》还对那些阳奉阴违、拒不执行中央政权各项政策法令的官吏，严加惩办。《行书律》甚至规定凡是"命书"和急件，必须立即执行；不是急件，也要当天处理完毕，不得拖延，拖延者必依法论处。

秦律非常重视各级官吏的选择和任用。例如《置吏律》规定：任用"吏尉"等官吏，如果任用了不该任用的人，未经上级审批，擅自让其到职视事或加以派遣，就要依法论处。

《除吏律》《内史杂》更明确规定："任法(废)官者为吏，赀二甲。"禁止任用这些人为吏或担任禁苑的治安保卫工作，对于巩固封建地主阶级政权有重大的意

古墓奇珍

三大古墓及遗存

《效律》节选

义。

为了提高官府的行政效率，严防官吏违法乱纪，秦律还十分强调官吏的责任制和实行对官吏的考核制度。《效律》规定：官吏各有自己的职责，如果失职，就要受处分。

《为吏之道》列举了当时县级政权机构的职责范围，它们不但要执行最高统治者所颁布的各种命令和诏书，征发赋税、徭役和兵役；而且要管理农田水利、官府手工业、仓库、苑囿等事，总共不下二三十项。

每一项都有专人负责，并且制定有专门的制度和法律。如果官吏玩忽职守，就要按法律治罪；已造成的损失，还要依情节轻重勒令其赔偿。对于欺骗上级、作奸犯科的官吏，更是严惩不贷。

《法律答问》规定，官吏弄虚作假，其罪在罚盾以上，不仅要依法论处，而且要撤职永不任用。另外，秦律对于官吏滥用权势、假公济私、伪造命令、盗用官印、私自挪用公款以及破坏耕战等，也都分别列有惩治的条例。

从秦律可以看出，封建国家力图通过法律的保证，使各级官吏成为地主阶级政权得心应手的工具。

■ 出土的秦朝竹简

千古遗迹的考古发现

诏书 是中国古代皇帝布告天下臣民的文书。在周代，君臣上下都可以用诏字。秦王政统一六国，建立君主制的国家后，自以为"德兼三皇，功高五帝"，号称皇帝，自称曰朕，并改命为制，令为诏，从此诏书便成为皇帝布告臣民的专用文书。

因为只有秦的各级官吏都能忠实地履行自己的职责，地主阶级的国家机器才有可能发挥它应有的作用。

荀况曾周游列国，以后入秦，秦丞相范雎问他："入秦何所见？"

他回答："其百吏肃然，莫不恭俭敦敬，忠信而不。观其士大夫，出于其门，入于公门，出于公门，归于其家，无有私事也，不比周，不朋党，倜然莫不明通而公也。观其朝廷，其朝闲，听决百事不留，恬然如无治者。故四世有胜，非幸也，数也。"

荀况认为秦国是当时列国中治理得最好的诸侯国，已接近"治之至也"的境界，并希望秦国再接再厉，以期"令行于天下"。

果然不出荀况所料，秦始皇即位以后，只用了10年时间，就灭掉六国，完成了统一中国的大业。

秦的统一战争也不是一帆风顺的，中间还有一个曲折的过程。秦简《编年记》记载了从公元前306年至公元前224年80多年间秦对三晋和齐、楚的一系列战争。

秦昭王三十八年以前，由于在穰侯魏冉远攻近交的错误政策指导下，虽然战争频繁，但秦的实际得益甚小。

荀况（约前313—前238），名况，字卿。战国末期赵国人。著名思想家、文学家、政治家，儒家代表人物之一，时人尊称"荀卿"。荀子对儒家思想有所发展，提倡性恶论，对重新整理儒家典籍也有相当显著的贡献。

■ 荀况画像

古墓奇珍

三大古墓及遗存

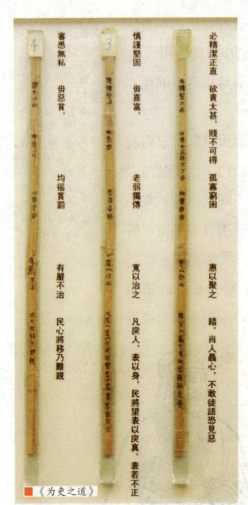

《为史之道》

秦昭王三十九年以后，形势发生了很大变化。由于采用了范雎的远交近攻的正确政策，把战争的目标集中到邻近的三晋。由于三晋之中又以韩为首攻的对象，所以没有几年，就先后攻占了魏的怀邑、邢丘和韩的少曲、高平、野王。这几次战役对削弱韩、魏，加强秦的势力，创造随时可以出击的态势，具有重要的战略意义。

特别是公元前260年著名的长平之战的胜利，歼灭了赵的有生力量，从此三晋再也无力和秦国对抗了。

公元前231年秦始皇亲政以后，继续推行远交近攻政策，预计进程是先灭韩，次灭赵、魏及楚、燕，最后灭齐。在统一战争期间，六国的封建割据势力越是临近末日，越是要做垂死的挣扎，统一与分裂的斗争达到了空前激烈的程度。

公元前228年为秦始皇十九年，是灭韩的第三年，刚刚打开统一战争的局面。南郡原是楚的故都郢所在地，南郡的北境紧靠故韩国的南境。《史记·秦始皇本纪》记载："二十一年新郑反。"

新郑为韩都，故韩也称新郑。这条记载和秦简《编年记》十九年、二十年、二十一年记事联系起来看，就可以看出，韩国灭亡以后，韩国的贵族并不甘心失败，仍在企图复辟，并发动叛乱。而秦国也在时刻警备韩国贵族的复辟叛乱活动。

"新郑反"和"韩王死"发生在同一年，不是偶然的，说明这次韩国贵族一旦发动叛乱，迅即遭到秦的镇压并陷于失败，而韩王也落了个身首异处的下场。

《史记·秦始皇本纪》记载：秦王政二十三年"楚将项燕立昌平君为荆王，反秦于淮南"。二十四年"王翦、蒙武攻荆，破荆军，昌平君死，项燕遂自杀"。这两条记载为同一件事，昌平君应为秦简中昌文君之讹，简中另一个死者或即项燕。

时至今日，尚未见到完整的秦代法典，所见最多的法律条文也仅是睡虎地云梦竹简所载的1000多枚竹简记录的秦朝条文。

古墓奇珍

三大古墓及遗存

阅读链接

在秦简所述的18种秦律中，《田律》是农田水利、山林保护方面的法律；《厩苑律》为畜牧饲养牛马、禁苑林圃的法律；《仓律》为国家粮食仓储、保管、发放的法律；

《金布律》为货币流通、市场交易的法律；《关市律》为管理关和市的法律；《工律》为公家手工业生产管理的法律；《均工》是手工业生产管理的法律；《工人程》是手工业生产定额的法律；《徭律》是徭役征发的法律；

《司空》为规定司空职务的法律；《军爵律》指军功爵的法律；《置吏律》为设置任用官吏的法律；《效》指核验官府物资财产及度量衡管理的法律；

《传食律》是驿站饭食供给的法律；《行》为公文传递的法律；《内吏》内吏为掌治京城及畿辅地区官员的法律；《尉杂》是廷尉职责的法律；《属邦》为管理所属少数民族及邦国职务的法律。

狮子山下的汉楚王陵

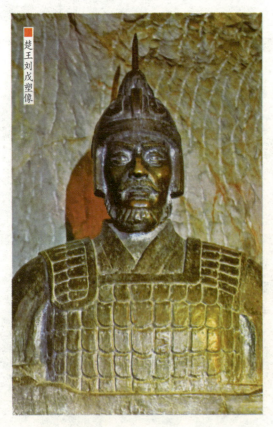

楚王刘戊塑像

楚王陵是西汉早期分封在徐州的第三代楚王刘戊的陵墓，位于江苏省徐州市狮子山，4000余件兵马俑是楚王陵的重要陪葬品，楚王陵凿石为室，穿山为藏，墓室嵌入山腹内深达百余米。

楚王陵庞大的规模、恢宏的气势、奇特的建筑结构，无不令人叹为观止。它是徐州地区所有汉代陵墓中规模最大、保存最好、遗物最多、内涵最丰富、历史价值最高的一处特大型西汉王陵。

古城徐州自古为经济发达地域之一。这里群山环抱，地势险要，物产丰富，交通便利。东临大海，西控中原，南屏江淮，北扼齐鲁，从来都是兵家必争之地。古诗里说"自古彭城列九州，龙虎争斗几千秋"。

早在楚汉相争期间，汉高祖刘邦就曾封大将韩信为楚王，镇守在这里。刘邦称帝的第二年就封其异母弟刘交为楚王，都彭城，即徐州，管辖薛郡、东海等36县。

楚国是刘氏皇权的重要封国之一，楚王是当时楚国的最高统治者，西汉一朝，楚国传了12代王，至王莽的时候才断绝。

■ 楚王刘戊征战塑像

刘戊，是第一代楚王刘交的孙子。公元前174年继位，生性淫暴。传说即便是在汉文帝之母薄太后大丧期间，他也敢跑到皇宫里与宫女淫乱。

刘戊积极参与七国叛乱，公元前154年所率叛军被周亚夫打败，楚王家族为保自身利益，权衡利弊，劝其自缢，以死谢罪赢得中央王朝的谅解。刘戊于是拔剑自杀了。

刘戊自杀后，楚国宫廷考虑到他是反国之王，一旦朝廷下诏书，必然不能享受王者之礼，于是匆忙将刘戊下葬，给朝廷一个"既成事实"，结果汉景帝并没有过多追究这位堂兄的罪过，同意按王爷规格将其葬在尚未竣工的王陵中。陵墓虽历经19年修筑，但当

韩信（约前231—前196），中国西汉的开国功臣，历史上杰出的军事家，与萧何、张良并列为汉初三杰。曾先后为齐王、楚王，后贬为淮阴侯。为汉朝的天下立下赫赫战功，但后来遭到汉高祖刘邦的疑忌，最后以谋反罪处死。韩信是中国军事思想"谋战"派代表人物，被萧何誉为"国士无双"。

■ 狮子山楚王陵

天井 四面有房屋、三面有房屋，另一面有围墙或两面有房屋另两面有围墙时中间的空地。天井是南方房屋结构中的组成部分，一般设在单进或多进房屋中前后正间中间，两边为厢房包围，宽与正间同，进深与厢房等长。天井不同于院子，因其面积较小，光线被高屋围堵显得较暗，状如深井，故名。

刘戊下葬时，尚未修完。

徐州市东郊有一座山峰，由于状若雄狮，故而当地人称之为狮子山。楚王陵坐北朝南，"依山为陵，凿山为葬"，陵墓直接开凿于狮子山的山体之中。南北总长 117 米，宽 13.2 米，深入山下 20 余米，总面积 851 平方米，开凿石方量 5100 余立方米。

楚王陵宏大的地下玄宫几乎把山体掏空，工程浩大，气势磅礴，全国罕见。这样一个浩大的工程，竟是 2000 多年前古人靠铁凿、铁斧等简陋的工具，一凿一凿开山而成的。

楚王陵墓是模仿地面宫殿的建筑群体，结构复杂，形制奇特。整座陵墓呈南北中轴线对称式建筑布局，从外至内依次为 3 层露天垂直墓道、天井、耳室、墓门、甬道、侧室、前堂和后堂等。

楚王陵中还包括庖厨具、浴洗室、御府库、御敌库、钱库、印库、前厅堂、棺室、礼乐房以及楚王嫔妃陪葬室等大大小小墓室 12 间，其设施结构一应俱全，再现了西楚汉王奢侈的生活场景，也印证了汉代盛行的"视死如生"的丧葬观。

外墓道的主体部分。两侧的墙壁都是2000多年前的原始形制，是完全靠人工把整整一座山掏空形成的，这一段的平均深度达14米。

在前面墓道接口处有一座陪葬墓。这种在墓葬入口发现陪葬墓的情况，在全国还是首次。墓中死者佩带的印章上刻有"食官监印"4个字，说明此人是负责墓主人膳食方面的一个官员。

主墓室口4块塞石为一组，一共4组、16块塞石，呈"田"字形把墓道封堵了整整10米。

可惜在王莽篡位的公元8年左右，盗墓者们从天井东侧向西北方向挖盗洞，一直挖到墓门口，他们把

王莽（前45—23）字巨君，是中国历史上新朝的建立者，即新始祖。为西汉外戚王氏家族的重要成员，其人谦恭俭让，礼贤下士，在朝野素有威名。西汉末年，王莽被看作是"周公再世"。公元8年，王莽代汉建新，建元"始建国"，宣布推行新政，史称"王莽改制"。

297

古墓奇珍

三大古墓及遗存

■ 楚王陵墓道口

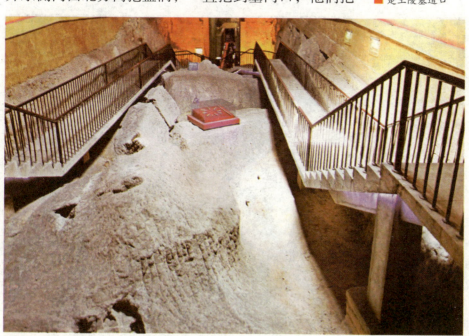

右上角的这一组塞石打上牛鼻眼，用绳系住，像牵牛一样平拖出来，然后从这里直接爬进了主墓。

但也幸好这样一来，盗墓者没有发现后面的3间墓室。当时的生产力十分低下，而这些塞石每一块都重达五六吨，这样浩大的工作量，绝不是一两个毛贼十天八天能干得了的。因此推测，这肯定是一次大规模的官盗。

在塞石的内侧有一块朱砂印文，写的是"第乙下阳，东方二，简道，广三尺九寸，高四尺半寸，裒丈五寸"。这段文字说明的是这块塞石所处的位置和它的尺寸大小。

由此可知，塞石是由内向外共分甲、乙、丙、丁4组，这一块就是位于第二组下面自东起的第二块塞石。从这段文字，可以看出当时墓葬的设计者对每一块塞石的位置和尺寸都有准确的标注，可见西汉时期墓葬建设水平之高。

墓内发现了大量的铜钱，一共17.6万多枚，但其他遗物由于被盗墓者捷足先登，大件的金银器都已被盗，只剩下一些铜镜的残片以及铁

墓室陪葬品

甲片、铜箭头等。

墓室中有3件非常漂亮的金饰：左边是镶有祖母绿的金带钩，中间是金狮头，右边是金鹅鹕。它们不但金质纯净，雕工也十分精美。

可能因为当时有"君子无故，玉不去身"之说，而且玉龙象征着王权，把它盗出去，拿出去卖也没人敢买，留着还容易招来杀身之祸，所以盗墓者没敢拿走。

楚王陵的外观十分宏伟，内部修凿却比较粗糙。在东面的地方，可看到明显正在打凿的痕迹，很显然楚王埋葬时还没有来得及完工。

一般来说，棺材都应放在后室正中的地方，但由于楚王陵没有完工，只好将棺材移到了甬道东面的棺床上去了。

楚王陵中的西汉彩绘兵马俑已埋藏于地下2000多年，共计4000余件，这支象征着卫戍楚王陵墓的部队分布于6条俑坑，由步兵、车兵和骑兵组成。

兵马俑的步兵中有高大干练的官吏，也有一身戎装普通战士，如持长械俑、弓弩手俑、发辫俑；车兵中则有刀枪不入的甲胄俑和驾驶

■ 楚王墓中的兵俑

战车的驭手俑；骑兵俑则刚劲勇猛，蓄势待发。

1号坑前段全部放置站式俑，共516个，后段有陶俑约500件；2号坑前段放置各式陶俑832件，后段残存以跪式俑474件；3号坑尚未开发；4号坑内有俑仅10余件，而且多破坏。

楚王陵的兵马俑有4条步兵俑坑和一条骑兵俑坑。整体看去规模宏大，造型美观，雄壮威武，并且塑造艺术与秦俑不同。秦俑以写实为主，而这些汉俑却是在继承秦代雕塑艺术的基础上进行的再创造，即面部表情上具有写实的特点，而形体塑造上则运用了写意的手法。

陵墓也是人类物质和精神文明遗存的载体，楚王陵还是一座地下文物宝库。虽墓主室曾遭盗掘，但墓中依然发现各类随葬器物2000多套，约上万件。有金器、银器、铜器、铁器、玉器、漆器、陶器、骨器等各类遗物。

玉器共有200多件，包括丧葬、礼仪、装饰及生活用玉等方面。丧葬用玉包括玉衣、玉璧、镶玉木棺、玉板等；礼仪用玉包括玉戈、螭龙玉饰等；装饰用玉包括玉璧、玉璜、玉环、龙形佩、玉冲牙、心形佩、玉觿、玉舞人、玉剑饰等；生活用玉包括卮、高足杯、玉枕、玉带钩等。

楚王陵的玉器博大精深，挺拔生动，代表了楚国玉器制作的最高水平。

东汉时期，玉衣使用有严格的等级制度，金缕玉衣只有皇家能够使用，诸侯王只能使用银缕玉衣，而在西汉时，玉衣制度并不严格，因此有金、银、铜或丝缕等，缕属的不同主要取决于经济实力。

楚王陵的金缕玉衣，用4000多片上好的和田玉玉

■ 楚王陵的金缕玉衣

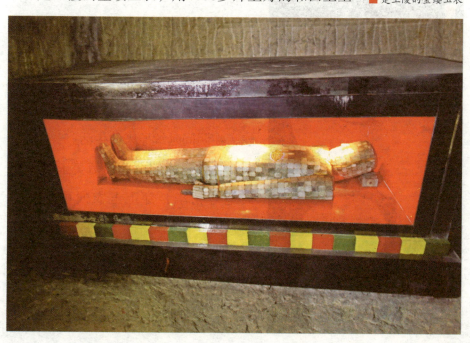

片制成，玉片小而精致，有的仅0.005米见方，玲珑剔透，温和润泽，是发现质量最好的玉衣，堪称绝品。

金缕玉衣的玉片有正方形、长方形、三角形、半圆形、月牙形等形状，最大的鞋底片近0.09平方米，最小的手套片不到0.001平方米，有的厚度还不到0.001米。

玉片的表面抛光光洁度很高，打孔工艺也很规范。一般一件玉衣由2000余片玉片拼缀而成，而这件玉衣用了4248片玉片，穿缀的金丝重近1576克，是中国玉衣中年代最早、玉片最多、玉质最好、工艺最精美的一件。

楚王金缕玉衣长1.74米，从头至脚连成一体，非常像古代的盔甲。由于与金丝长期接触，有些玉片已泛黄色，而有些玉片在散落后落到铜器上，所以就呈现出明显的翠绿色。

在2000多年前的西汉，从遥远的新疆运来玉料，再对每块玉片钻孔和磨光，编缀玉片还需许多特制的金丝，制成一套"金缕玉衣"所费的人力物力十分惊人。

楚王陵出土的玉龙

但对永生的狂热追求，导致了玉衣等丧葬用玉的高度发达。西汉人认为，魂与魄互相依存，而魄依附于身体，只要身体不朽，人就可以留住魂魄，在阴间延续原来的生活。

王侯贵族们由此相信美玉凝聚了天地之精华，穿上玉衣便可尸身不腐，因此他们死后不仅穿上玉衣，连头部的七窍，甚至下阴和肛门，都配有玉罩或玉塞。

楚王穿着玉衣长眠在玉棺中，玉

■ 楚王陵中玉板

棺一面髹漆，一面镶贴各种形状的玉板，数量达2095块，镶玉面积接近9平方米，而且多是来自新疆玛纳斯河流域的碧玉。

棺体和棺盖两部分组成外棺。其内还有一套彩绘漆木棺，彩绘漆木棺放置由金缕玉衣包裹的楚王尸体。如果把金缕玉衣也看作一副棺材，那么这位楚王使用三套棺材，符合礼制关于诸侯王三棺的规定。

楚王陵中的兵器，如戈、戟、矛、铍、殳、剑等，填补了汉代初年冷兵器的一大空白。铜铍有好几捆，均为实用兵器，有大小两种，清楚地展示了这种兵器从秦末到汉初的演变过程。

楚王陵中发现印章200余枚、封泥80余枚，其数量之多，为历代王陵所仅见。印章封泥内容分为楚王廷官吏、军队武官、地方职官三类。

另外，楚王陵中发现的银盆可能是汉代最大的银器，还有显示王者风范的赤金带扣、"月如水，声如

戟 古书中也称"棘"。是一种中国独有的古代兵器。实际上戟是戈和矛的合成体，它既有直刃又有横刃，呈"十"字或"卜"字形，因此戟具有钩、啄、刺、割等多种用途，其杀伤能力胜过戈和矛。戟在商代即已出现，西周时也有用于作战的。同时也可作为墓地陪葬品。

磬，万里无云"的玉耳杯、"沧海月明珠有泪"的走盘珠……件件都是工艺精湛的艺术品。

由于狮子山楚王陵规模大而主体建筑部分相对狭小、结构上缺少侧间和排水设施、建造粗糙、兵马俑仓促掩埋等现象。这座楚王陵墓几乎就和地面上的王宫一样，随葬品也包括了楚王生前所使用的一切物品。这些精美的遗物，较为系统地展示了西汉楚国的历史风貌。

千古遗迹的考古发现

阅读链接

1977年，青年考古工作者王恺从洛阳市博物馆调回故乡徐州，一踏上这块充满浓郁楚风汉韵的土地，他就盯上了楚王陵。徐州城四周埋葬着西汉12代楚王，在王恺回来之前，徐州只能确定第一代楚王刘交的陵墓，其他11个楚王谁也不知道葬在何处。

1984年12月的一天，山脚下砖瓦厂的一个民工正在挖地窖，无意中发现了徐州彩绘兵马俑。

1985年10月，王恺率领物探队找遍了山上每个角落。他们在山上发现了大量的汉代瓦当、铺地砖。这表明，在汉代的时候，上有建筑物。王恺断定，这里就是当年楚王的陵园。碎石是当年古人在这里开山挖墓时剩下的，楚王陵墓就在主峰的腹腔里。

1990年，王恺和大家一起共找到了6座楚王陵，1994年11月，国家文物局批准发掘楚王陵。通过对出土的铜钱及印章、封泥、兵器的精心考证研究，王恺认定，墓主是西汉第三代楚王刘戊。

风水宝地的北宋皇陵

宋陵，即960年至1127年中国北宋王朝的皇帝陵。位于河南省巩义市境内，有皇帝及皇后、大臣等的陵墓300余座，是中国中部地区规模最大的皇陵群。现地上所存700多件精美石刻，具有重要的文化价值。

宋陵从963年开始营建，前后经营达160余年之久，形成了一个规模庞大、气势雄伟的皇家陵墓群。

北宋九个皇帝，除徽、钦二帝被金兵掳去死于五国城外，其余七

■ 宋陵神道

■ 围绕宋陵的建筑

赵普 字则平，中国北宋初期的杰出政治家，历史上著名的谋士。他15岁随父迁居洛阳，自幼学习吏治，是宋太祖赵匡胤"黄袍加身"的预谋者，"杯酒释兵权"的导演，三度为相，为一代名臣，从政50年，终年71岁。虽足智多谋却不好读书，后来在赵匡胤的劝告下开始读《论语》，有"半部论语治天下"之说。

个皇帝及宋太祖赵匡胤之父赵弘殷均葬在巩义，通称"七帝八陵"。加上后妃、宗室、亲王、王子、王孙以及高怀德、赵普、曹彬、蔡齐、寇准、包拯、狄青、杨六郎等功臣名勋共有陵墓近1000座。

围绕陵园的建筑有寺院、庙宇和行宫等，陵台植松柏，横竖成行，四季常青。陵园内苍松翠柏，肃穆幽静。

宋陵按照埋葬时间的先后，主要分布在西村、蔡庄、孝义、八陵4个陵区，占地30余平方千米。

八陵的顺序依次是：

西村陵区位于西村乡北的常封村和滹沱村之间，包括宣祖赵弘殷的永安陵、太祖赵匡胤的永昌陵、太宗赵光义的永熙陵；蔡庄陵区位于蔡庄北，有真宗赵恒的永定陵；孝义陵区位于县城西南侧，包括仁宗赵祯的永昭陵、英宗赵曙的永厚陵；八陵陵区位于八陵村南，包括神宗赵顼的永裕陵、哲宗赵煦的永泰陵。

北宋皇陵的诸帝陵园建制统一，平面布局相同，皆坐北朝南，由南向北为鹊台、乳台、神道列石；都有兆域、上宫和下宫。

神道北即上宫，上宫四周夯筑方形陵墙，称神墙；平面四方形，周长近千米，四面正中辟有神门，神墙四隅筑有阙台；上宫正中为底边周长200余米的覆斗形陵台，台下为地宫。东、北、西三门外各有一对石狮，南门外神道两侧排列着石兽、石柱及石雕的将军、大臣等。

后陵在帝陵西北，布局和建筑与帝陵相似，只是形制较小，石刻较少。

下宫在帝陵西北，是日常奉飨之处，地面建筑已

307

■ 宋陵中的石狮子

■ 宋陵中的石雕像

莲花座 据传佛祖释迦牟尼和观世音菩萨颇爱莲花，用莲花为座，自此所有寺院里的佛像都是以莲花为宝座，称之为莲花座。莲瓣座分为4层，莲瓣除每瓣边缘处，绘制白、红、白3条曲线勾边。每个莲瓣的外表还绘制图案。有的莲座在仰莲处不绘制花朵，而只渲饰色彩，勾边图案。

荡然无存。一些下宫的门外也有门狮一对。

宋陵与历代皇陵相反，面山背水，把陵台安置在地势最低的地方，这大概是受了风水学说的影响。

陵区内石刻很多，总数约在千件以上。帝陵神道两旁石刻一般有23对，由南向北为望柱一对、驯象人一对、瑞禽一对、角端一对、仗马一对、控马官4对、虎两对、羊两对、客使3对、武将两对、文臣两对、门狮一对、武士一对。

宋陵石刻摆脱了传统的神秘色彩，采用圆雕、浮雕、线刻等多种技法，造型雄浑，表现手法细腻，着重反映了当时的世俗生活风貌，具有形神兼备的高超艺术造诣，不少是雕刻艺术珍品。

永熙、永定、永裕三陵的奔狮是石刻中最成功的作品。它们披鬃卷尾，昂首举步，神态豪迈而庄严，忠诚地守卫着帝后的安宁。

人物造像中的精品，当属驯象人和番使，以面貌和服饰特征表现人物不同的民族和身份。

永定、永裕、永泰三陵的石象身披锦绣，背置莲花座，长鼻委地，体态宏伟，生动传神。驯象人长发卷曲及肩，以带束发，额饰宝珠，臂有钏，腕有镯，戴大耳环。

诸陵番使造像，面目服装各异，他们手捧宝瓶、珊瑚、莲花盘、犀角、玉函等方物，象征着各少数民族政权要臣服于大宋皇朝之意。

其他石刻也各具特色，宫人双肩消瘦，束发簪珥，女性的特征栩栩如生；内侍体态微胖，神情拘谨，手执体现其身份的球仗和拂尘；武士身躯高大，形象勇猛，或挂剑肃立，或手执斧钺；文臣执笏在前，武臣挂剑在后，反映了北宋抑武扬文的官制序班；石虎尊严而高贵，石羊柔顺而淑美；华表为方基

笏　中国古代大臣上朝拿着的手板，用玉、象牙或竹片制成，文武大臣朝见君王时，双手执笏以记录君命或旨意，也可以将要对君王上奏的话记在笏板上，以防止遗忘。大唐武则天以后，五品官以上执象牙笏，六品以下官员执竹木做的笏。从清朝开始，由于习俗不同，笏板就废弃不用了。

■ 宋陵内巨大的人物石刻

■ 宋陵中的角楼

莲花座，六棱或八棱柱身，柱顶为合瓣莲花。

塑柱是集各种装饰花纹于一身的雕刻品，它下部施方基莲花座，中间为六棱形柱身，上部以合瓣莲花结顶，柱身饰减地平钑或阴线刻缠枝牡丹及云龙、翔凤图案，线条流畅，结构谨严。

根据各类石刻的形态和装饰的变化，可将宋陵石刻分作前、中、后三期。

前期约当10世纪末至11世纪初，包括永安、永昌、永熙、永定四陵。各类人物造型带有晚唐遗风。

中期约当11世纪前半叶，包括永昭、永厚二陵。人物造像由粗壮逐渐变为修长，文臣静雅，武臣也有"儒将"风度。

晚期约当11世纪后半叶至12世纪初，包括永裕、永泰二陵。瑞兽图案失去了活泼神情，腹部两侧增饰云朵及水波纹，着意渲染其神秘色彩。人物皆做修长体态，文气十足，而威风日稀。

太宗妃子、真宗生母元德李后陵为太宗永熙陵的

哀册　也称"哀策"，是中国古代文体的一种。封建时代颂扬帝王、后妃生前功德的韵文多书于玉石木竹之上。行葬礼时由太史令读后埋于陵中。古代帝王死后，将遣葬日举行"遣奠"时所读的最后一篇祭文刻于册上，埋入陵中，称为哀册。一般说来，哀册皆作玉石册的形状。

祔葬后陵之一。李后陵为斜坡墓道，墓门为券门，青石门楣和门扉线刻飞天、武士等图像。

李后陵墓室为接近圆形的多边形砖砌单室，穹隆顶，墓壁周围砌有砖雕的角柱、昂、耍头、枋、椽、望板、檐瓦等，耍头锋面还刻有人首、人身、两手合掌、鸟腹、鸟爪、背上有翅的迦陵频伽图像

还有墨线勾勒的盆花图案，周壁还绘有楼台殿阁和云朵彩画，已剥蚀不清；墓顶涂青灰色苍穹，用白粉绘出星辰及银河。

李后陵墓前发现两道砖基，有许多砖、瓦等建筑构件。推测陵前当时应有建筑。

李后陵发现玉谥册、哀册及80多件精美的越窑瓷器青釉、白釉或黑釉的瓷器残片，其中，带"官"字的定窑瓷器和越窑龙纹大盘，颇为难得。

北宋魏王夫妇合葬墓由主室、耳室、甬道和墓道组成。墓门为青砖券砌仿木构建筑。甬道两侧各有一

311

古墓奇珍

三大古墓及遗存

■ 宋陵中的瑞兽

■ 宋陵内的古建筑

耳室。墓室为穹顶，平面为圆形，直径6.54米，自底至顶高6.48米。

魏王墓内地面用石板平铺。墓葬早期被盗，出土墓志两合，随葬遗物有薄胎白釉瓷碗片等。

在宋陵范围内还发现一批墓志和碑记，其中，包括亲王、公主和其他宗室子孙，如杨国公主墓志、益王墓志、燕王墓志以及燕国公主追封记、邓国公主追封记等。

此外，还发现许多绿釉琉璃瓦和瓦当，说明北宋陵园建筑已使用琉璃构件。

阅读链接

早在1918年，日本人就曾来巩义考察宋帝陵。

新中国成立后，中国学者进行了多次考察。1956年河南省人民政府发布《关于保护古迹名单的通知》，其中包括巩义宋陵。

1961年发掘魏王夫妇合葬墓。

1963年，省人民政府又公布宋陵为河南省文物保护单位。

1968年，在各陵园附近的村子建立文物保护小组。

1979年以后，国家多次拨款，对各陵墓的石刻进行扶正、黏结和维修，并树立文物保护标志，划定保护范围。

1984年发掘永熙陵北的李后陵。

千古遗迹的

考古发现

王朝遗韵

历代都城与王城遗址

先秦时期指秦朝以前的历史时代，起自远古人类产生时期，至公元前221年，秦始皇灭六国为止。经历了三皇五帝、夏、商、西周，以及春秋、战国等历史阶段。

在长达1800多年的历史中，中华民族的祖先创造了光辉灿烂的历史文明，尤其是各个王都、国都纷纷在各地建立，主要有尧王城、偃师二里头夏都城、安阳殷墟、东周王城、曲阜鲁国故城、赵王城、燕下都等，为后世留下了丰富的历史遗存。

先秦时期

古城遗址

东方太阳城的尧王城

尧王城遗址位于山东省日照市境内，是大汶口文化和龙山文化时期的都城，遗址是当时亚洲最大的都城，也是4000多年前的山东龙山文化时期最大的都城。

山东省日照市天台山主峰东临大海，环绕在群山之中，山峦起伏，郁郁葱葱，山下河流交错，稻田纵横。

尧王井

尧王城遗址就在天台山下，中心部分高出周围地面四五米，从古至今一直被称为"尧王城"。尧王城属特大或超大型都城，其陶片分布面积约360万平方米。

尧王城遗址文化层厚度一般为两三米，最

厚处可达6米。地层堆积以龙山文化层为主，兼有大汶口、岳石、商、周、汉等时代。

■ 大汶口文化彩陶

尧王城遗址共有墓葬13座，房址26座，器物窖穴5个，遗址中有器物400余件，其中，有6座保留完整的房址。

从遗址中这些完整的房址来看，房屋平面基本为方形，面积约为15平方米至25平方米，居住面地基、灶址、门道等保存较好，门多面南偏西，个别门面西偏南。

尧王城遗址的房屋建筑有三种形式：一为立柱式，二为土台式，三为土坯式。

立柱式房屋发现于文化层最底层，在原始土层上面建筑。房屋四周有若干个不规则的柱洞，四角有粗而深的大柱洞，大柱洞有的直径达0.7米，深度达近0.9米。

大汶口文化 为前4200至前2600年的中国新石器时代后期父系氏族社会的典型文化形态。以泰山地区为中心，东起黄海之滨，西到鲁西平原东部，北至渤海南岸，南及今安徽淮北一带，河南省也有少部分这类遗存的发现。因首先发现于大汶口，遂把以大汶口遗址大汶口文化遗存为代表的一类遗存，命名为"大汶口文化"。

龙山文化 泛指中国黄河中下游地区约为新石器时代晚期的一类文化遗存。铜石并用时代文化，因首次发现于山东历城龙山镇而得名，距今约4600年至4000年。分布于黄河中下游的山东、河南、山西、陕西等省。

而在大柱洞的外侧另有一小斜柱洞，是为了支撑大木柱而立的小木柱，柱洞底部用黏泥和碎陶片隔层垫成并夯实，有的多达10多层，这种房屋面积一般为15平方米。

土台式房屋建筑，需要先在建房范围内把松软的土层挖掉，用黏土层层铺垫，有的将层层铺垫的黏土夯实，有的将层层铺垫的黏土用火烘烤。从铺垫的厚度看，一般达0.5米以上，有的达1米左右。然后在铺垫好的平台上再挖槽筑地基，地基多用黏泥筑成。

土坯式房屋建筑，它的墙基、地面均用规整的土坯砌成，墙基为两行错缝平垒，地面为横竖错缝平铺，坯与坯之间以及墙都用黑黏泥抹。

土台式和土坯式建筑形式的房屋地基处都发现有奠基石。有的在门一侧立一块，有的在门两侧各立一块，距今4000多年前建筑奠基可谓当今城乡大型建筑工程奠基之源头。

尧王城遗址发掘发现的土台式、土坯式建筑形式和建设奠基，是全国龙山文化时期的首次发现。距今4000多年前的原始社会，造房不仅规划布局十分考究，而且房屋建造具有十分突出的特色、风格和技术，这对研究中国建筑形式、技术的继承与发

■龙山玉器

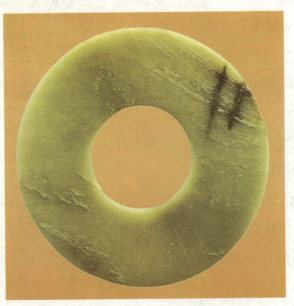

展，研究中国建筑史提供了宝贵的资料，具有十分重要的意义。

■ 龙山文化时期的白陶鬶

遗址出土的遗物有陶器、石器、玉器等。陶器有泥质和夹砂黑陶、灰陶、红陶、白陶等，其中，红陶和白陶器物仅见于鬶。陶器的主要器类有鼎、鬶、罐、盘、杯、盆、器盖、纺轮、镞、网坠等。

陶器多饰有弦纹、附加堆纹、乳钉纹、划纹等，并普遍采用快轮轮制而成。陶器中以火候高、陶质硬、陶胎薄，有黑亮光泽的蛋壳陶最为精致，代表了这一文化的高超制作技术。

彩陶的发现，填补了日照市及鲁东南沿海龙山文化陶器的空白。特别是在龙山文化大口尊陶片上发现的陶文极为重要，对研究中国文字起源提供了极宝贵的实物资料。

尧王城遗址中发现有炭化水稻的颗粒，这在当时是唯一发现龙山文化时期人工栽培水稻的实物证据。

陶文 古人在陶器上刻画的文字符号，较有名的如半坡陶符、丁公陶文、高邮陶文等，另有学者指出陶文可能比甲骨文更早而成为中国最早的文字。陶文有两种：第一种是新石器时代陶器上的"原始文字"；第二种是战国时代陶器上的文字，一般只有几个字，大多是印文。

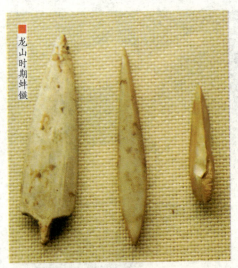
龙山时期蚌镰

另外，尧王城遗址的城址、图像文字和青铜冶炼的铜渣，是在山东地区最先步入文明社会的标志。尧王城一带有都城、邑城等大量分散的聚落，是一个强大的崇拜太阳神的文明古国。

尧王城遗址彩陶的出现，则填补了黑陶文化没有彩陶的空白。

墓葬的葬俗独具特色，在墓主人周围镶陶片构成方形墓框的现象是非常少见的。

尧王城遗址出土的墓葬的头像都朝着南部的天台山方向。说明尧王城古国是一个崇拜太阳的古国，是中国远古太阳文化起源地，是世界五大太阳崇拜起源地之一。

而据《山海经》和《尚书·尧典》中记载，中国远古先民羲和祭祀太阳神的汤谷即旸谷就在日照地区。而农历"二月二，龙抬头"传说是尧王的诞辰，日照尧王城遗址如今都举行纪念活动，来传承、发扬尧王文化，祈求风调雨顺、幸福平安。

千古遗迹的考古发现

阅读链接

1977年，山东省政府公布尧王城遗址为第一批重点文物保护单位。1978年至1979年，因为修路，文物工作者对该遗址的东沿进行了小部分抢救性发掘，揭露面积约300平方米，出土器物近200件。

1992年至1993年，经国家文物局批准，中国社会科学院考古研究所主持与日照市文化局、市博物馆联合对"尧王城遗址"进行了两次大规模考古发掘。

2006年，经国务院核定公布，尧王城遗址为全国重点文物保护单位。

第一王都的偃师二里头

二里头遗址位于伊水、洛水之间的河南省偃师市翟镇二里头村，是中国古代夏王朝的一座都城遗址，堪称"华夏第一王都"。伊、洛二水都是中华文明中著名的两条河流，其间流淌的都是中华文明的历史。

传说很早以前，有莘氏女采桑于伊川，得婴儿于空桑之中，那孩子自己说他母亲孕于伊水之滨，梦神告诉母亲："臼水出而东走。"

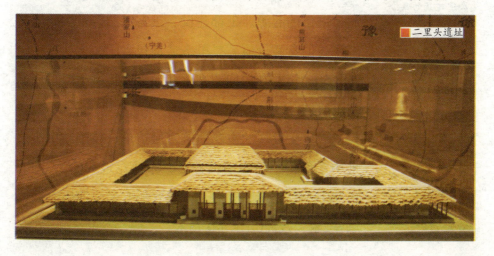

二里头遗址

■ 二里头文化玉钺

母亲睁开眼就见臼水出来了。告诉邻居们快走，大家走远了，回头再看村子已经被水淹没。他母亲化为空桑树，自己就留在桑树中了。莘氏女收养了婴儿，长大后非常有贤德，称之伊尹。

洛水悠悠，弥漫着神秘色彩。周公制礼作乐大功告成后，曾率群臣在洛水边摆曲水之宴。他让群臣沿水边席地而坐，将叫作觞的木质酒具放入水中，任其漂流。觞在何处羁绊打旋，离着最近的人就要饮酒一杯。"滥觞"一词就源于此。

二里头遗址兴盛时期的年代为公元前21世纪至公元前16世纪的夏文化时期。是当时中国乃至东亚地区最大的聚落，它拥有中国最早的宫殿建筑群、最早的青铜礼器群及青铜冶铸作坊，是中国最早的王国都城遗址。

二里头遗址对研究华夏文明的渊源、国家的兴起、城市的起源、王都建设、王宫定制等重大问题均有重要的参考价值。二里头遗址包含的文化遗存上自距今5000年左右的仰韶文化和龙山文化，下至东周、东汉时期。

二里头发现的主要遗迹宫城遗址，位于二里头遗址中东部，平面略呈长方形，东西宽近300米，南北长360米至370米，面积达10.8万平方米，四周有墙，墙宽2米，残高0.1米至0.75米。

聚落 人类各种形式的聚居地的总称。它不单是房屋建筑的集合体，还包括与居住直接有关的其他生活设施和生产设施，一般可将聚落分为乡村和城市两大类。聚落作为人类适应、利用自然的产物，是人类文明的结晶。聚落的外部形态、组合类型无不深深打上了当地地理环境的烙印。

墙外有环城大路，宫城内发现两组排列有序的宫殿建筑群，分别以1号宫殿、2号宫殿为核心，并有明确的中轴线。

1号宫殿基址面积达1万平方米，正殿居基址中北部，四周有回廊；正殿之南为庭院，过庭院为面阔八间的大门。

3号宫殿建筑基址早于1号宫殿基址百年左右，是最早的宫殿建筑基址。

同时，二里头遗址内有几十座墓葬和手工业作坊，包括铸铜、制玉、制石、制骨、制陶等作坊遗址。二里头宫城距今已有3600多年，可视为以后历代宫城的祖源。

二里头遗址的绿松石器制造作坊中有一件大型绿松石龙形器，器物全长超过70厘米，头宽15厘米，身宽4厘米，由2000余片形状各异的细小绿松石片粘嵌于有机物上，组成龙身和图案，每片绿松石都很小。

绿松石龙形体长大，巨头蜷尾，龙身曲伏有致，形象生动传神。龙头略呈浅浮雕状，为扁圆形巨首，鼻、眼则充填以白玉和绿松石。

在龙山时代至二里头时代的贵族墓葬中都有大量的绿松石片，这些绿松石片原来均可能粘嵌于有机物上，而现在无法辨认。因此，这一绿松石龙形器的发现弥足珍贵。

琮、圭、璋 均是中国古代用于祭祀的玉器。琮为玉质筒状物；圭为长条形，上端作三角形，下端正方；璋形状如同半个圭。《周礼·春官·大宗伯》记载"以玉作六器，以礼天地四方：以苍璧礼天，以黄琮礼地，以青圭礼东方，以赤璋礼南方，以白琥礼西方，以玄璜礼北方"。

洛水 指中国河南省洛阳市的洛河。传说有神龟出于洛水，其甲壳上有图像，结构是戴九履一，左三右七，二四为肩，六八为足，以五居中，五方白圈皆阳数，四隅黑点为阴数。故称为洛书，古称龟书。

绿松石

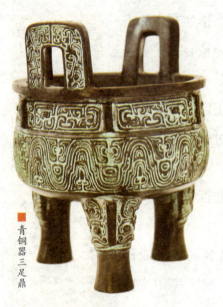

青铜器三足鼎

千古遗迹的考古发现

龙形器的用工之巨、制作之精、体量之大，在中国早期龙形象文物中，具有极高的历史、艺术与科学价值。为中华民族的龙图腾找到了最直接、最正统的根源。

二里头遗址发现的双轮车辙，证明距今3700年左右，中国已有了两轮车。而二里头的青铜器是中国最早的一批青铜器，也是世界上最早的青铜器。

二里头遗址晚期的文化层还有大量的玉制品，有琮、圭、璋等礼器。陶制品则更多，有陶塑的龟、猪、羊头以及陶器上刻画的一头二身龙蛇纹、龟纹和人物形象。这些都反映了夏代文化艺术的发展，同时，也反映了古代洛阳人民的聪明智慧。二里头遗址，让夏朝从传说中走了出来，成了信史。

阅读链接

二里头遗址被学术界公认为最引人瞩目的古文化遗址之一。早在1899年和1928年，由于甲骨文的发现和安阳殷墟的发掘，证实了殷商的存在。由此，20世纪50年代考古界提出了夏文化探索的课题。

1959年，中国著名考古学家徐旭生先生率队在豫西进行"夏墟"调查时，发现了二里头遗址，此后，经考古工作者对二里头遗址数十次的考古发掘，取得了一系列重大收获。从此拉开了夏文化考古探索的序幕。

1977年，夏鼐先生根据新的考古成果，建议考古界将其主要阶段命名为"二里头文化"。

武汉城市之根的盘龙城

长江流域第一古城——商代盘龙城遗址，是与河南安阳商城媲美的长江文明的摇篮。盘龙湖位居汉口北郊，千余亩水面拥抱着盘龙古城。3500年前，交通主要靠水路，而盘龙城正好通过盘龙湖沟通江河，成为中国连通南北、纵横东西的"九省通衢"。

正是这一优势，加之面对着广袤富庶的江汉平原，盘龙城这座商代长江流域的政治、经济、文化和军事中心便应运而生。

盘龙城遗址是商代前期城市遗址，位于湖北省武汉市黄陂区叶店

盘龙城遗址出土的青铜俑

■ 盘龙城遗址出土的玉刀

千古遗迹的考古发现

台基 建筑用语，即台的基座，又称基座。在建筑物中，系高出地面的建筑物底座。用以承托建筑物，并使其防潮、防腐，同时可弥补中国古建筑单体建筑不甚高大雄伟的欠缺。大致有四种：普通台基、较高台基、更高台基和最高台基。其中，最高台基常用于最高级建筑，如故宫三大殿和山东曲阜孔庙大成殿，即耸立在最高级台基上。

乡杨家湾盘龙湖畔。城址兴建年代约在公元前15世纪，相当于商代二里岗期。

盘龙城遗址为研究商代的政治、经济和文化提供了宝贵的实物资料。

对于研究南方商代文化面貌、城市的布局与性质、宫殿的形制及建筑技术，都具有重要的价值。

盘龙城遗址南临府河，北靠盘龙湖畔，建于水滨的高丘上，南北长290米，东西宽260米，周长1.1千米，整个遗址的面积约1000平方米，遗址距今约3500多年，上限相当于二里头文化晚期，下限相当于殷墟早期。

盘龙城遗址的城内仅有宫殿，整座城坐落在遗址的东南部，平面近方形，城墙是夯筑的，四面各有一个缺口，可能是城门。城墙分段版筑，分主城墙和护城坡。

城墙南部和北部发现有壕沟遗迹。城内东北部发现大型宫殿建筑夯土台基，西南部为一片洼地，未见遗迹。

城内东北部有宫殿建筑，在东西60米，南北100

米的夯土台基上，建筑基址分上下两层，依南北中轴线筑起3座坐北朝南、前后并列的大型建筑，方向同城垣一致。其中两座在同一中轴线上，保存有较完整的墙基、柱础、柱子洞和阶前的散水。

盘龙城遗址出土的陶器

前面的一座宫殿是不分室的通体大厅堂，平面呈长方形，上面建有四间横列的居室。各室都在南壁中间开一门，中间两室又在北壁偏东处开一后门。

室外沿排列43个大檐柱穴，每个柱穴底置有巨形石础，穴外两侧有两个小柱洞。台基四周略倾斜，上铺碎陶片，作为散水。整个基址可复原为一座周围有回廊，中央为四室的高台寝殿建筑。

后面一座位于前面建筑之南约13米，平面长方形，基址四边有前后左右对称的大檐柱穴27个。是四周有回廊、中间分为四室的寝殿，

盘龙城遗址出土的陶器

四阿顶 又叫庑殿顶，是中国传统屋顶中级别最高的，皇宫的主殿等重要的建筑均采用重檐庑殿顶，是最尊贵的形式。庑殿顶四面斜坡，有一条正脊和四条斜脊，屋面稍有弧度，是"四出水"的五脊四坡式，所以又叫五脊殿。

是重檐四阿顶式建筑。这座建筑西侧台基下有一排陶质水管道，宫殿中间未见隔墙，可复原为一座大空间的厅堂，与前面的宫殿基址形成前朝后寝的格局。

盘龙城遗址的城外有约100万平方米的商代遗址。遗址的南面是居民点和手工业作坊，民居为单体地面建筑和半地穴式简易窝棚。手工作坊有多处，一般为酿酒、制陶、冶炼遗址。

城外有平民居址、手工作坊遗址及墓地等。主要分布在：城外西面的楼子湾，北面的杨家湾、杨家咀，东面的李家咀，南面的王家咀。其中，李家咀遗址面积约10万平方米，文化层厚约1米，是贵族墓的主要集中地。

经过考古发掘，共发掘30多座，大致可分三类：

甲种墓，已发现4座，墓室面积在10平方米以上，均为长方形土坑竖穴，有棺、椁。椁板外壁雕刻精细的饕餮花纹，内侧涂朱漆。椁外有殉人。墓底设"腰坑"，随葬有成套的青铜礼器、玉器和陶器。这类墓主的身份应为显贵阶层。

乙种墓，已发现 8座，为长方形土坑竖穴，长2米，宽1米左右，有棺、椁和腰

■ 盘龙城遗址出土的青铜器

坑。葬式多仰身直肢。随葬品有青铜礼器和武器、工具、印纹硬陶器、原始瓷器，但未见殉人。这类墓葬应属下层贵族。

■ 盘龙城遗址出土的青铜面具

丙种墓，为平民墓，形制与乙种墓近似，墓室窄小，面积在 1 平方米左右。仅有单薄木棺，无腰坑，随葬品以陶器为主。

墓葬中有数百件青铜器、陶器、玉器、石器和骨器等遗物，制作精美，花纹别致，特别是出土的铜圆鼎、铜锁、铜提梁卣和玉戈等，都是中国极为罕见的珍品。

李家咀一带分布有大型墓葬，一座贵族墓中使用了雕花木椁，随葬品有青铜器、玉器、漆器、陶器等，还有3名随葬的奴隶。墓中青铜器共63件，分为礼器、兵器和生产工具三大类。

其中一件青铜鼎，高达0.55米，仅次于郑州出土

礼器 礼器是陈设在宗庙或者是宫殿中的器物，贵族在举行祭祀、朝聘、宴飨以及各种典礼仪式上使用，除此之外，礼器还用来显示使用者的身份和等级与权力。中国最早的礼器出现在夏商周时期，主要以青铜制品为主。

青铜大钺

的王室大方鼎。兵器有戈、矛、钺、斧、镞等，有一件青铜大钺其上雕饰龙纹，为军事统帅所有。

墓葬的玉器中，还有一件长达0.94米的玉戈，是中国最大的一件商代玉戈。

另外，在杨家湾墓葬中的一尊青铜大圆鼎，高达0.85米，是已发现的中国商代前期最大的圆鼎。

王家咀发现的高达1米的大陶缸，也是商代陶器之精品，显示了精湛的制陶工艺水准。

盘龙城遗址是武汉地区生产力和社会文明的发展进程的见证，城内外的遗迹遗物，明显反映了奴隶社会的阶级分野。

它对于推动整个华中地区经济文化的发展与交流，促进中原与南方各民族之间的相互了解与融合，具有不可低估的影响，是后来武汉城市文明的源头，被誉为"武汉城市之根"。

阅读链接

1954年盘龙城遗址被发现后，随即于1956年被湖北省政府公布为湖北省文物保护单位。

1974年至1976年，湖北省博物馆在盘龙城遗址设置考古工作站，并建立群众性保护组织，负责文物保护和考古发掘工作。同时，湖北省博物馆与北京大学历史系考古专业合作，进行过两次较大规模的发掘。

1979年以来，湖北省博物馆又进行多次发掘。经过多年的工作，基本上搞清了遗址的分布情况。

商代王国缩影的安阳殷墟

　　殷墟是发现于河南省安阳市小屯村及其周围的商代后期都城遗址，横跨安阳洹河南北两岸，在商代从盘庚至帝纣，在此建都达273年，是中国历史上可以肯定确切位置的最早都城，距今已有3300多年

安阳殷墟遗址

甲骨文 刻在甲、骨上的文字，早先曾称为契文、甲骨刻辞、卜辞、龟版文、殷墟文字等，现通称甲骨文。是中国的一种古代文字，是汉字的早期形式，有时候也被认为是汉字的书体之一，也是现存中国王朝时期最古老的一种成熟文字。

历史。

殷墟遗址的面积超过36平方千米，其中，宫殿宗庙遗址、王陵遗址是核心区域，因其大量的甲骨文和青铜器而驰名中外。

商朝在后期叫北蒙，又称殷。周灭殷后，曾封纣王的儿子武庚于此，后因武庚叛乱被杀，殷民迁走，逐渐沦为废墟，故称殷墟。

安阳殷墟遗址具有重要的文化价值。甲骨文的发现和殷墟发掘，确证了中国商王朝的存在，重新构建了中国古代早期历史的框架，使传统文献记载的商代历史成为信史。

在殷墟先后发现了110多座的商代宫殿宗庙建筑基址、10多座王陵大墓、洹北商城遗址、2500多座祭祀坑和众多的族邑聚落遗址、家族墓地群、手工业作坊遗址、甲骨窖穴等。

■ 安阳殷墟博物苑

殷墟内有数量惊人的甲骨文、青铜器、玉器、陶器、骨器等精美文物，全面系统地展现出3300多年前中国商代都城的风貌，为这一重要的历史提供了坚实证据。

殷墟宫殿宗庙遗址位于安阳洹河南岸的小屯村、花园庄一带，是商王处理政务和居住的场所，有宫殿宗庙建筑基址80多座。

■ 殷墟遗址青铜鼎

这些宫殿宗庙建筑，以黄土、木料作为主要建筑材料，其建筑多坐落于厚实高大的夯土台基上，房架多用木柱支撑，墙用夯土筑成，屋顶覆以茅草，造型庄重肃穆、质朴典雅，具有浓郁的中国宫殿建筑特色，代表了中国古代早期宫殿建筑的先进水平。

在侯家庄武官村发现了世界闻名的司母戊鼎。它是商后期约公元前14世纪至公元前11世纪铸品，此鼎器型庞大浑厚，其腹部铸有"司母戊"3个字，是商王祖庚或祖甲为祭祀其母所铸。

司母戊鼎身呈长方形，口沿很厚，轮廓方直，显现出不可动摇的气势。鼎形制雄伟，是中国最大最重的青铜器。

司母戊鼎四足中空，除鼎身四面中央是无纹饰的长方形素面外，其余各处皆有纹饰。在司母戊鼎细密的云雷纹之上，各部分主纹饰各具形态。鼎身四面为

祖甲 生卒年不详，亦称且甲、帝甲，子姓，名载，商王武丁之子，商王祖庚之弟，商朝第二十五任君主，祖庚死后即位，《今本竹书纪年》称他在位33年，曾征伐西戎，他在位早期尚能照顾一般民众，商朝中兴。

■ 殷墟遗址甲骨文
拓片石碑

金石文化 也就是对古器物的研究，从中国的北宋开始，已经有1000多年的历史了。"金"就是铜的意思，铜器，有铭文，上面有字的铜器；"石"多半指的是石刻，有文字的石刻。然后在这些有文字的铜器和石刻上，依据材料，来核对古代的经济、古代的史书，发现、纠正问题。

方形素面周围以饕餮作为主要纹饰，四面交接处，则饰以扉棱，扉棱之上为牛首，下为饕餮。

司母戊鼎耳外廓有两只猛虎，虎口相对，口含人头。耳侧以鱼纹为饰。4只鼎足的纹饰也匠心独具，在3道弦纹之上各施以兽面。

据考证，司母戊鼎应是商王室重器，其造型、纹饰、工艺均达到极高的水平。是商代青铜文化顶峰时期的代表作。

司母戊鼎的提手文饰同样精美。两只龙虎张开巨口，含着一个人头，后世演变成"二龙戏珠"的吉祥图案。一般认为，这种艺术表现的是大自然和神的威慑力。

司母戊鼎的鼎身和鼎足为整体铸成，鼎耳是在鼎身铸好后再装上浇铸的。

中国是世界上出土和保存青铜器最为丰富的国

家，而丰镐地区又是国内出土青铜器最多的地区之一。司母戊鼎充分显示出商代青铜铸造业的生产规模和技术水平，是中国金石文化中的精品。

殷墟的宫殿宗庙遗址，有著名的小屯南地甲骨窖穴、妇好墓、花园庄东地甲骨窖穴等。

殷墟发现的甲骨窖穴共有甲骨15万多片。最著名的有甲骨窖穴、小屯南地甲骨窖穴、花园庄东地甲骨窖穴。

小屯南地甲骨窖穴位于小屯村南部，共有刻辞甲骨5000余片。花园庄东地甲骨窖穴位于宫殿宗庙遗址东南部，共有甲骨1583片，其中刻辞甲骨500余片。

这些甲骨的内容极为丰富，包括祭祀、攻猎、农业、天文、军事等，涉及商代社会生活的方方面面，为甲骨文和商代历史研究提供了极其宝贵的资料。

妇好 商朝国王武丁的妻子，中国历史上有据可查的第一位女性军事统帅，同时她也是一位杰出的女政治家。她不仅能够率领军队东征西讨为武丁拓展疆土，而且还主持着武丁朝的各种祭祀活动，因此武丁十分喜欢她。

■ 安阳殷墟妇好墓

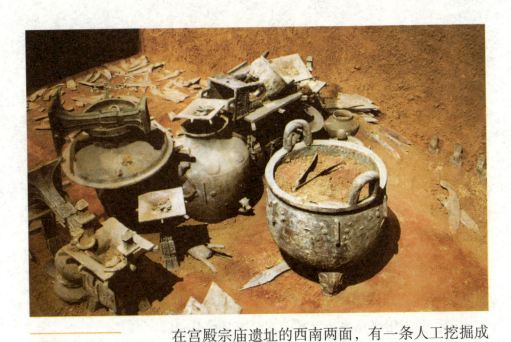

安阳殷墟遗址

戍嗣子鼎 圆形、口沿两直耳，三蹄足。颈部饰兽面纹。其为商代后期器物。器内铭文3行30字，其中合文三。铭文记商某王某年，九月丙午这天，商王在宗庙明堂大室赏赐给戍嗣子鼎贝二十朋，戍嗣子因受荣宠，作了这件祭祀的宝器。铭末"犬鱼"就为戍嗣子所属家族的族徽。

在宫殿宗庙遗址的西南两面，有一条人工挖掘成的巨型防御壕沟。东北两端与洹河的河曲相通，将宫殿宗庙遗址环抱中间，构成了严密的防洪、防御体系，与宫殿宗庙浑然一体，起到了类似宫城的作用。

殷墟有宫殿宗庙区、王陵区和众多族邑聚落遗址、一般墓葬区、手工业作坊区、平民居住区和奴隶居住区、家族墓地群、甲骨窖穴、铸铜遗址、制玉作坊、制骨作坊等众多遗迹，是中国历史上第一个有文献可考，并为甲骨文所证实的古代都城遗址。

古老的洹河水从市中缓缓流过，城市布局严谨合理。从其规模、面积、宫殿的宏伟，出土文物的质量之精、之美、之奇、数量之巨，可充分证明它当时不仅是全国，而且是东方政治、经济、文化中心。

在殷墟王陵区1217号大墓东墓道之北，发现甲字形大墓一座，是这一带新发现的殷墟早期墓葬之一，它确立了殷代王陵区的边界。

在高楼庄的后岗祭祀坑，内埋无头人骨架和铜礼器、武器等，其中，发现的戍嗣子鼎有铭文30字，在商代铜器研究中具有重要价值，为殷墟出土的殷代铜器铭文最长的一件。

殷墟青铜礼器的大量出现，证明中国青铜文化已发展到了最高的阶段。以青铜礼器鼎、簋、觚、爵；兵器戈、矛、钺、刀、镞；工具锛、凿、斧、锯、铲；乐器铙、铃、钲等为代表的殷墟青铜器，形制丰富多样，纹饰繁缛神秘。

层层叠叠的线条把动物形象加以抽象变化，采用极精细的几何纹和深浅凸凹的浮雕，构成形形色色的图案，布局严谨，庄严凝重。

其夸张而神秘的风格，蕴含着深厚粗犷的原始张力和艺术魅力，反映了殷商先民特有的宗教情感和审美观念。殷墟在青铜冶铸方面辉煌的成就使其成为世界古代青铜文明的中心之一。

在郭家庄发掘墓葬中发现随葬器物共352件，包括铜、玉、陶、石、骨、牙、竹、漆等器类，其中有盖提梁四足鼎和方形器都是极稀见的器物。大多数铜器上的纹饰华丽繁缛，铸造精致。其上还有族徽铭文。在这个墓中，首次发现了一件圆锥形旧细竹篾编织的小竹篓。发掘殷代车马坑20座，其中大司空村4座，

钺 中国古代武器及礼器的一种，为一长柄斧头，重量也较斧更大。早在新石器时代良渚文化遗址中，已发现玉制的钺，在当时具有神圣的象征作用。后因形制沉重，灵活不足，只作为仪仗用途，常作为持有者权力的表现之用。

■ 殷墟甲骨文

安阳殷墟车马坑

殷墟西区7座，郭家庄之西南4座，刘家庄北地5座。这些马车遗迹，均是一车两马驾辕。

殷墟不是一座简单的建筑物，它是一座都城。都城是一个国家的政治、经济、军事和文化礼仪中心。它是一个王国的缩影，是其他任何遗产没办法比的。殷墟记载并凝聚着中华民族的历史和风采，商殷先民在创造和传播东方文明中留下了不朽的业绩。

阅读链接

早在1899年，金石学家王懿荣在北京发现中药店中所售龙骨上刻有一些很古老的文字，即甲骨文，意识到这是很珍贵的文物，于是开始重金收购。

在20世纪20年代后期，发掘殷墟，不仅是金石学者的迫切要求，也是中国所有了解殷墟的爱国人士的共同心愿。

于是，在1928年，中国国家学术机构第一次全面负责、开始殷墟考古发掘，这是中国学者独立主持的考古发掘，培养了一批批的考古学者，殷墟也成为中国考古学的摇篮。

至1986年，已经对10多个点进行了20多次的发掘，获得了刻字甲骨约15万片。

2006年，殷墟因具有全球突出普遍价值和良好的管理与展示，在第三十届世界遗产委员会会议上被列入《世界遗产名录》。

秦中最古帝王都丰镐

丰镐遗址位于陕西省西安市长安区马王镇、斗门镇一带的沣河两岸，丰镐是周文王所建丰京和武王所建镐京的合称，丰在河西，镐在河东，总面积超过10平方千米。年代为公元前11世纪至公元前771年。

丰镐遗址中的大量青铜器造型精美华丽，上面的铭文记载了西周王朝及方国的一些重要史实，具有极高的历史、艺术和学术价值。

在张家坡、客省庄、马王村、新旺村、沣东花园村、洛水村、普度村等地的丰镐遗址发现了夯土基址、房

■周文王 （约前1152—前1056），即殷商西伯，又称周侯，姬姓，名昌，黄帝的后裔。传在羑里，即今河南境内根据伏羲氏的研究成果继续演绎易经八卦。积善行仁，政化大行，因崇侯虎向纣王进谗言，而被囚于羑里，后得释归。天下诸侯多归从，其子武王姬发有天下后，追尊他为文王。

■ 周武王（约前1075—前1043），姓姬，名发，西周王朝开国君主，周文王次子。他继承父亲遗志，继续任姜尚为国相，以兄弟周公旦为助手，积极筹划灭商的事宜。于公元前11世纪灭商朝，夺取全国政权，建立了西周王朝，成为中国历史上的一代明君。死后谥号"武"，史称周武王。

子、制骨作坊、陶窑、灰坑、窖藏坑和墓葬、车马坑等遗迹，为全面认识西周文化的面貌和内涵，确立西周遗址和墓葬的分期奠定了基础。

丰京也称丰邑，周文王伐崇侯虎后自岐地迁到这里，即今客省庄村北至海家坡一线，南到石榴村至鲁坡头，面积8平方千米至10平方千米，是一处南北狭长、四面环水、相对密闭的地区。

在这个区域内，西周遗址和墓葬比较密集。位于丰京东北部的客省庄、马王村是一片濒临沣河的高地，有西周大型夯土基址14处。夯土基址建筑群的西部还发现几处西周贵族居址。

丰京南部的新旺村、冯村也是一片较为平坦的高地，发现有西周窖藏青铜器，可能也是丰京内西周重要贵族的居址。位于丰京西北部的张家坡岗地，东西约600米，南北约400米，西周初期作居址使用，西周早期以后，成为丰京区域内最大的一处公共墓地。

镐京位于沣河东岸，商周时期的西北界临沣水，东界古滈水，南近滈河，也是一处四面环水、相对密闭的地区。由于遭到汉代上林苑、昆明池的破坏，范围和总体布局不是很明晰。

但是，汉昆明池以北的斗门镇、花园村、上泉村、下泉村、普度村、洛水村、白家庄等地西周遗迹很丰富，总面积约5000平方米，可能是镐京的中心区域。

花楼子村与洛水村之间，在北临沣河的高阳原较低的阶地上曾发现10处西周夯土建筑。在洛水村西和普度村北还发现有制陶作坊遗址和大型夯土基址，斗门镇则发现西周窖穴、灰坑和大批窖藏青铜器。

另外，在花园村北至普度村东高地上，在约50000平方米的范围内，有数百座西周墓葬和车马坑，并发现了长由盉、禽鼎、方鼎、簋、伯姜鼎等。

花楼子村与洛水村之间1号建筑基址东西长45米，南北宽25米，也是一座面南坐北的高台建筑。

这些建筑基址中发现大量瓦、白灰面墙皮、红烧土块和残破的陶器。而在建筑群体的周围发现有西周时期道路、小面积池沼、用陶管铺设的排水设施，周围有大量周瓦残片。

小型房屋均是地穴或半地穴式，平面呈长方形、方形、圆形或椭圆形，面积10平方米左右，有一条坡形或阶梯状的通道将住室分成两半，屋内有灶坑，早

伯姜鼎 伯姜是舜臣子伯夷的别称。伯夷姓姜，能明礼仪以佐尧舜，因用以代称名门望族。伯姜鼎通高0.23米，口径0.19米，重3.2千克。窄沿方唇，口沿上一对立耳，下腹向外倾垂，底微圈，下有三条上粗下细的柱足。颈部饰弦纹一道。内壁铸铭文64字。

■ 西周墙盘

房屋附近常有窖穴、灰坑、水井等。窖穴为圆形袋状，底较平，灰坑多椭圆形，底不平。那时有很多的窖穴和灰坑也会被当作房屋使用。水井有圆形和长方形两类，井壁有对称的脚窝，井深9米以上。

遗址中发现陶窑20余座，分为横式窑和竖式窑两类，窑室都呈圆拱形。比如洛水村的陶窑为竖式窑，火膛位于窑室下面，窑箅上有数个圆孔形的火道。客省庄的陶窑为横式窑，火膛位于窑室的前方，是一个筒状的甬道，窑室周壁有环形的火道和一条分火道。

丰镐遗址的千余座西周墓葬分为3类：

第一类为带墓道的大墓，包括带一条墓道的甲字形大墓和带两条墓道的中字形大墓。如在张家坡的3座大中型墓，其中，一座墓葬是有两条墓道的"中"字形大墓，墓中的铜器有井叔铭文，可能是井叔的墓葬，位于其两侧的是井叔妻室的墓。这类大墓的周围多有数座车马坑、马坑陪葬，墓葬的主人应为京城范围之内的公卿或侯伯，张家坡墓地中几代井叔的墓葬都属此类。

第二类为土坑竖穴墓，数量最多。早期墓坑狭长，有腰坑，晚期墓坑宽短，很少见到腰坑。中型墓有青铜礼器、兵器、

■ 青铜器兽面纹簋

工具、车马器、玉石和漆
器，少数有殉人。

第三类为偏洞洞室墓，
有土坑竖穴墓道，在一侧挖
出偏洞墓室。这种墓数量比
较少，其形制反映出西周文
化与甘青地区青铜文化的密
切关系。西周多为仰身直肢
葬，头向不固定，随葬品一
般放在头前两层台上。早期
大中型墓中有殉人。

发现的墓葬及附葬的车
马坑、马坑和牛坑约400座。其中，除少数出自普度
村外，余均在张家坡及客省庄。墓葬多为长方形，流
行单人仰身直肢葬，也有少数为俯身直肢葬，头向不
固定。随葬品多放在头前、棺内或棺椁之间，兵器放
身旁，祭食放在头前二层台上或容器内。早期墓有殉
人，一般一人，多则3人。

车马坑有方形、扇形、长方形3种。前两种都埋
一车两马，长方形竖穴中埋两车4马、两车6马或3车8
马。车厢下常有殉人；马坑多长方形竖穴，内埋马两
匹；牛坑为圆形或长方形，内埋牛一头。

张家坡西周墓地发现有几座墓葬聚葬现象，或墓
葬并列，或头头相对，或头足相对，或成方折形排
列。这些墓葬规模相近，随葬器物组合相仿，墓主可
能是同一家族成员。张家坡车马坑形状有方形、扇

■ 西周兽面纹鼎

青铜文化 考古
学上以使用青铜
器为标志的人类
文化发展的一个
阶段，又称青铜
时代或青铜器时
代。中国青铜文
化，历史悠久，
是世界文化宝库
中的精华。中国
的青铜文化起源
于黄河流域，
始于公元前21世
纪，止于公元前
5世纪，经历约
1600年，大体上
与文献记载的
夏、商、西周至
春秋时期的时间
相当。

饕餮纹方鼎

形、长方形 3 种，一般是一车二马或四车八马，大都有一名殉葬舆夫。

丰镐遗址有大量的石器、玉器、陶器、铜器和骨、角、蚌制品以及原始的瓷器和装饰品。其中，斧、锛、凿、锤、铲、镰、刀等生产工具，多为石制或蚌制，铜铲仅发现一件；而生活用具多为陶制。

铜礼器一般在窖藏和墓葬，如陕西省长安普度村西周墓长由盉。鼓腹、束颈、口微外侈，分裆柱足，管状流，长舌兽首鋬。盖钮作半环状，盖与器鋬有链条相接。器颈和盖沿均饰以云雷纹填底的窃曲纹，腹部饰双线 V 形纹，流饰三角雷纹。

这些铜器大都发现在居住遗址或其附近，同一个窖内出土的铜器有的非一家所作，少数年代较早，大都是西周中晚期的器物，大概是由于西周末年犬戎之乱时埋入地下的，对于探索丰镐两京的布局和西周历史的研究都是极为重要的材料。

阅读链接

早在1933年、1943年，考古工作者就已先后两次沿沣河进行过考古调查。从30年代开始至50年代初期，重点调查了沣河流域水系、地貌及西周遗址分布情况，大体确定了丰、镐两京的方位。

1951年，中国科学院考古研究所专门设立丰镐考古工作队，长期开展西周丰、镐两京的考古调查和发掘工作。考古工作进入第二阶段。

从20世纪80年代初至今，主要是对丰镐遗址的全面普探、重点发掘阶段。

"天子"代表的东周王城

东周王城遗址位于河南省洛阳市王城公园一带。东周王城遗址是中国城市文明的重大发现，展现了周代政治、经济、文化和整个历史发展过程。

"天子驾六"保存之完好、规模之宏大，在世界上独一无二。残留有墨书"天子"字迹的石圭以及刻有"王作宝彝"铭文的青铜器等

天子驾六车马坑

《管子》 中国战国时各学派的言论汇编，内容很庞杂，包括法家、儒家、道家、阴阳家、名家、兵家和农家的观点，传说是春秋时期政治家管仲的著作。现在版本的《管子》是在西汉时由刘向编定的，原有86篇，现只有76篇。

都备受瞩目。

公元前770年，周平王东迁洛邑，建都于东周王城。由平王至景王及后来的赧王，先后有25位周王在此执政达500余年之久。在近3个世纪里，这里一直是全国政治、经济、文化、交通的中心。

《管子·乘马篇》说：

> 凡立国都，非于大山之上，必于广川之中，高毋近旱而水用足，下毋近水儿沟防省……

郑樵《通志》又说：

> 建邦设郡，皆凭险阻。山川者，天之险也；城池者，人之阻也；城池必以山川为固……

■ 天子驾六车马文物

从东周王城周围的地理环境分析，其选址恰好符合上述要求，足见设计建造者之用心。周的王都背靠邙山、黄河，面对伊阙，并且扼嵩岳、三涂之险；西依崤函，出潼关可达关中沃野；东面是虎牢，至荥阳后毗连着黄淮平原；四塞险固，中有伊、洛、瀍、涧四水。

傅毅在《洛都赋》中赞美它：

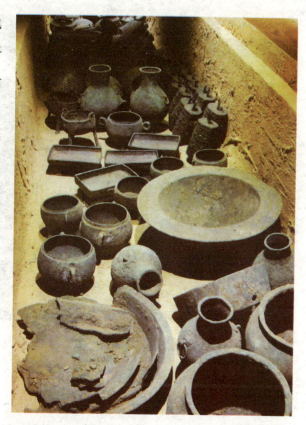

■ 青铜器

披昆仑之洪流，据伊洛之双川；挟成皋之严阻，扶二崤之崇山。

《洛都赋》真实地描绘了洛邑山川地理的雄险。

东周王城遗址北依邙山，南临洛河，平面大体呈正方形。西北角在今东干沟村北，东北角在今洛阳火车站东，西南角在今兴隆寨村西北，东南城角被洛河冲毁。

五女冢村附近地势较高，城墙遗迹保存较好，地面上仍能看到残存的东周王城城墙。整个王城周长约15千米。

东周王城核心建筑物宫殿群落位于城内的西南角

傅毅 东汉时期辞赋家。字武仲。扶风茂陵，即今陕西兴平东北人。因为明帝求贤无诚意，士多隐居，而作《七激》以讽谏。章帝时，广召文学之士，任他为兰台令史，拜郎中，与班固、贾逵共典校书。后被聘为军司马。

■ 大型车马坑

上，而不是中心部位。大致范围在洛阳市洞东路以西、凯旋路以南的城内，甚至包括城外的部分区域。这个范围内，先后有多处大型建筑群基址被发现。

在东周王城遗址西北部有东周时期烧制陶器的场所，可能是手工业作坊区；在城址西南部有东周的夯土基址，推测可能与当时的宫殿建筑有关。

同时，在城外还发现了大型的礼制或者馆驿性质的建筑遗迹。在西南角建筑群基址东侧共有粮窖80余座，是王城遗址里的仓窖区。

城内西北隅是规模很大的手工业作坊区，有制陶的窑场，还有制骨、制玉、制石器的作坊，之外也发现了制造铜器的陶范，意味着制铜作坊的存在。在王城遗址西南隅南墙外，发现战国晚期高规格大型建筑基址一处。

东周王陵应分为王城陵区、金村陵区、周山陵区三个陵区。在小屯村东北有5座大型战国墓葬，其中1号墓中的一件石圭上残留有墨书"天子"字迹。

另外，这里还有竖穴土坑墓7座，存两件意义非同寻常的青铜器，一件为鬲，一件为鼎，两件器物都有"王作宝尊彝"的铭文。

东周王陵有18座车马坑，在该车马坑内共清理出马车26辆、马70匹，其中，一辆马车前面，对称摆放着6匹马的骨骸，天子驾六是中国古代的礼制的一种行为，指皇帝级别的六匹马拉的两辆马车，印证了古文献当中"天子驾六"的记述。

虽然经过了近3000年历史，车辕、车身构件以及马的骨骸清晰可见，"天子驾六"堪为"东周瑰宝，举世无双"。

东周王城遗址中有大量的珍贵器物，其中，有的器物制作极为精美，如金银错的鼎、敦、壶等铜礼器，透雕龙虎大玉璧，金银错狩猎纹铜镜，以及铜和银的人物像等，均为十分难得的艺术珍品。

阅读链接

20世纪50年代初，中国科学院考古研究所为寻找东周王城的踪迹，根据文献记载，在今洛阳市王城公园一带、涧河两岸进行了大规模的考古调查和发掘工作，并在涧河东岸的小屯村发现了汉河南县城遗址，这拉开了东周王城大规模考古发现的序幕。

由于汉河南县城与东周王城之间存在着沿袭关系，于是考古工作者就以汉河南县城城址为基点，很快在其外围找到了沉睡地下2000多年的东周王城遗址，进而摸清了东周王城的具体位置、布局和范围。

此后，考古工作中又多次在此区域有重要发现，特别是后来在王城东部发现了大型车马坑和大型墓葬，揭开了东周王城陵区之谜，为了解东周王城的全貌提供了新的珍贵资料。

春秋都邑的河北代王城

　　代王城遗址位于河北省蔚县城东偏南的代王城镇政府所在地周围，为春秋至汉时期的遗址。城郭筑于公元前11世纪至公元前256年的周朝，现有城墙遗址。代王城城址平面呈椭圆形，这种平面形状在汉代城址中极为少见，为汉代城市重要的实物。

　　河北蔚县海拔高度900多米，古城址以南为东西横亘的恒山余脉，古称"飞孤关隘"，地势险要，成为古城的一道天然屏障。

河北蔚县遗址

代国是商王汤所封，代王城于春秋时为代国都城，秦、汉时期为代郡。春秋末，赵襄子北伐夏屋诱代王，命令一个厨人拿着铜斗击杀了代王及其随从，赵襄子从而一举平定了代地。代国是最北方的

■ 蔚县古城遗址

诸侯国，甚至比燕国还要靠北。代国北至大漠，南至雁门关，西至黄河，东与燕国接壤，境内有恒山、五台山之险，大约五百里，与匈奴非常接近，所谓"天下用武之地"是也。

代国一向是"胡汉杂居"，人都彪悍尚武，盛产优秀的士兵，也不缺乏马匹，但是因为地处塞外，自然环境恶劣。

明代蔚县人尹耕在《代国考》中，描述了古代王城的概貌：

> 山北之代，始之商汤，历代国之故，齐桓之所服，赵手冀斩并，成安阳所封，公子嘉所奔；赵歇陈余之所。夏说之所守，刘喜之所弃，陈余所监，皆是，所谓蔚之废城也。

代王城遗址北为浅山丘陵区，壶流河由西南向东北绕城流过，古代城就建在壶流河盆地之中，城内有

雁门关 又名西陉关，长城上的重要关隘。相传每年春来，南雁北飞，口衔芦叶，飞到雁门盘旋半晌，直到叶落方可过关。故有"雁门山者，雁飞出其间"的说法。从战国时期的赵武灵王起，历代都把此地看作战略要地。

千古遗迹的考古发现

■古城街道遗址

金波泉、密河二水，均向北流出城外，汇入壶流河，城西部为盐碱滩地，东部城墙内外均为耕地。

代王城、马家寨、北门子、城墙碾四村则坐落在古城遗址之上。古代王城址周长约9.3千米。城垣高3米至12米，城墙均为黄土夯筑，夯层清晰，夯窝密集，个别墙段夯层中砌放有河卵石。

在南墙有马面角台11个，马面角台宽窄不等，一般向外凸出2米左右，墙体内外还遗存有成排的半圆孔。个别孔内还存有腐朽槽木，为筑城时加固墙体结构、增强拉力、防止墙体坍塌所加的木筋痕迹。

城墙夯土层中砌放河卵石，墙体版筑法均有汉代的明显特点，城墙外壁增加向外突出马面的建筑形式也始于汉代。由此可以推断，古代王城始建于商周时期，重建或兴建应在汉代。正如《蔚州志》记载："板亡自立者，汉筑城。"

代城九门均有含义深刻的名称，其位置及名称分别是，正南荣阳门，东南兴隆门，正东宝源门，东北迎海门，正北富农门、文胜门，西北兴圃门，正西钟秀门，西南崇德门。

现在9门仅存缺口，颓废的城垣仍高高隆起，9门遗址依稀可辨。另外，虽然历史的繁荣早已逝去，但古代国遗迹犹存。诸如："杜家城门""南

马面角台 在中国冷兵器的古代，为了加强城门的防御能力，许多城市设有二道以上的城门，形成"瓮城"，城墙每隔一定的距离就筑有突出的矩形墩台，以利防守者从侧面攻击来袭敌人，这种墩台平面有长方形和半圆形两种，因外观狭长如马面而得名，称为"马面"。

箭""治沙地""太子梁""八圪垯"等。

在城内东南部高高隆起的缓坡台地上为宫殿区，面积宏大，城址中部有一汉代大型夯土台基，呈正方形，边长25米，高1米，应为大型建筑基址，传说为代王宫殿

云纹瓦当

遗址。台地西南侧为断崖，遗物十分丰富，残陶片堆积如山，以建筑材料的筒、板瓦最多，生活日用陶器也有一定数量。瓦当有云纹、瑞兽纹、勾连纹、同心弦纹等。

遗物中有罐、盆、瓮、钵、豆、鬲、炭炉等多种器型，个别器物上还带有文字戳记，是为当今研究古代国文化的重要实物资料。从大量遗迹、遗物推定，古城在西汉时为繁荣鼎盛时期，东汉之后日趋衰落，到北周时期完全废弃。

在城外分布着众多的汉代封土墓，现存封土堆63座，均是当时王室贵族墓葬。古代城作为代国都邑，郡县治所，为当时的政治、经济、军事、文化中心。

阅读链接

代王城镇对保护管理工作十分重视，2005年成立了文化名镇保护管理机构，并将文化名镇今后的发展，保护管理等工作纳入到领导班子的议事日程中。

根据《中华人民共和国城乡规划法》《中华人民共和国文物保护法》，制定了古镇的保护管理实施条例，2008年国务院颁布了《历史文化名城名镇名村保护条例》，将文物保护纳入到城市发展规划中去。

春秋时期齐地的薛城

薛城遗址是中国西周、春秋时期薛国都城遗址，位于山东省滕州市张汪镇与官桥镇之间。夏、商时期的薛都是否在此尚不能肯定。战国初期，齐国灭掉薛国。公元前298年，齐湣王封靖郭君田婴于薛。田婴死后，其子孟尝君田文嗣立。

薛国故城位于薛城区以北，滕州市之南。故城分外城和内

■ 孟尝君田文 战国时齐国贵族，因封于薛地，又称薛公，号孟尝君。门下有食客数千。秦昭王时曾入为秦相，不久逃归，后为齐湣王相国。曾联合韩、魏击败楚、秦。公元前294年因贵族田甲叛乱事，为湣王所疑，谢病归薛，不久出奔至魏，任相国，联合秦、赵与燕共同破齐。

城。外城平面呈不规则形，尤其是北面更严重，总长10千米。大部分城墙在地面上留有残迹。

薛国故城有城墙的夯层。已经探出有大城门6座，南面墙3座，由东到西分别为古午门，大城门，水门，其他三面各一座。形成于战国时期。

内城在大城的东南隅，平面呈不规则的长方形，东墙与南墙较直，和外城城墙合一，西墙和北墙已湮没地下。内城在南、西、北三面各探出一座城门，门道宽8米左右。内城似即西周、春秋的薛城，并一直延续到汉代。

内城北半部和北墙外，有大面积遗址，文化层堆积厚两三米，时代包括龙山文化、岳石文化、商、西周、东周和汉。

外城中部皇殿岗村东一带，有大规模的战国至汉代的冶铁遗址，堆积厚度约1米的地面上暴露出大量的铁矿石、铁渣、已完全氧化的锈铁块、铸范和铁器残片。可辨认的器型有斧、铲、犁、锄等诸多的农具。

皇殿岗村西南有战国、汉代的建筑遗迹，出土"千秋万岁"卷云瓦当和铜兵器。

大城内皇殿岗遗址东的尤楼村东南，即原内城的北门附近，有史籍上多次记载的薛国太庙宗庙，即薛县内奚仲庙一座，现在依然遗存着北大殿台基和残存的东西两座膳房等。

内城东部及东墙内外有大面积西周早期至东周墓地。东门外300米东有前掌大遗址，是商周时期的薛国贵族墓地群，主要集中在村后的河崖头和村前的岗子地。

古城内东北隅的狄庄村北有 两座土冢，传为孟尝君父子墓。墓用自然石堆砌成石椁，据《水经注》记载，孟尝君墓为铁铸棺椁，两晋之前就早已被盗一空。这一带曾出土有"薛子仲安""走马薛仲寺"铭文的铜器。

在一座春秋晚期的九鼎墓中，一椁两棺，椁室北侧殉葬一中年女性，腰坑殉葬一老年男性，椁盖上殉狗一条，随葬品有青铜礼器、兵器、车马器和陶器、海贝等。

古城北门外偏东的京沪铁路旁有战国平原君赵胜的门客毛遂墓地。西周时期，薛城区境内出现奚、常两个城邑。奚邑在今区境北部的奚村一带，常邑在今南常、沙沟一带，二邑隶属于薛国。

阅读链接

对于薛国故城冶铁遗址处的皇殿岗高台，历代名人墨客过薛凭吊孟尝君的诗文中，对该处官殿高台及其周围城池的残垣多有描述与感伤。

曾经身为北宋宋仁宗时代"铁官"的陈洎，专门来考察在秦汉时期专门设置铁官的薛郡薛县，感伤之余，乃作《过田文墓》一诗，以示吊古伤今。

诗中写道：

当年闻奏雍门琴，话著池台泪满襟。

何况今朝陵谷畔，池台无计可追寻。

最久的曲阜鲁国故城

曲阜鲁国故城是周代鲁国都城遗址。在山东省曲阜市。周成王封周公旦的长子伯禽于鲁，并建都于曲阜，至公元前249年鲁亡于楚，历时900余年，先后传25世34君，是周王朝各诸侯国中沿用时间最长的都城之一。

曲阜鲁国故城

■ 曲阜孔庙石碑

鲁国历经鲁公伯禽、考公酋、炀公熙、幽公宰、魏公晞、厉公擢、献公具、真公濞，一直都是周室中很强盛的藩国，震慑并管理东方，充分发挥了宗邦的作用。此时的鲁国国力之强，使得国人和夷狄之民"莫我敢承""莫不率从"。

鲁国成为典型周礼的保存者和实施者，世人称"周礼尽在鲁矣"。各国诸侯了解周礼也往往到鲁国学习，鲁国是有名的礼仪之邦。

曲阜鱼国故城分为外城和内城两部分。外城平面呈不规则的圆角长方形，城的四周围有城壕；东、西、北三面各辟城门3座，南面辟有城门2座，门道宽7米至15米。

而南面两座门的外侧有夹门的墩台，应该就是《左传》记载的雉门及其两观。

内城在外城的西南角，平面近方形，东、西、北三面残存地下的城垣宽10米左右。内城的中心有一片高地，是春秋至西汉的鲁王宫殿区和太庙的所在地，宋代在高地建立的周公庙，保存至今。高地的四周分布着衙署、商业区和住宅区。

城内已探出东西和南北的通路各5条，皆与城门

《左传》原名为"左氏春秋"，旧时相传是春秋末年左丘明为解释孔子的《春秋》而作，实质上是一部独立撰写的史书。它以《春秋》为本，通过记述春秋时期的具体史实来说明《春秋》的纲目，是儒家重要经典之一。

和重要遗址相通。宫城南有宽约15米的道路通向南墙东门，直指城南的夯筑台基。宫城、南东门、"舞云台"呈直线排列。道路北段两侧各有 3处大致对称的建筑基址，形成鲁城内一条由最重要建筑物构成的中轴线。

这和《周礼·考工记·匠人》所记载的国都规划相类，而与其他东周都城不同，可能反映了西周都城的设计思想。

西周前期的遗址多分布在大城西北部，西周晚期扩大到东北部。东周遗存则遍布全城。故城的北部和西部是冶铜、冶铁、制骨、烧陶等手工业作坊遗址，排列十分密集。

大城西部分布 6处西周和东周的墓地，有墓葬 200余座，墓葬可分甲、乙两组，甲组墓几乎都是小型陶

诸侯 是古代中央政权所分封的各国国君的统称。周代分公、侯、伯、子、男五等，汉朝分王、侯二等。周制，诸侯名义上需服从王室的政令，向王室朝贡、述职、服役，以及出兵勤王等。汉时诸侯国由皇帝派相或长吏治理，王、侯仅食赋税。

■ 曲阜鲁国古城墙

器墓，乙组墓有小型陶器墓，也有大中型铜器墓。

　　曲阜故城墓葬中的大型东周墓的墓室面积达一两百平方米。西周、春秋墓的铜器组合和器形与中原地区一致。可能乙组墓是周人墓，甲组墓是土著墓。这两组墓葬和遗址出土的陶器表明鲁文化是融合了周文化和山东商代文化等形成的。

　　墓区内存有许多的青铜、陶、骨、蚌等器物，以陶器为主。器型主要有鬲、甗、盆、豆、罐、瓮、钵、盂、盘、鼎、釜、洗、折腹盘等。春秋时期出现盘、盖豆、鼎、釜；战国时期出现洗和折腹盘。

　　西周、春秋陶器普遍饰绳纹，流行凹弦纹，春秋时出现暗纹。战国时期，绳纹逐渐衰退，暗纹、瓦纹流行。此外发现少量西周的筒瓦、板瓦和大量东周、汉代瓦。汉代瓦当多为卷云纹图瓦当。

■ 洗 是文房四宝笔、墨、纸、砚之外的一种文房用具，是用来盛水洗笔的器皿，也是历朝皇宫和贵族文人收藏和使用的佳品。洗最早见于西晋青釉制品，敞口、宽折沿、阔腹直壁、平底。洗沿和里心多刻画水波纹。宋代以后均有烧制。如仿古铜器式样的青釉双鱼洗耳恭听、鼓钉洗、圆洗、单柄洗、葵瓣洗、委角洗、蔗段洗耳恭听、莲花洗、桃式洗、叶式洗等。

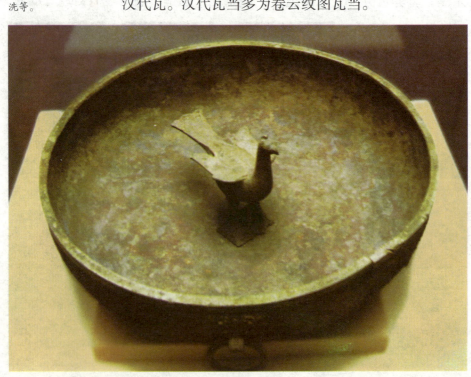

曲阜鲁国故城遗址的两座战国时代的大型墓葬中，各发现了一件"痒痒挠"。说明早在2000多年前的战国时代，就已经有"痒痒挠"了。

这两件"痒痒挠"都是用象牙雕刻而成的，前部雕成人手形状，拇指竖直，其余四指并拢弯曲。四指指甲平齐，正好用来挠痒，其柄尾端还雕成兽头状。

这两件"痒痒挠"雕刻得如此精细，既实用又美观，说明"痒痒挠"绝不会是战国时代才发明的。

曲阜故城遗址中的这些随葬品带有商文化和周文化的共同特征，这也证明了周代鲁文化是综合了商文化和周文化等因素而形成的。

阅读链接

新中国成立后，山东省文物管理处多次进行调查。1956年以后成立曲阜市文物管理委员会。1958年山东省文物干部训练班对遗址进行钻探和试掘。

1977年至1978年，山东省博物馆作了详细勘察和发掘，揭示了故城的概貌。

同时，山东省文物管委会规划出重点保护范围和一般保护范围，建立了科学记录档案和群众性的保护组织。

胶东王齐下都的即墨故城

即墨故城又称朱毛城或康王城，位于山东省平度市古岘镇大朱毛村一带，因古墨水河而得名。古即墨城始建于春秋后期，战国时代发展成为齐国东部即今胶东半岛地区的政治经济文化中心。

平度市古岘镇风景

即墨是当时齐国仅次于临淄的一大重镇。《史记》中苏秦曾称赞说："齐有琅邪、即墨之饶。"可见当时即墨故城雄伟壮观，富庶繁荣。据《左传·襄公六年》载："十一月，齐侯灭莱"，乃建此城于原莱国之中，北依群山，南控芥菖。田齐时候建造城邑，封重臣为即墨大夫。

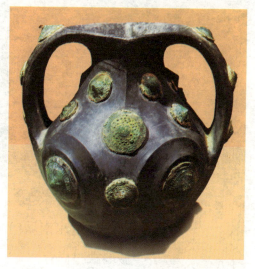

■ 黑陶双耳壶

齐湣王时，燕国大将乐毅破齐70余城，只有莒和即墨久攻不下，齐将田单离开安平，固守即墨，大摆火牛阵在即墨大破燕军，收复了所有齐国的失地。这就是历史上著名的"田单破燕"事件。

秦灭六国后，以即墨城为郡治设胶东郡。楚汉战争中，项羽分齐地为三，迁齐王田市为胶东王，以古即墨城为都，设胶东国。韩信破齐，齐将田既逃离胶东，曹参于此地杀之。汉设即墨县，又继续成为王国都城。

西汉前期三封胶东王，康王刘寄及其子孙传国直至西汉之末。后历东汉、魏晋、十六国，直到556年，即墨废县，该城逐渐倾圮。

596年，隋重设即墨县，移县城于旧不其县境，即今之即墨市区。

现存即墨故城遗址可能是西汉胶东王城，地面有城墙遗存，即墨故城分内城和外城，全为夯土版筑。

内城有金銮殿、点将台、东西仓、贮货湾、养鱼

苏秦 字季子，战国时期周王室直属洛阳人，出身农家，素有大志，曾随鬼谷子学习纵横捭阖之术多年。苏秦最为辉煌的时候是劝说六国国君联合，堪称辞令之精彩者。于是身佩六国相印，进军秦国。后世敬仰其成就，以"苏秦背剑"来命名武术定式，十分形象，通俗易懂，更取其纵横捭阖之意。

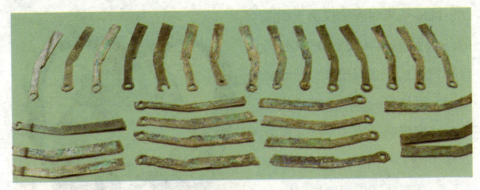

■ 燕明字刀币

千古遗迹的考古发现

十八罗汉 指佛教传说中18位永住世间、护持正法的阿罗汉，由十六罗汉加二尊者而来。他们都是历史人物，均为释迦牟尼的弟子。十六罗汉主要流行于唐代，至唐末，开始出现十八罗汉，到宋代时，则盛行十八罗汉了。

孟姜女 中国古代爱情传说故事中的人物。传说其丈夫为秦始皇修长城多年不归，孟姜女千里送寒衣，得知丈夫死讯痛哭不已，竟然哭倒了长城八百里，后不甘秦始皇的凌辱投海自尽。孟姜女的传说，一直以口头传承的方式在中国民间广为流传。

池、梳妆楼等遗迹。当时的运粮河也就是现在的小沽河，通过东南城门洞，可直接驶入贮货湾内，至今城墙缺口尚存。

即墨故城地下一带常发现铜器、铁器等，20世纪早期曾拉出一窟20大车古钱币。

故城墙一带一次发现的"燕明字刀币"达28千克，另有弩机、铜钫、剑、戈、刀、币、铁钱范等。

即墨故城素有"朱毛城，临淄土"之称。传说当年建城墙所用的砖瓦，都是人工从临淄运过来的。当地"二贞庙""洗心河"等类似孟姜女的传说，反映了当时百姓不堪于苦役的心理。

即墨故城是历史上不少朝代王、侯的陪都和封地，是胶东名城，在1000多年的时间里。前后共有八王、六侯、一相治此。这些王公贵族的墓群大多都建在距即墨故城10千米左右远的六曲山脉上，形成了一个规模宏大、蔚为壮观的古墓群——六曲山古墓群。

六曲山古墓群东起龙虎山，西至窟窿山，分别在古岘、云山、麻兰镇的10多个村的30余个山头上，共有360余座，绝大部分为汉代墓，其中，大型墓20余座，中型墓60余座，其余为小型墓。

其中，最大的是西汉景帝之子康王刘寄的康王坟。康王坟坟头之大，大于山丘，坐落山顶，下部有排水洞，均用石头砌成，其遗墟尚存，整个康王坟占地近20 000平方米，整体呈上窄下宽的"凸"字形，坟高40余米。坟头坐落山顶，土质坚硬结实，与自然山头有很大不同，一座康王坟竟大于山丘，足见坟墓之大，地下宝物之丰厚。民间一直有"打开康王坟，山东不受贫"之说。

在康王坟山坡前，修有康陵寺，距今2000多年。1775年清乾隆下令重修，佛殿门前有壮观的大匾，宏伟的大山门，有和尚撞钟的钟楼，有烧香火的香坛。

康陵寺分东西二厢，东厢住和尚，西厢住尼姑，分前后二殿，前殿三间，塑有四大天王、八大金刚像，栩栩如生、出神入化。

后殿五间，塑有西天活佛，十八罗汉，形象逼真。此庙兴盛于世，闻名百里，前来敬香祈福者众。

阅读链接

刘寄谥号康王，是即墨故城历史上的一个重要人物，曾"私作兵车镞矢，战守备"，谋图配合淮南王叛反，未果，后因此事情伤而死。康王临死之际，在一处山脚下安好墓穴，因为生前他儿子老喜欢照他的话反着做，所以康王反着自己的意思说，我死后葬在山顶上。

不料，刘寄之子为了尽孝心，照康王说的话做了，将他葬于山顶之上。但山顶上很显眼，为了防止后人盗墓，又在其旁筑了很多的大墓，以此混淆真假，当时曾有民谚说："康王坟，康王坟，离离落落到京门"。

古代著名都会的晋阳古城

　　晋阳古城遗址位于山西省太原市晋源镇古城营村附近，始建于约公元前497年的春秋中晚期，曾为战国时期赵国都城，历经秦汉、三国、南北朝、隋唐至五代时期，是中国古代北方著名的大都会。

　　晋阳古城战国时为赵国的都城。晋阳之名始见于《左传·定公十三

晋阳古城建筑

■ 晋阳古城建筑

年》："秋，晋赵鞅入于晋阳以判。"晋阳城从创建之初就已具备"南制诸卿，北伐诸戎"的条件和功能。

晋阳还是北齐时的陪都、北汉的都城、唐代的北京。城址有西城、东城、中城、太原府、晋阳宫城、大明宫城、仓城、罗城等。

三家分晋、西汉戍边、东魏霸府、北齐别都、盛唐肇基、五代战乱，历史上一系列重大事件都和晋阳古城有着密切的关系。

中国春秋末期，晋国的权臣内讧，大夫智伯率领大夫韩康子虔和魏桓子斯围攻赵襄子的封地于晋阳城下，但是始终没有攻下来，于是他们引来晋阳城西南的那条晋水淹了晋阳城。

后来，赵襄子反过来联合韩康子、魏桓子灭掉了智伯，瓜分了晋国的土地，这就是"三家分晋"。分

五代时期　又称"五代十国"从907年至960年，是中国唐朝灭亡后到北宋建立统一全国前的历史时期。五代有后梁、后唐、后晋、后汉与后周5个朝代。十国是指前蜀、后蜀、吴、南唐、吴越、闽、楚、南汉、南平、北汉等十几个割据的政权。

琉璃 亦称脱蜡琉璃。采用古代青铜脱蜡铸造技术纯手工加工制成，经过10多道手工工艺的精修细磨，在高温1000度以上的火炉上将水晶琉璃母石熔化后而自然凝聚成高贵华丽、天工自拙的琉璃。其色彩流云溢彩、精美绝伦；品质晶莹剔透，光彩夺目。

别建立赵国、魏国、韩国，与齐、秦、燕、楚并称战国七雄，至此，中国从奴隶社会进入封建社会。

979年，宋朝灭北汉后，宋太宗认为晋阳有王气，因为五代十国大都在山西发迹，晋阳是山西都城，所以先放火烧城，据说烧了3年，继而引汾水灌入，晋阳古城被夷为平地。

晋阳古城遗址内以自然耕地为主，西高东低。晋阳古城营村附近的30余件石刻造像，造型别致；罗城村附近的罗城遗址相传为北汉所建；晋源镇西北古城墙内有大量唐代遗物；南城角村和古城营村一带的古城址相传为大明城，在该地发现建筑基础、砖瓦、琉璃构件和石刻造像。

现存"南城角"村为L形，依古城西南角之势建成。遗存城南墙东西残长626米，西墙长约2.7千米，根据夯土的质地、色泽和夯法，认为是东周时期的城墙遗址。

晋阳古城在东魏、北齐以及隋唐时期是它的辉煌时代，盛唐时曾为三京之一。

■ 晋阳古城遗址出土的龙佩

■ 天龙山石窟

　　东魏大丞相高欢定晋阳为"霸府"，修建了晋阳宫。到北齐晋阳更是作为别都，竭力营建不已，把春秋末期董安于所筑的"周四里，高四丈"的晋阳城改建成宫城。到北齐后主高纬已建成，史载"七殿，两宫，十二院"的大明宫城，壮丽超过邺城。

　　大明宫南殿台遗址的南殿台和北殿台地下还有砖砌的地道连通。

　　西城也叫府城，城墙北段为西晋末年并州刺史刘琨为抵抗匈奴所筑，史称"高四丈，周二十七里"。内城城墙在现古城营村内，它所处的位置应该是大名城东西走向的城墙，也就是说是春秋末期董安于筑的晋阳城南城墙。

　　遗址分为古城遗址和寺观墓葬遗址两部分。以晋阳古城遗址为中心，周围依山势分布众多的寺观建

董安于　又称董阏于，春秋末期晋国人，是晋卿赵鞅的心腹家臣。他自幼受到良好的教育，成人后富于文韬武略，忠义仁爱。董安于审时度势，在背靠龙山、面临晋水的汾河西畔筑建了晋阳城。

石窟 古时一种临崖开凿的侧洞，内有壁画、佛像及佛教故事石刻等艺术作品。石窟艺术是佛教艺术，它反映了佛教思想及其发生、发展的过程，它所创造的像、菩萨、罗汉、护法，以及佛本行、佛本生的各种故事形象，都是通过具体人的生活形象而创造出来的。

筑，同时，在西山脚下缓坡地带，广泛分布着墓葬遗址，总面积达200平方千米。

在古城址的西部地区还发现有天龙山石窟、蒙山大佛、童子寺等六朝、隋唐时期的石窟遗存。在古城营村内还保存有创建于隋唐、明代重修的惠明寺塔和金代创建、明清重修的九龙庙等建筑。

晋阳古城在历史上有其特殊的地位和丰富的地下埋藏，赋予了它重大考古研究价值。

阅读链接

1955年，考古工作者在晋阳古城营村附近发现了30余件石刻造像，造型别致。1962年，考古工作者在晋阳古城遗址发现数段城墙和3座小城遗址。

1999年太原市成立晋阳古城研究所以来，晋阳古城遗址各项工作进入了新阶段。结合国家大遗址保护的整体思路、文献记载和前人研究成果，古城研究所对城址进行了全面调查和局部发掘工作，取得阶段性成果。

通过考古调查基本探明了城池遗址的四至范围、城建大致格局；通过对局部点位的发掘，廓清了古城营村的自北朝至明清堆积丰富的文化层面貌，了解了西城墙和西护城河的形制特征和时代属性；另外还通过小探沟发掘，由点及面地连缀了唐五代至北宋时期遗址地层里厚积的焚毁层，一定程度上印证了晋阳城被火焚水淹的历史。

随着各项田野考古工作的展开，古城址保护和规划工作也在陆续展开，2006年《太原市晋阳古城遗址保护管理条例》得以颁行。

春秋齐国的临淄故城

　　临淄故城遗址位于山东省淄博市临淄区齐都镇西部和北部，临淄是春秋战国时期齐国的都城，是当时列国之中最为繁华的都市之一，也是当时东方重要的政治、经济、文化中心。

　　临淄因东濒淄河而得名，南面山峦起伏，山岭绵亘，有牛山、稷

齐国古城城垣遗迹

■ 姜尚（前1156—前1017），名望，吕氏，字子牙，或单呼牙，也称吕尚。是中国历史上最享盛名的政治家、军事家和谋略家。西周初年，被周文王封为"太师"。后辅佐周武王灭商。被封齐地，因是齐国始祖而称"太公望"，俗称姜太公。据说，似因姜尚是固文王认为的他家太公盼望很久的人，才称太公望。

山、猕山和名泉天齐渊。东、西、北三面是辽阔的原野，这里土地肥沃，河系纵横，盛产五谷。东北距渤海百余里，具有渔业和盐业的便利，可谓是物华天宝。

姜尚辅佐姬昌、姬发父子灭掉商朝，建立了周王朝后，被封于齐地，建都营丘。当时的纵横家苏秦在描述临淄的繁盛时说："临淄之途，车毂击，人肩摩，连袂成帷，举袂成幕，挥汗成雨。"是一个"有户十万，市租千金，人众殷富，钜于长安"的天下名都。

齐国传至六世，为了避免东方莱夷的侵扰，被迫迁都到薄姑，即今博兴县境内。公元前859年，七世齐献公率营丘人杀了他的哥哥齐国胡公，返都营丘，于是把营丘改名为临淄。

春秋末年，齐国衰落，卿大夫相互兼并。齐康公被田和放逐在海岛上，"食一城，以奉其先祀"。

后来，唯一的食邑也被收回，康公只好在陡坡上挖洞为灶。

田和自立为国君，被称为田氏齐国，仍然以临淄为都。到公元前221年秦灭齐为止，临淄先后作为姜齐和田齐的国都，长达630余年。

齐国故城建于淄河的西岸，由大小两城组成，共有门13座。其

千古遗迹的考古发现

中，大城是郭城，小城是宫城。大城是官吏、平民、商人和手工工人居住的区域。

城的南边是官署的所在地，东北角以及西部是冶铜、冶铁、制骨、烧陶等手工业作坊区，其间还分布有商业区。

东墙因临河修筑，十分曲折。城墙用夹板夯筑，从东周至汉代，经多次增筑和修补，早期夯层比较薄，多为小杵夯，晚期夯层比较厚，多为平夯。

临淄故城大城有城门6座，东西面各一座，南北面各两座，门道宽度为10米左右。

城内有7条主干道路，大多与城门连接，有的贯穿全城，路宽6米以上，其中，两条南北主干道路宽达20米。这些道路多十字交叉，把城内划分为棋盘式的区域。

人工挖掘的排水沟、护城壕与天然河流有机相

373

先秦时期

古城遗址

■ 齐都古城城垣遗址

■临淄桓公台

连，构成了一个完善的用水、排水和城市防御系统。

临淄的小城位于大城的西南角，是国君居住的宫城。平面呈长方形，城的北部是宫殿区，东北部嵌入大城。

小城现在尚存有夯土台基，称"桓公台"。它是全城的制高点，传说其是齐桓公在春秋时期称霸天下的时候，会见诸侯和检阅兵马的地方。

西部是苑囿区，这里曾修建了大规模的离宫别馆，建筑华丽，景色优美。

小城有5座城门，东、西、北面各一座，南面两座。东门和北门通向大城，门道外口两侧城墙皆向外凸出。

小城内的3条主干道路分别与南门、西门和北门连接，路宽8米至17米。沿城墙内侧还有宽6米左右的环城路。

据《齐记》记载，齐城临淄有门13座。见于史书的有雍门、申门、扬门、稷门、鹿门、章华门、东闾门、广门等。但记载没有确切方位，因此后人各执一说。

遗址现存西门有申门、雍门，东门有广门。11座城门中小城5座，大城6座。门道跨度均在8米以上，最宽者达20米。

大城中的两条南北大道与两条东西大道在东北部相交叉，形成一个"井"字形，这一带应是都城中最繁华的市井中心。

临淄故城的排水机制，显示了齐国人非凡的聪明智慧和高超的建筑水平，被誉为世界同期排水建筑史上的杰作。齐国古城，东临淄河，西靠系水，东西两面城墙即以两道河岸为基础修建而起，淄河与系水就成了两道天然的护城河。

临淄先民们又在南城墙和北城墙外挖筑人工护城壕沟，使之与淄河以及系水相互沟通，形成了四面碧水绕城的外部排水护城网。

同时，根据南高北低的自然地势，在修建城池时，他们经过周密设计和科学安排，建出了排水道口，以及时排泄自然降水和城内生活废水。

在临淄故城的冶铁遗址数量最多，多达6处，分布在大城和小城的各个区域。在最大的一处冶铁遗址内，特别是它的北部一处有许多夯土基址，曾在此发现过汉"齐铁官丞""齐采铁印"等封泥，当是汉代的"铁官"所在地。

除了发现过冶铁遗址外，在冶炼业中还发现了冶铜遗址和货币铸造遗址。跟冶铁遗址一样，冶铜遗址也是分散在大城和小城各处；而货币铸造

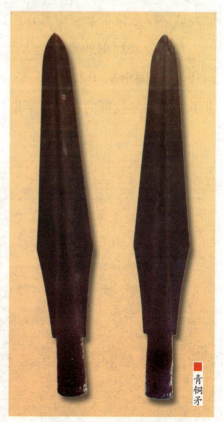

青铜矛

遗址则分属于不同的时期。

在繁荣昌盛的齐国临淄，手工业非常发达。所以故城内手工业遗址非常多。

临淄齐国故城内的制骨作坊遗迹范围较广，主要在大城东北部和北部，比较集中的有四处地方，即崔家庄东北部，河崖头村西南部，东古城村以南部，田家庄东北部。

这里的遗物十分丰富，不仅出土过刀石砥砺，而且残骨余料遍地皆是。

临淄齐国故城名胜丰富，除了地面上的名胜遗迹，还有地下的著名墓葬。在齐故城郭城东北部有一处春秋时期的齐国君主和大贵族墓地，已发现大中型墓20余座。

其中齐都镇河崖头村的墓葬就是齐景公的墓。这是一座"甲"字形大墓。椁室位于墓室中部，用自然石块垒砌。

齐景公墓周围的殉马坑大部分保存完好。北面西段54米，有殉马145匹；西面南端30米有殉马83匹。殉马排列密，全部殉马当在600匹上下，在世界范围内都极为罕见。

阅读链接

1982年，由国家文物局批准，淄博市政府拨款，在临淄故城殉马坑就地建起了具有民族风格，古朴典雅的殉马展厅，并对马骨采取了防水、防腐、防尘保护措施，1983年正式对外开放。

著名的绘画大师刘海粟先生看后，即席挥毫写下了"殉马奇迹天下无"的赞语。

国际友人奥地利前总统基希施莱格博士看后，当场写下了赞颂的美句："这是一个给人深刻印象的，真正独一无二的历史遗址。"

春秋晋都的侯马古城

　　侯马晋国遗址位于山西省侯马市，是春秋时期晋国都城新田，晋国政治、经济、文化的中心。侯马古称"新田"，华夏文明的重要发祥地之一。早在7000年前就有人类在此繁衍生息。公元前585年，晋景公以新田"土厚水深，居之不疾，有汾、浍以流其恶，且民从教，十世之利"，于是将晋国都城迁至新田。

　　从晋景公迁都于此至公元前376年韩、赵、魏三家分晋，共经历了208年。这期间正是中国奴隶制度崩溃、封建社会兴起的社会大变革时期。从此，晋国在新田大展宏图，威慑幽并，牵

晋国晋祠古建

■ 平盖蟠虺纹鼎

赵氏孤儿 春秋时代，以战功起家的晋国贵族赵氏家族，权势和声望不断膨胀，甚至让国王晋灵公都艳美恐惧不已。心高气傲的将军屠岸贾一直遭赵氏的轻视和排挤，在国王的默许下将赵氏一家300口诛杀。为了赵氏孤儿的安全，一批舍生取义的壮士牺牲了。后来形成的元代杂剧《赵氏孤儿》反映了人民前赴后继、不屈不挠地同邪恶势力斗争到底的抗争精神。

制鲁东，吞并河南，控制河西，雄踞中原，傲视群雄，成就霸业，在新田大地上演绎出一部部波澜壮阔的英雄史诗。

赵氏孤儿、魏绛和戎、悼公复霸、九合诸侯、六卿专政、三家分晋，这些耳熟能详的历史典故，丰富了中华民族的文化宝库。

公元前376年，韩、赵、魏三分其地，静公废为庶人，晋国绝祀。从此侯马晋国都城被废弃了，后来也未经过大的兴建和破坏，地下遗存保存较好，是春秋中晚期的代表性城址。

侯马晋国遗址有古城遗址5座，位于牛村的一座称牛村古城，位于平望村附近的一座称平望古城，古城遗址现场被压在地下1米左右深处。平望古城遗址的东南角和牛村古城遗址的西北角叠压在一起。

另外，还有白店古城、台神古城、马在古城。从古城遗址可以想象出，当时作为春秋五霸之一的晋国的国都建筑是何等宏伟。

牛村古城城墙是分块夯筑的，南墙内有一条绕墙而行的行车道，墙外有护城河。宫殿建筑遗迹位居城中北部。殿基成正方形。平望古城的宫殿遗迹，在城中偏南，分为三级，最下一级是正方形，第二级高出地面，第三级位于第二级的北半部。

两座古城都有一米多厚的建筑坍塌物。一座古城以鼎、簋、壶、舟、匜、鉴等礼器和编钟为主，另有车軎、当卢、马衔等车马器和阳燧、带钩、镜等用具。陶范中约半数为模，多数范未经浇铸，有的且已合好待铸。另一座以镢、斧、凿等工具为主，多达数千件，另有少量剑、戈、镞等兵器和空首布范。

陶范中有花纹的约1万块。最常见的主体纹饰为两方或四方连续纹样的蟠螭纹，形式富于变化。云雷、绚索、鳞片、贝纹多作为镶边、界带或衬地。常见纹饰还有蟠虺、蟠螭衔虺、兽面、龙、凤、虎、牛、鸟、垂叶、涡纹等。其中，蟠螭衔虺、兽面衔螭及凤纹为多层浮雕式，雄浑古朴，极富特色。

还有作为器物座承的人形，其中，女性为立人，头戴月牙形冠，着长衣，腰系带，打双蝴蝶结；男性

当卢 是中国古代马匹头部的饰件。形式各异，较常见的一种是本体似圆甲泡，上端分出两歧角，下边垂一长方形鼻梁，背面有几个横或竖鼻，用以穿带缚扎，系于马头。铜质的当卢盛行于商周时期。

■蟠螭纹罍

玉龙

为跪坐人形，"断发文身"，腰系带，背部斜插短剑。纹饰中还有多量错镶纹饰，构图简练，线条粗细相间，末端尖尾，铸造后局部或全部需再错镶其他金属或矿物。

它们雕刻精细，花纹优美，种类繁多，反映了东周时期晋国铸铜艺术的完美工艺，为中国古代光辉灿烂的青铜文化增添了异彩。

牛村古城南郊一带分布着密集的铸铜、制石、制骨、制陶等作坊遗址。浍河南岸上马村东为一处西周至东周时期的墓地。呈王古城东南一带为与祭祀有关的排葬墓、埋牲坑、盟誓遗址和建筑基址。铸铜遗址分布在牛村古城南郊，两处铸铜遗址相距约400米。有房屋70余座，井、窖穴、灰坑、窑、瓮棺葬等遗迹1500余个和一处工作场所。

房屋多为半地穴式，少量为窑洞式，平面长方形、方形或圆形，一端有台阶式门道。窖穴、灰坑多长方形、圆形，个别弃埋有人骨骸。水井皆长方形，大部两侧壁上有脚窝。

遗址内与铸铜有关的生产工具有铜和骨制的多种刻刀和多量砺石，还有大量陶范、熔炉、通风管、炼渣和100余件铅锭。共出土陶范约5万余块。各遗址生产上可能有分工。

盟誓遗址面积约3800平方米。发现瘗埋牺牲的土坑400余个，较大的埋牛、马、羊，较小的埋羊或盟书。多数坑的北壁底部有一个小龛，放置一件或数件祭玉，有璧、璜、瑗、玦、圭、璋等。

埋葬盟书的坑集中在西北部，共有盟书5000余件，其中，字迹比较清楚的656件，是公元前497年至公元前489年晋国世卿赵鞅同卿大夫间举行盟誓的约信文书。它的发现对研究东周盟誓制度、文字及晋国历史有重要意义。

最重要的一件《侯马盟书》是公元前496年由晋大夫赵鞅主持，六国在新田进行盟誓的记载。主要内容为：六国之间保证互不侵犯，振兴国力，有福同享，有难同当，齐心协力，共同对外。

晋国遗址较大面积的墓地仅发现上马墓地一处，面积约20万平方米。发现1300余座墓葬和3座车马坑。时代从西周早期至战国中期。

墓地分为若干区，墓葬之间少有打破关系，可能属于有亲缘关系的若干家族。形制均为长方形土坑竖穴墓，葬式绝大多数为仰身葬。

赵鞅 嬴姓，赵氏，原名鞅，后名志父，谥号简。时人尊称其赵孟，史书中多称之赵简子，亦称赵简主，春秋后期晋国卿大夫，六卿之一，赵氏大宗宗主，至晋定公时执政晋国十七年之久。杰出的政治家，军事家，外交家，改革家。战国时代赵国基业的开创者，郡县制社会改革的积极推动者，先秦法家思想的实践者，与其子赵襄子并称"简襄之烈"。

阅读链接

1954年，侯马晋国遗址由山西省文物管理委员会调查发现。1956年山西省文物管理委员会设立侯马工作站，负责遗址的勘查发掘和日常保护工作。1956至1957年，经发掘、勘探，发现古城。

1960年，国务院颁发了《关于加强侯马地区古城遗址的勘探发掘工作的通知》。1961年发掘平阳机械厂2号铸铜遗址，同年，国务院公布侯马晋国遗址为全国重点文物保护单位。

东周古楚的鄂王城

鄂王城遗址位于湖北省黄石市大冶市西南金牛镇高河乡鄂王城村胡彦贵湾，是东周时期的遗址，距今约2700多年。鄂王城遗址是鄂东南极为重要的一处历史文化古城址，对于东周楚城的研究具有非常重要的意义。

鄂王城遗址西距武汉90千米，南距咸宁不足50千米，北距鄂州也不过50千米，距黄石仅45千米，东距大冶40千米，地理位置十分重要。

据《史记·楚世家》中记载：

周夷王时，王室微，诸侯或不朝、相伐，熊渠甚得江汉间民和，乃兴兵伐庸、扬粤……

■东周时期的青铜剑

至公元前877年，楚国国君熊渠封其中子红为鄂王，鄂王之都城为鄂，即今天的鄂王城遗址。

楚王熊渠及长子先后去世，中子红继承王位为楚王，都城仍立在鄂。其后至少有6世10多位楚王在鄂建都，直到楚试王熊通时止。

公元前689年，楚试王熊通去世，子熊赀立，即楚文王。楚文王初立这年，便将都城由鄂迁到了郢，即今湖北宜城之楚皇城，另也有人说为今江陵之纪南城。鄂便成了楚之别都和封邑。

■ 青铜钟

公元前559年至公元前544年楚康王在位时，曾封康王之兄弟子晰于鄂，世称鄂君子晰。在楚国长达800余年的历史中，除去楚国在鄂王城建都的那段历史时期外，将鄂王城作为楚国别都，封邑和鄂县县邑的时间也有数百年之久。

楚国祖先为什么要建鄂王城于金牛呢？主要是因与周王室结有怨恨。

熊绎及其子孙勤奋治国，国力逐渐增强，周成王临终告诫康王要他既要和远又要和近。

康王卒后昭王继位，不加安抚荆蛮而以武强征，率六师征伐荆楚，熊氏带领江汉百姓坚决抵抗，最后昭王全军覆没连自己也死在汉水，无尸回周。从此楚周为敌，周常伐楚。

中子 中国古文中的"中子"并没有固定指哪一个儿子，如《史记·伯夷列传》"国人立其中子"中，"中子"是"另一个儿子"的意思；再如《史记·孝文帝本纪》"孝文皇帝，高祖中子也。"汉文帝刘恒是汉高祖刘邦的第四子，这个"中子"应该解析为排序中间的儿子。

六师 天子统领的军队，即六军之师的意思。《周礼·夏官·序官》中记载："凡制军，万有二千五百人为军。王六军，大国三军，次国二军，小国一军。"《左传·襄公十四年》中记载："周为六军，诸侯之大者，三军可也。"后来，便因此作为国家军队的统称。

熊渠当时势力不敌周，于是都城建于金牛，金牛地处偏僻，水陆两路都较隐蔽，便于躲避周军进攻。金牛有两大畈，西畈和南城，粮田万顷，素有"沃府粮仓，鱼米江南"之称，便于屯粮。

熊渠是悄悄称王，不适合在依江据险强硬暴露之处。金牛后有南山为屏，前有岗陵为障，中有河川飨香，是块包囊之地。

鄂王城址依岗毗地形而建，呈南高北低状。城内地平面高出附近地面5米至10米，城址平面呈不规则长方形。城垣为土筑，系红褐土夹黄斑土夯筑而成。

四面城垣除南垣西段向外突出外，均较直。西北、东北、东南城垣拐角处均为高台。城垣东城门有大小两座，城垣外有护城河环绕，以南垣外和西垣外最为明显，并与高河港相连。

■青铜罍

城址南部高台地发现椭圆形窑址、金器、铜器、

■ 烽火台

铁器、建筑用瓦、成群的封土墓。墓向为南北向，内有填白膏泥、木炭、卵石的现象。

遗存有大量的板瓦、筒瓦等建筑材料遗物。还先后发现了楚国的金币"陈爰"，嵌金乌纹戈及石斧和大量生活陶器皿等。

鄂王城的文物遗存还有以下特点：最下层为陶器，中层为铜器，上层为铁器。

另外，鄂王城遗址除都城遗址外，还有一大批文化古迹遗址。如鄂王城神庙，瓦脊街、王马山、烽火台、古官窑，内城墙，石兽林、启节碑、沧浪亭、屈子阁、聪慧泉、龙潭湖等遗址，此外有一大批民间传

金乌 又名三足乌或三足金乌，中国古代神话中驾驭日车的神鸟，也称阳乌、踆乌。传古代人看见太阳黑子，认为是乌鸦，又因为不同于自然中的乌鸦，加一脚以辨别，又因与太阳有关，为金色，故为三足金乌。

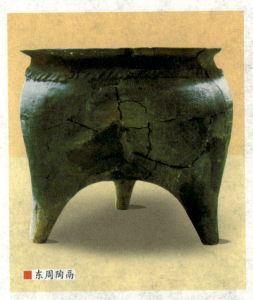

■ 东周陶鬲

说遗址，如金鸡山、金鸡垅、木鱼墩、越女织布机等。

从自然环境看，这里景物别致，青山常绿，绿水长流。

城南面丘陵地带，城势广阔，杉树成林，一片葱郁。城下的高河港由南向北，川流不息，泛舟其上，可直达梁子湖。

河东面是沃野良田，这里一年四季或黄花遍野，或麦浪滔天，或荷花似盖，或棉花似雪，既是一曲美妙的交响乐，也是一幅人间仙境的美丽图画。

千古遗迹的考古发现

阅读链接

秦统一六国后，先后在鄂王城城址所在地和今鄂州设县，县名为"鄂"；三国时，孙权在今鄂州建都，改鄂王城为鄂县。因鄂王城东南约10千米处有武昌山，遂取"以武而昌"之义，改鄂县为江夏区。这也是武昌的最初来源。

到了隋朝，鄂王城日益衰落，鄂州州治首次设在江夏，也就是今天的武昌。此后，今之武昌多次被定为鄂州首府，到清代，湖北便简称为鄂。鄂王城被认为是将湖北称为"鄂"真正意义上的来源。

赵都宫城的赵王城

赵王城亦称赵都宫城，位于河北省邯郸市西南，建于赵国迁都邯郸前后。据记载，公元前386年赵敬侯把国都从中牟迁到邯郸，历经八王，共158年，至前228年为秦国所占。

赵王城经历了2000多年，至今仍雄伟壮观，是中国保存最为完好的唯一战国古城址。

■赵王城遗址公园

章邯 秦末著名将领，上将军。秦二世时任少府，为秦朝的军事支柱，秦王朝最后一员大将。公元前209，受命率骊山刑徒及奴产子迎击陈胜起义军周文部，屡战屡胜，使秦廷得以苟延残喘。巨鹿之战中被项羽击败，漳污之战中再次被项羽击败而投降，随项羽入关，封雍王。

公元前209年，秦将章邯攻赵王歇，下令"夷其城郭"，一代名都从此毁坏，以后逐渐变为废墟。

赵王城由东城、西城、北城3个小城组成，平面似"品"字形，总面积512万平方米。遗址周围保留着蜿蜒起伏的夯土城墙，内部有布局严整、星罗棋布的建筑基台，地下有面积较大的十几处夯土基址，四周有城门遗迹多处。

赵王城的西城比较完整，近正方形，遗址上现存五座大土台，其中部偏南有一座"龙台"，是当时宫殿主体建筑基址，也是中国规模最大的王宫基址。

龙台是战国时期最大的夯土台基，当年它是一组回廊环绕、重檐迭起、高耸入云的高大建筑。中国三国时期著名文学家刘邵在《赵都赋》中描绘了赵王城的盛况：

■ 赵王城遗址

■ 赵王城遗址

尔乃都城万雉，百里周回，九衢交错，三门旁开，层楼疏阁，连栋结阶。峙华爵以表甍，若翔凤之将飞，正殿俨其天造，朱榱赫以舒光。盘虬螭之蜿蟺，承雄虹之飞梁。结云阁于南宇，立丛台于少阳。

由此可以想见当年赵王城的恢宏气势。

由"龙台"往北，尚有两个大夯土台，形成南北一条中轴线，在中轴线两侧还残存着地面夯土台及地下夯土建筑基址6处，这是以"龙台"为中心的一组规模宏伟的殿宇建筑群。

东城与西城仅一墙之隔，面积小于西城，四面城墙大部分完整，内有三座夯土台，其中，城内中部偏南尚存南北对峙的两大土台，相传是赵王阅兵点将的"南将台"和"北将台"，两台之间及南北均有高大

刘邵 字孔才，邯郸人。三国时文学家。建安年间开始做官，因学识渊博而升任秘书郎。他的文才也是很出色的，魏王曹叡曾叫他写《许都赋》与《洛都赋》，编撰有《皇览》《新律》，著《律略论》。所著《人物志》是中国研究人事制度的早期著作。所作《赵都赋》《许都赋》《洛都赋》等，史称"三都赋"，名传后世，受到推崇。

赵王城遗址

廉颇（前327—前243），今山西太原人。战国末期赵国的名将，与白起、王翦、李牧并称"战国四大名将"。赵惠文王初，秦国欲东出扩大势力，赵国首当其冲。为扫除障碍，秦王曾多次派兵进攻赵国。廉颇统领赵军屡败秦军，迫使秦国改变策略。秦国虎视赵国多年而不敢贸然进攻，正是慑于廉颇的威力。此后，廉颇率军征战，守必固，攻必取，几乎百战百胜，威震列国。

建筑的地下夯土基址。

北城为不规整的正方形，面积大于东城，除西墙南段地面尚有部分残墙外，其余仅有地下墙址。遗址西部的土台，面积仅次于"龙台"，与西墙外侧的土台东西对峙，也是一组殿宇建筑群基址。

在曾经辉煌的岁月里，赵王城扮演了春秋战国历史上的重要角色，奠定了邯郸崛起成为秦汉时期中国五大都市的雄厚物质基础。

赵王城里曾经上演过众多流传千古的故事：赵武灵王力排众议，大刀阔斧地进行胡服骑射的改革；文臣蔺相如不辱使命，完璧归赵；武将廉颇攻城野战，所向披靡……此外，毛遂自荐、联楚抗秦、围魏救赵、邯郸学步、将相和等历史典故也都发生在这里。

最著名的是《将相和》的故事：

战国时赵国舍人蔺相如奉命出使秦国，不辱使命，完璧归赵，所以被封了上大夫；又陪同赵王赴秦王设下的渑池会，使赵王免受秦王侮辱。赵王为表彰

■ 蔺相如（前329—前259），战国时赵国上卿，今山西柳林孟门人，官至上卿，赵国宦官头目缪贤的家臣，战国时期著名的政治家、外交家。根据《史记·廉颇蔺相如列传》所载，他生平最重要的事迹有完璧归赵、渑池之会与负荆请罪3个事件。

蔺相如的功劳，封蔺相如为上卿。

老将廉颇认为自己战无不胜，攻无不克，蔺相如只不过是一介文弱书生，只有口舌之功却比他官大，对此心中很是不服，而屡次对人说："以后让我见了他，必定会羞辱他。"

蔺相如知道此事后以国家大事为重，请病假不上朝，尽量不与他相见。后廉颇得知蔺相如此举完全是以国家大事为重，向蔺相如负荆请罪。从此两人和好，开始尽心尽力地辅佐赵王治理国家。

赵王城之东北，有大北城，为当时的商业、手工业作坊区和居民区，城址已湮没，现在尚有插箭岭、照眉池、梳妆楼、铸箭炉等遗迹。赵王城遗址向西南方沿路两边，有多处高大的封土堆，其中有一个大土堆上建着廉颇庙。这些大土堆就是2000多年前赵国将相的坟墓！

阅读链接

赵王城遗址作为中国保存最为完好的唯一战国古城址，属第一批国家重点文物保护单位。2006年，以赵王城遗址为依托的遗址公园建设开始动工。

一期启动区占地约58万平方米，南大门、赵文化博展馆、征战广场、景观大道等主体工程、文物展陈等。

二期工程主要进行文化展示区西区约87万平方米园林绿化、生态水系、山形水系、文化景点建设等。

三期工程是进行王城内遗址的保护、开发及展示。

战国最大都城燕下都

　　燕下都遗址位于河北省易县东南，北易水与中易水之间，是战国时期燕国都城的遗址，也是战国都城中面积最大的一座。遗址保存较完整，年代较集中，是反映战国时期城市发展的有代表性的城址。

　　西周武王灭商后，分封召公于北燕，成王时召公之子立国，建都于蓟，即今北京，后世称"燕上都"。

■ 燕下都遗址

后来燕国迁都于易水河畔，称为"下都"。燕下都创建时间约在公元前475年。历经易王、昭王、惠王、武成王、孝王、喜王共百余年。公元前222年秦灭燕，城即被废弃不用。

燕下都遗址平面呈长方形，城的中部有纵贯南北的运粮河故道，与河平行筑有一道隔墙，将城分为东西二城。东城分为宫殿区、手工业作坊区、居民区、墓葬区、古河道区五个部分。

宫殿区在城的东北部，由武阳台、望景台、老姆台等建筑基址组成，由南向北形成一条轴线。其中主体建筑武阳台最大，高11米，分上下两层，台东西最长处约140米，南北最宽处约120米，它相当于燕下都全城的制高点。

燕下都以高大的夯土台基为主要特点的宫殿群遗址，反映了战国时期城市建筑的巨大规模和城市经济、文化的高度发达。武阳台东北、东南和西南，分别是以小平台、路家台、老爷庙台三座夯土台基为主体建筑的宫殿建筑组群。城内有制作铁器、兵器、骨器、陶器、钱范、钱币等的手工业作坊遗址，皆靠近古河道的南支和北支。

墓葬区设于城的西北角，有九女台和虚粮冢两个墓区，王侯贵族墓葬按尊卑等级排列得井然有序、有条不紊。墓葬中有大量的珍贵遗物。

东城遗址保存较好，城垣轮廓清晰可辨，残垣断壁，历历在目。城内发现了许多的兽首陶水管、筒瓦、板瓦等建筑构件，这些建筑构件的做工大都十分讲究。

东城的西北隅有两个公室墓区。隔墙以北的俗称虚粮墓区，有13个高大的封土堆，由北向南分成4排。从其中的遗物看，虚粮墓区应是战国晚期燕国的王陵区。

隔墙和古河道以南的俗称九女台墓区，有10个封土堆，由北向南分成3排，最南一排仅一座，在墓区的西南角。九女台墓区残存有仿铜的陶镶鼎两尊、大牢九鼎一套、大牢七鼎二套、羞鼎四件；陶二套。鼎之数合乎王制。九女台墓区可能是战国晚期以前的燕

王制 指合乎王的制式，是指古代君主治理天下的规章制度，内容涉及封国、职官、爵禄、祭祀、葬丧、刑罚、建立成邑、选拔官吏以及学校教育等诸多方面的制度。中国经历了漫长的君主制时代，王权政治的传统绵延几千年。

■ 燕下都遗址

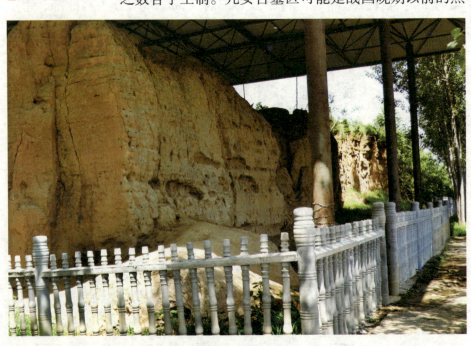

■ 青铜剑

国王陵。

　　西城平面略呈刀形，北垣中部偏东向外突出部分，习称斗城，无东垣，是东城的附属建筑，年代当晚于东城。

　　西城城垣系分段用夹板夯筑而成，西垣中部有城门一座。西城内的文化遗存较少，可能是为军事防御的需要而增建的郭城。

　　燕下都遗址有四条古河道。"运粮河"在城址中部，沟通南北易水；另一支向东折转向南，流出东城，注入城外护城河。城内这两条古河道分别将宫殿区与手工业作坊区、手工业作坊区与墓葬区隔开。

　　还有一条古河道为东城东墙外的护城壕。这些河道当时在城市规划上起到了保护宫殿区和解决城市供水排水作用。

　　燕下都遗址中发现一件战国铜俑，是中国唯一完整的一件。该铜俑前额上发分左右向后梳，头巾垂于脑后，身着右衽尖顶窄袖长袍，方领口，腰带两端有带钩连接。而在武阳台发现的铁胄将中国掌握淬火钢器技术的历史提早了两个世纪。其他如铭文铜戈，刻

易水　河流名。在河北省西部。源出易县境，入南拒马河。夏朝时期，易水流域有个民族叫有易氏。从公元前1700多年前到战国后期的公元前296年，有易氏、白狄、鲜虞、中山国世居易水。燕昭王迁都于易水建燕下都，在这里高筑黄金台，招贤纳士，使得燕国一度强盛起来。燕太子丹派荆轲渡易水西去刺秦王，留下了千古绝唱。

铺首 中国房屋的门扉上修饰的环形饰物，大多冶兽首衔环之状。以金为之，称金铺；以银为之称银铺；以铜为之，称铜铺。兽首衔环是兽面纹样的一种，有多种造型，嘴下衔一环，用于镶嵌在门上的装饰，一般多虎、螭、龟、蛇等形，为表示避祸求福，祈求神灵像兽类敢于搏斗那样勇敢地保护自己家庭的人财安全。

铭记重的金饰件，大型宫门铜铺首都是极为珍贵的瑰宝。

遗址中的铁器较其他都城为多。中国古代南方铁器较北方先进，楚国在锻钢技术方面更为进步。燕下都的铁制兵器剑、矛戟镞，经过分析证明：燕国不但掌握了锻钢铸技术及其工艺，而且其淬火铜器在中国古遗物中是最早的，比欧洲的同类技术早1000多年。

燕下都的陶器早期以夹砂灰陶为主，晚期以泥质灰陶为主。以云母片为羼和料的粗红陶，则是燕国最富特征的陶器。

燕下都周围有荆轲塔、镇陵塔等与战国文化相关联的地点，览千古遗址，看易水东流，遥想当年燕太子丹为荆轲饯行的壮烈情景，不禁使人生发出燕赵自古多慷慨悲歌之士的感叹。

阅读链接

1930年，著名的考古学家马衡主持对燕下都老姆台等遗址进行了发掘。1961年，国务院公布燕下都遗址为全国重点文物保护单位。同年，河北省文物工作队对遗址进行了全面的勘察发掘，揭示了燕下都遗址的原貌。

2001年，燕下都遗址被评为"中国20世纪100项考古大发现"之一，同年，国家文物局又将其列入百项重大遗址保护项目。

王朝遗梦

中古时期是指中国秦汉至隋唐时期，从公元前221年秦始皇横扫六国统一全国开始，经西汉、东汉、三国魏晋南北朝，直至581年隋文帝杨坚灭掉北周建立隋朝止。

在这800多年的历史中，中国在朝代更迭中，民族、文化也充分融合，尤其是各个王都、国都纷纷在各地建立，主要有秦王宫咸阳、汉长安古城、高句丽王城、汉魏洛阳故城、楼兰故城等。

大秦第一都的咸阳

商鞅雕像

秦咸阳遗址是中国战国后期秦国都城遗址，位于陕西省咸阳市以东的咸阳塬上、渭河的北岸。自公元前350年秦孝公由栎阳西迁，到秦完成统一大业和最后覆亡，这里作为秦国和秦王朝的首都达144年之久。是当时全国的政治、经济和文化中心。

公元前350年，秦孝公迁都咸阳，商鞅首先在城内营筑冀阙，以后历代秦王又增建了许多宫殿。

秦始皇统一全国的过程

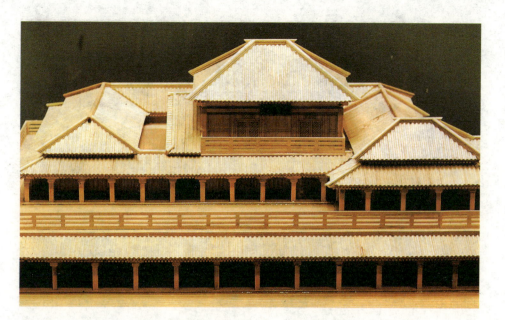

中，吸收了关东六国的宫殿建筑模式，在咸阳塬上仿建了六国的宫室，扩建了皇宫。整个咸阳城"离宫别馆，亭台楼阁，连绵复压三百余里，隔离天日"，各宫之间又以复道、甬道相连接，形成当时最繁华的大都市。

■ 咸阳宫复原模型

唐朝著名诗人李商隐曾作《咸阳宫》诗一首，描述了当年咸阳的奢华以及秦灭的教训：

咸阳宫阙郁嵯峨，六国楼台艳绮罗。
自是当时天帝醉，不关秦地有山河。

秦咸阳遗址总面积15万平方米。城址中部偏北有周长约2.7千米的夯土墙基。平面呈不规则长方形，似为秦咸阳城的宫城。宫墙以北有一条与宫墙平行的大道，路面呈鱼脊形，两旁有排水沟。

在咸阳城址北部的阶地上，约相当于城中轴线附

李商隐（约813—约858），字义山，号玉谿生，又号樊南生。祖籍怀州河内，后移居郑州荥阳。晚唐成就最高的诗人，在诗歌领域创造了后人难以企及的高峰。他晚年创作的无题诗和咏史诗，形成了自己独特的风格。其作品辑于《李义山文集》，又称《樊南文集》。

■ 咸阳出土陶器

近的地方，有一组高台宫殿建筑遗址，它坐落在秦时的上原谷道的东西两侧，分为跨沟对峙的两部分。

西侧遗址保存较为完好，经过遗址复原后可知这是一组东西对称的高台宫殿，由跨越谷道的飞阁把两者连成一体，是极富艺术魅力的台榭复合体。遗址可分若干个小室。

南部西段的五室排成一列，西边的四室是宫妃居住的卧室，出土有内容丰富的壁画和一些陶纺轮。最东一室内有取暖的壁炉及大型的陶质排水管道，推测可能是浴室。浴室的一角是贮存食物的窖穴。

主体宫室建在高台之上，地表为红色，即所谓的"丹地"，门道上有壁画痕迹，表明这曾是最高统治者的厅堂。

在宫室的西南方，还有一处结构十分复杂的宫殿遗址。有一条阁道，两侧满饰彩色的壁画，壁画内容是秦王浩浩荡荡的车马出行图，其中，有车马、人

兰池宫 秦始皇十分迷信神仙方术，曾多次派遣方士到东海三仙山求取长生不老之药，当然毫无结果。于是乃退而求其次，在园林里面挖池筑岛，引水为池，模拟海上仙山的形象以满足他接近神仙的愿望，并在池旁建筑了兰池宫。

物、花木、建筑等题材。

古代的宫廷壁画因为大都毁坏无存，所以这些保存下来的秦代的宫室壁画，具有很高的价值，在中国建筑史和美术史上占有重要的地位。

宫殿区以东，线上为兰池宫遗址所在，经勘探，已发现夯土建筑遗址6处。

在宫殿区以北的泾水畔，为望夷宫遗址所在，其北部已因泾水南移而崩塌，现存夯基东西98米，南北34米。

宫殿区西面附近有铸铁、冶铜和制砖瓦的遗址，城外西南部，距宫殿区约4千米的渭水旁有制陶和制骨器遗址，发现有陶窑、水井、窖穴和排水道，同时还发现3个铜器和铁器的窖藏坑。

墓葬区在城外西北隅塬上，均属战国中期至秦末

回纹 指中国民间称为"富贵不断头"的一种纹样。因为它是由横竖短线折绕组成的方形或圆形的回环状花纹，形如"回"字，所以称作回纹。

401

中古时期

王朝遗梦

■ 汉代蚁鼻钱

蚁鼻钱

蚁鼻钱 战国时期楚国的铜币。因其形象得名。形状为凸面椭圆形，似海贝。正面有阴文，常见"贝"字；少数为"君""圻"等，意义不明。又称鬼脸钱。

带钩 是古代贵族和文人武士所系腰带的挂钩，古又称"犀比"。多用青铜铸造，也有用黄金、白银、铁、玉等制成。其起源于西周，战国至秦汉广为流行。带钩是身份象征，带钩所用的材质、制作精细程度、造型纹饰以及大小都是判断带钩价值的标准。

■ 度量衡

的中小型墓。遗址中以砖瓦、瓦当等建筑材料为大宗，另有铁器、铜器、兵器、货币和陶器等。

砖有两种规格，一种是用于踏步的大型长方形空心砖，砖面多数饰以多种内容的龙纹、凤纹及回纹。

另一种是用于铺地或镶砌廊边的小型长方形和方形的扁砖，砖面多模印菱形方格纹、菱形纹、太阳纹和回纹。

瓦分板瓦和筒瓦，体型较大。瓦背饰绳纹。瓦当大多为卷云纹圆瓦当，也有少量的半圆形和圆形素瓦当。在一些板瓦、筒瓦和少数砖面上，戳记着文字印鉴，有一字式、两字式和四字式三种，款式有正方形、圆形、倒梯形。一字式和两字式字体多为小篆，四字式篆隶两体。

根据陶文内容可知，宫殿建筑使用的砖瓦主要来自中央官署控制的作坊，也有少量使用民营生产的。

秦咸阳遗址还有三处窖藏，其中，北沙坑中发现熔烧变形的铜器和铁器500千克，尤其是有完整秦始皇诏版一件。

南沙坑有铜器280多件，包括生活用具、钱币、兵器和车马器，以及三件铜诏版。西南沙坑的320余件铜器大多残损，其中，铜人头像一尊，制作颇精，另

汉代石刻

有秦二世诏版一件。

遗址发现的货币中除"半两"外，还有来自关东诸国的梁正尚金
寽、殊布当圻、平首方肩足小布、齐法化刀、易刀、尖首刀、古刀和
"蚁鼻钱"和楚国金币郢爰、陈爰。

咸阳宫殿遗址的陶器下腹发现有"咸□里尼""咸亭完里丹"和
"咸阳成申"等文字印鉴。而墓葬中的随葬品以陶器为主，有罐、
豆、壶、盂、盘、釜、甑等，此外，还有少量铁锸、铁削、铁剑、玉
印章、玉璧、玉琢和铜镜、铜带钩。

中古时期

王朝遗梦

阅读链接

1959年，陕西省考古研究所和陕西省文物管理委员会联合
对咸阳城遗址进行了考古调查和发掘，到1961年，在咸阳市窑
店乡牛羊村附近发现了秦咸阳宫殿遗址。

探明秦咸阳中心位置在今窑店镇一带，城区范围未见明显
界线，大致为北起窑店镇以北二道原下，南至渭河以南西安市
三桥镇巨家庄，西起塔儿坡，东到柏家嘴。在渭水两岸几十平
方千米内分布着极为丰富的文化遗存。

1973年至1982年，对位于宫墙之内的1号遗址西半部和2
号、3号遗址进行了发掘。1980年，陕西省考古研究所建立咸阳
秦都考古工作站，全面负责城址的勘察和发掘工作。对已发掘
的1号和3号遗址划定范围，征地保护。

第一大都会的汉长安

汉长安城位于陕西省西安市西北，存在于公元前202年至公元8年。是中国历史上第一个国际大都会和当时世界上规模最大的都城，是中国历史上建都朝代最多、历时最长的都城，是汉民族文化形成过程中的中心。

汉高祖刘邦

汉长安古城也是中国规模最大、保存最为完整、遗迹最为丰富、文化含量最高的都城遗址。

汉长安城遗址的发现，探明了汉代长安城的布局和结构，为研究中国古代都城史提供了重要的实物资料。

公元前202年，汉高祖刘邦打败项羽建立大汉王朝，最初计划建都洛阳，后来听从娄敬、张良等人建议，认识到关中战略地位的重要性，决定定都关中。刘邦决定首先修复兴乐宫，并改名为长乐宫，以此为基础，兴建都城，取用当地一个乡聚的名称，名为长安城。

汉长安古城主要有城墙、长乐宫、未央宫前殿遗址、椒房殿遗址、官署遗址、少府遗址、天禄阁遗址、石渠阁遗址、武库遗址、桂宫鸿宁殿遗址、罗寨遗址、樊寨遗址、讲武殿遗址、楼阁遗址、未央宫夯台遗址等。

汉长安城的城墙均为版筑土墙，墙高8米，墙基宽16米。东城墙长5.9千米，南墙长6.25千米，西墙长4.55千米，北墙长5.95千米，共有12座城门。

城内分为9个市区，街道宽阔平整，规划整齐。长乐宫、未央宫、建章宫是汉长安城最著名的三大宫殿群。

长乐宫位于城的东南部，由一系列建筑构成，整座宫室规模很大，宫内的主要建筑是长乐宫前殿。未央宫位于城的西南部。仅长乐、未央两宫就占去汉长安城内一半面积。西汉诸帝仅刘邦常居长乐宫，从惠

■ 西汉长安城布局图

张良 字子房，今河南省宝丰县李庄乡古城村人。汉高祖刘邦的重要谋臣，与韩信、萧何并列为"汉初三杰"。被封为留侯。他以出色的智谋，协助汉高祖刘邦在楚汉战争中最终夺得天下，他精通黄老之道，深知"日中则移，月满则亏"的道理，不留恋权位，避免了韩信、彭越等"兔死狗烹、鸟尽弓藏"的下场。

■ 咸阳汉阳陵建筑

《三辅黄图》
又名"西京黄图"，简称黄图。其记载了秦汉时期三辅的城池、宫观、陵庙、明堂、辟雍、郊畤等，间涉及周代旧迹。各项建筑，皆指出所在方位，所以，过去便一向将其视作一种记述城市状况的文献。所载长安城及其周围的布局、宫殿、馆阁、苑囿、池沼、台榭、府库、仓库、桥梁、文化设施、礼制建设等，条分缕析，最为详备。

帝开始直到平帝，以后历朝皇帝均常居未央宫，而将长乐宫作为太后的寝宫。

未央宫的主体建筑也似前殿，其规模与长乐宫前殿大体相当，是皇帝朝会诸侯群臣的场所。

建章宫在西城外的上林苑，占地也十分广阔，保存下来的遗迹甚多，如北阙、凤阙、太液池及其他一些殿阁的夯土台基仍清楚可见。

另一所重要建筑为长信宫，位于长安城内东南隅，是皇太后在长乐宫中的常住殿宇。古代地理书籍《三辅黄图》中说："长信宫，汉太后常居之。"

武库遗址位于长乐宫和未央宫之间，平面为横长方形，四面有夯土围墙，内有库房基址7处，发现了一批铁兵器和铜兵器。

因城墙建于长乐宫和未央宫建成之后，为迁就二

宫的位置和城北渭河的流向，把城墙建成了不规则的正方形，缺西北角，西墙南部和南墙西部向外折曲，过去称长安城"南为南斗形，北为北斗形"，因此也称为"斗城"。

全城12座城门每门3条门道。东面自北而南为宣平门、清明门、霸城门，南面自东而西为覆盎门、安门、西安门，北面自西而东为横门、厨城门、洛城门，西面自北而南为雍门、直城门、章城门。

汉长安城内的街道布局，古人有"八街九陌"的说法，据《长安志》记载：长安城中的8条大街，分别是华阳街、香室街、章台街、夕阴街、尚冠街、太常街、藁街和前街。

安门、清明门、宣平门、洛城门、厨城门、横门、雍门、直城门8个城门相通的8条城外大道，加上章城门外便门桥大道，构成古代文献上所说的"长安九陌"。

汉长安城及城内宫殿遗址中有大量的建筑材料、汉俑、简册、秦汉封泥等，这些都是研究汉代历史的重要实物资料。

■ 王莽雕像

千古遗迹的考古发现

据文献记载，汉长安城的一般居民区共划分为160个里，但流传下来的里名总共只有十几个。在长安城北面的横门东西两侧，设有九个市进行交易；另外在覆盎门外也设有市，城南还有专门交易书籍的"槐市"。

南郊的礼制建筑群遗址，以汉辟雍和王莽九庙遗址规模最大，保存较完整。

辟雍遗址平面外圆内方。中间为一座直径62米的圆形夯土台，台上有平面呈"亞"字形的主体建筑基址，包括主室和四隅的夹室，四边有四堂。这组中心建筑外围方形夯土墙，四面辟门，四隅有曲尺形配房。围墙外边为圜水沟，沟壁砌砖。圜水沟与四门相对处各有一小水沟围绕。

王莽九庙遗址共发现12座建筑基址。这12座建筑基址的形制基本相同，中心是平面呈"亞"字形的主体建筑，外有近方形的围墙，墙的四面辟门。石础上有"始建国"年号，其位置和规模，都与《汉书·王莽传》所载的"王莽九庙"相符。

柱础 中国古代建筑构件一种，俗又称磉盘，或柱础石，它是承受屋柱压力的奠基石，凡是木架结构的房屋，可谓柱柱皆有，缺一不可。古代人为使落地屋柱不潮湿腐烂，在柱脚上添上一块石墩，就使柱脚与地坪隔离，起到绝对的防潮作用；同时，又加强柱基的承压力。因此，对础石的使用均十分重视。

在汉长安城内外还发现汉代制陶、铸钱、冶铸等作坊遗址，如城西北角的六村堡、相家巷一带，发现烧造陶俑和铸铁的作坊遗址。

未央宫北的石渠阁遗址，城东阁新村附近的离宫遗址，城西建章宫范围内的好汉庙、窝头寨，城东南的老君殿、枣园村，昆明池南沧浪河畔的西赵村，城东清明门外等处，都发现有汉代的铸钱作坊遗址。

直城门附近则发现了制造兵器的陶范；在城西南角墙外约300米处还发现铜锭10块。

汉长安城遗物非常丰富，以陶质砖瓦建材的数量最多，还有铁器、铜器、石器、金属货币等。各个建筑遗址内部都发现有大批的建筑材料，如绳纹板瓦、筒瓦、脊瓦，云纹瓦当，"长乐未央""长生未央""长生无极"与"天无极""千秋万岁"等文字瓦当，回纹方砖、方格纹方砖、素面长条砖以及圆筒形陶水道、陶井圈、石柱础等。

铁兵器有刀、剑、矛、戟、镞、铠甲等；铁工具有斧、锛、凿、锤、釜等。铜器有鼎、钫、钟、釜及铜戈、铜镞等。

货币有马蹄金、麟趾金和汉半两、五铢及王莽时的大泉五十、货布、货泉、布泉等铜币。

未央宫西北边的一座

■ 汉代出土玉璧

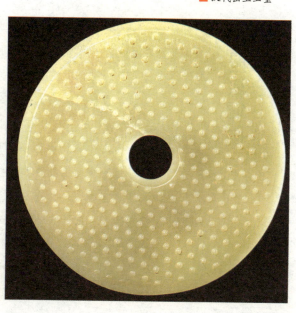

阴阳鱼铜筶

工官官署遗址内，有3万多片刻字的骨签，内容大多是各地工官向中央政府"供进之器"的记录，是研究西汉经济、官制等方面最具权威性的档案资料。

阅读链接

汉长安城城内街道布局整齐，有8条大街，160个巷里，9个市区。街道宽平，可以并列12个车轨，道旁栽植槐、榆、松、柏，茂密丛荫。最盛时城内人口近30万，是中国历史上第一个规模最大的城市。

汉长安城遗址从1956年至1959年，中国社会科学院考古研究所对遗址进行了全面的勘查和发掘。其城垣内面积达36平方千米，加上建章宫等遗址，总面积达到65平方千米。占西安四大遗址保护总面积108平方千米的五分之三，占到未央区全区262平方千米的四分之一。1961年被国务院列为第一批重点文物保护单位。

江南最大的闽越王城

闽越王城遗址位于福建省武夷山市武夷宫南的兴田镇城村南部。建于公元前202年，系闽越王无诸受封于汉高祖刘邦时营建的一座王城，是中国南方保存最完整、规模最大、出土文物最多的考古遗址。

■古城城门

无诸 汉闽越王，姓驺氏，越王勾践的十三世孙。越国解体后，无诸移居闽地，占有福建及周边地区，自称闽越越王。秦统一后，降为郡长。秦以其辖地为闽中郡。王号被撤的无诸怒而揭竿，率闽中兵从诸侯灭秦。项羽掌政令，无诸再次与闽王之称无缘，促使他率兵抗楚，为汉王朝的建立和中国的重新统一立下汗马功劳。

武夷山闽越王城遗址在选址、建筑手法和风格上独具一格，是中国南方城市的一个典型代表，体现了业已消逝的闽越国文明。

闽越，也称闽粤，是中国上古时代的少数民族之一，是百越族群的一支。闽越国是福建历史上地方割据政权中时间最早最长，也最为强盛的诸侯国，闽越国文化也是福建古文化发展的一个高峰。

在闽越国时期，由于城邑建筑的产生和发展，大量先进铁农具的引进和应用，农业生产得到大幅度进步；铁工具的广泛使用促进了手工业的发达；文字进一步推广和普及等，使福建在经济文化上达到空前的程度。

根据史书记载，秦始皇南平百越，百越之君无诸被削去王号，废为"君长"，秦王朝在闽越故地设置闽中郡。

秦朝末年，无诸率闽中兵将参加了轰轰烈烈的反秦大起义，与中原人民共同推翻了秦王朝的统治，接着又参加了汉高祖刘邦对西楚霸王项羽的战争。闽中

■ 古城建筑

军骁勇善战，无诸为刘邦战胜项羽贡献了力量。

公元前202年，刘邦登上皇位，复立古越王后裔无诸为闽越国王。城村古城就是闽越王立国后建设的。无诸也因此成为西汉中央王朝首封的少数民族异姓诸侯。

无诸在位时，维持着与汉中央王朝的良好关系。无诸死后，子孙内讧迭起，频频挑起战争。后成为西汉王朝南方的一股强大的割据势力。东越王余善最后发展到刻"武帝"玺，自立为帝，发兵反汉。

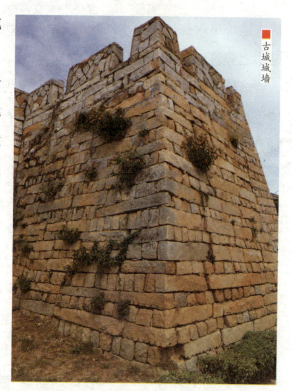

古城城墙

这时的西汉王朝经过近百年的休养生息，国富民强，汉武帝不能容忍各边远地区政权的日益强大，调遣四路大军共数十万人围攻闽越国。

汉王朝同时对闽越国内部采取分化瓦解的手段，争取了闽越繇王居股和部分贵族杀余善后降汉。汉武帝为了彻底消除后患，诏令大军将闽越举国迁往江淮内地，焚毁了闽越国的城池和宫殿。

往事越千年，闽越王城2千多米长的夯土城墙，轮廓依稀可辨。城墙上建有城楼、烽火台，布局严谨，秩序井然，风格追仿秦都汉宫。而干栏式宫房屋结构，又极富闽越地方文化色彩。

王城遗物丰富多彩，其中，有不少堪称当时全国之最。宫殿后院的王宫御井，历经千年仍然水质纯净，清冽可饮，有"华夏第一古井"之称。

闽越王城遗址由三组东西走向的山冈和中心区高胡坪王殿区组

成。遗址坐落在枕山抱水的丘岗之上，城址跨越3座连绵小丘，依山峦起伏之势筑成，西高东低，逶迤而下。

遗址平面呈不规则的长方形，王城四周山阜保存有较好的夯土城墙。城址有陆门4座，水门3座。城门保存完整。城外除天然深谷和洼地外，一般都有墙壕遗址。

王城内部建筑城内地形分南、北、中三个部分：南部为大岗头；北部有马道岗；中部由下寺岗、下寺坪和高胡坪组成。

宫殿区位于城内中央的高胡坪上，体现了中国古代"宫殿居中"的择中观。揭露的一组大型宫殿建筑遗址有正殿、侧厢、庭院、天井、排水沟等，保存相当完整。

宫殿遗址发现大量的陶器、铁器、铜器等。其器形有罐、盆、钵、瓿、壶、盅、铁矛、铁剑、铜镞、弩机等。

在城址中共有数万件汉代文物，由此论断，城村汉城的始建年代，可能是早到西汉前期，即闽越国统治时期，其下限可能延长到西汉末或东汉初年，它的兴废与闽越族的盛衰密切相关。

阅读链接

闽越王城于1958年发现，由此开启了闽越国文化之谜的大门。1959年冬，福建省文物管理委员会对闽越王城遗址进行局部发掘，出土一批具有汉代特征的文物，从而被确定为西汉时期的古城遗址。

1961年，闽越王城遗址被福建省人民委员会列为第一批省级重点文物保护单位。

1990年，参加国际百越文化学术研讨会的120多位中外专家，登山考察了闽越王城遗址。1996年，闽越王城遗址被列为第四批全国重点文物保护单位。

1999年作为武夷山境内自然遗址被联合国教科文组织列入《世界遗产名录》。

藏地神秘的古格王朝

　　古格故城位于西藏自治区阿里札达县扎布让区境内托林镇西北的象泉河南岸。距今有1300年的历史，为曾经拥有百万之众的金戈铁马的吐蕃王室后裔于10世纪前半期所建，偏居此地700余年，传承20余代国王，其间不断扩建，于17世纪灭亡。

古格王朝遗址

■ 古格王国遗址

古格王国遗址是研究中国西藏历史和10世纪以来藏族建筑史的珍贵资料。古格王朝的前身可以上溯到象雄国，是在统一西藏高原的吐蕃王朝瓦解后建立的，它是吐蕃王室后裔在吐蕃西部阿里地方建立的地方政权，其统治范围最盛时遍及阿里全境。

古格王朝不仅是吐蕃世系的延续，而且使佛教在吐蕃瓦解后重新找到立足点，并由此逐渐达到全盛。因此古格王朝在西藏历史上具有重要意义。

古格王朝遗址约为72万平方米，共有房屋遗迹445间，窑洞879孔，碉堡58座，暗道4条，各类佛塔28座，洞葬1处，发现武器库1座，石锅库1座，大小粮仓11座，供佛洞窟4座，壁葬1处，木棺土葬1处。

古格王朝遗址被众土林远远近近地环抱其中，因其是用取自周围土林的黏性土壤建筑而成，所以古老城堡的断壁残垣与脚下的土林浑然一体，使人难以分

象雄国 古代青藏高原上的大国。古汉文音译象雄为羌、羊同或扬同，近人音译为象雄，与藏语音更为接近。象雄古国是横跨中亚地区及青藏高原的大国，早在公元前5世纪前就产生过极高的远古文明，甚至早于中国的夏、商、周，是现今西藏文明真正的根。

辨究竟何为城堡、何为土林。

古格王朝整座城堡建筑在一座黄土坡上，地势险峻，遗址占地约18万平方米，从山麓到山顶自下而上，依山叠砌，王宫建筑、佛塔和洞窟、碉楼密布全山，达600余座，形成一座庞大的古建筑群，气势恢宏壮观。

古格王朝宫殿建筑主要集中在山顶东南部，共有房屋56座，多数为一层建筑，也有二三层建筑。王宫西面，有一处面积约200平方米的建筑残迹，系当年王朝集会的议事大厅，为王城中最轩敞的建筑，现仅存围墙。

山顶北部有一洞口，通向国王"冬宫"，由8个窑洞组成。冬宫为地道式建筑，盘旋通往山下，其间有一连串地穴式房屋，有望孔、小窗、室内套室，洞中有洞，颇为复杂。

古格王朝崇尚佛教，曾多次派人到克什米尔学经，翻译佛经108部。1042年，印度高僧阿底峡到阿里地区弘法，使阿里成为佛教复兴之地，佛教史称之为"卜路弘法"。

古格遗址现存较好的有寺庙、殿堂5座。分别为渡母殿、红殿、白殿和轮回殿。这些寺庙都带有浓郁的西藏建筑风格。

■断壁与护法神殿

■古格王国遗址

千古遗迹的考古发现

飞天 意为飞舞的天人。在中国传统文化中，天指苍穹，但也认为天有意志，称为天意。在佛教中，婆婆世界由多层次组成，有诸多天界的存在，这些天界的众生，中文翻译为天人，个别称为天神，常简称为天，飞天即是此意。飞天多画在佛教石窟的壁画中。

红庙和白庙是6座寺庙中规模最大的，面积各300多平方米，有700余平方米的壁画。壁画题材有各类佛、菩萨、度母、护法神、高僧像以及吐蕃赞普世系图、古格王及臣后礼佛图、释迦牟尼传记图等。

古格壁画是古格艺术的精品，壁画上的人物极具动感，数千人物绝少雷同。庙内天花板上的图案多达500多种，大部分为装饰图案，少量为飞天、瑞兽题材。这些图案色彩浓艳，线条流畅，借鉴了印度、尼泊尔艺术的表现手法，充分体现了古格王国独特的艺术气质和时代风格。

这些气势宏大、风格独特、绚丽斑斓的图画，反映了当时社会生活的各个方面。所绘人物性格突出，用笔洗练，丰满动感的女性人物尤具代表性。古格遗址周围发现的雕刻、造像及壁画等揭开了古格王朝的神秘面纱。

传说古格王国时期这个地方素以精于冶炼与金银器制造而闻名，当年阿里三围以托林寺为主寺的下属24座寺院的金属佛像与法器，都由鲁巴铸造。

据说鲁巴铸造的佛像用金、银、铜等不同的原料合炼而成，工艺精湛，通体全无接缝如自然形成，其价值甚至超过了纯金佛像。

在皮央遗址杜康大殿有一件精美的铜佛像，头戴化佛宝冠、4臂各执法器、头生3眼，这尊金黄色铜像却发出闪闪银光，晶莹锃亮，这就是著名的"古格银眼"。

"古格银眼"的铜像，只有古格才能制作，更是被视为佛像中的精品，因为极少流传于世，所以尤为珍奇。

古格盛产黄金白银，在托林寺、札不让、皮央东嘎都发现过一种用金银汁书写的经书，而且出土的数量极大。这种经书以文书写在一种略呈青蓝色的黑色纸面上，一排用金汁、一排用银汁书写，奢华程度无以复加。

古格王朝的防御区主要有3个古代防御工事，一个扼守在河口，一个雄踞在一座小山上，还有一座则屹立于象泉河床附近，三座防御工事呈犄角状互相呼应。

在古格都城遗址北面的一处断崖上，有一个著名的"干尸洞"。据说这是古格王国灭亡后留下的最后遗迹。洞窟开凿在山沟崖壁上，洞口很小。

阅读链接

对古格王朝古城遗址进行考察是从1985年西藏自治区文管会组织的考察队开始的。

在年轻考古学家张建林率领下，考察队对古格遗址进行了大规模的考古调查，3年后，张建林和骨干队员仵君魁执笔写出了考古学巨著《古格故城》。

这部巨著的问世，在考古学界所引起的震动和赞誉自不待言，就连国家领导人出访美国时，都随身携带该书，作为礼品郑重地赠送给大洋彼岸的美国朋友。

最久国都的汉魏洛阳

　　汉魏洛阳故城位于河南省洛阳市东郊区与偃师市、孟津县毗连处。北靠邙山，南临洛河。该城始建于西周初年，废弃于唐初，前后延续使用近1600年。东周、东汉、曹魏、西晋、北魏等朝代先后以此

洛阳龙门石窟雕刻

作为国都，都城史长达540年以上。

此外，西汉及新莽末年绿林军拥立的更始帝，也曾建都于此。后赵、北周曾以此为南都、西京。如包括这些，汉魏洛阳故城无疑是中国所有都城遗址中定都时间最长、规模最大且保存较为完整的古城遗址。

汉魏时期的都城洛阳，是全国政治、经济、文化、交通的中心，也是世界上第一流的大都市。140年，洛阳人口达100万以上，当时中外交流频繁，这里不仅是丝绸之路的东方起点，也是东方文明向东传播的源头。

北魏时，洛阳城有里坊320个，城内外有佛寺1300多所。驰名中外的龙门石窟、巩县石窟寺也是北魏时期开凿的。当时的洛阳不但经济繁荣，商业发达，而且文化昌盛，人才荟萃。

洛阳故城今存遗址内城城墙皆夯土版筑而成，周长约14千米。汉魏洛阳故城分别有宫城、内城、外郭

■ 龙门石窟 中国石刻艺术宝库之一，开凿于北魏孝文帝年间，之后历经东魏、西魏、北齐、隋、唐、五代的营造，今存有窟龛2345个，造像10万余尊，碑刻题记2800余品。其中"龙门二十品"是魏碑书法精华，褚遂良所书的"伊阙佛龛之碑"则是初唐楷书艺术的典范。

城三重城圈，遗址区地上和地下遗迹、遗物十分丰富。重要遗迹由内到外主要有：宫城、内城、外郭城、金墉城、永宁寺塔基遗址、太学遗址、东汉灵台遗址和金村大墓等。总面积近100平方千米，是近代以前世界上规模最大的古代城址，基本上为北魏时期所遗留。

宫城位于内城中北部，位置适中略偏西，是都城里最重要的中心建筑区。宫城的四面墙垣保存尚好，墙基虽已埋没地下，但尚能连接起来。

在南墙的偏西处，有门址一座，形制宏大，当是宫城的正门，按文献记载北魏时叫"阊阖门"。阊阖门是在魏晋宫门旧址上建造起来的。它是以柱网构成的殿堂式城门楼建筑，面阔七间，进深四间。

整个门址位于宫墙后侧，门前两侧分别有巨大的子母土阙与宫城南墙及两侧院落南墙相连接。

宫城的西部，应是汉北宫和北魏宫城中的主要殿堂之地，传说"金銮殿"，即指北魏太极殿遗址。南对阊阖门，呈长方形，地下保存的夯筑地基厚达6米以上，其周围有密集成组的夯土基址。

北魏栈道石刻

内城即东周、东汉、曹魏、西晋时期的洛阳城，平面略作南北长方形，古称"九六城"。内城垣除南垣因受洛河的北移被冲毁外，东、西、北三面墙垣，断断续续依然留在地面上，内城北垣东段高出地面5至9米。

城墙宽约14至30米，系夯土版筑，细密结实，墙垣上一排排的版筑夹棍眼的痕迹，仍清晰可见。探见城门阙口10座。城内一共发现东西横道四条，南北纵道四条。

东汉太学遗址在内城南郊，始建于公元29年，在校太学生曾多达30 000余人。175年于太学讲堂前立石碑46通，史称"熹平石经"。至241年，又立石经28块，史称"正始石经"。

太学遗址分为东西两大部分，在遗址内部有大面积的夯土建筑遗址，在遗址上有一排排的建筑房基，或为东西长方形，或为南北长方形，排与排之间距离相等，排列有序。

太学是古代传授儒家学说的最高学府，熹平石经是中国最早的官定儒学经本。发现于偃师东大郊村内的西晋辟雍碑，碑文详细记载了西晋武帝司马炎及其太子到太学视察，并亲至辟雍行礼的情况。

东汉灵台是中国古代用来观察天象的高台建筑。遗址在内城南郊，创建于公元56年，是当时最大的国家天文台，也是中国发现最早的一座天文观测台遗址。曹魏、西晋相继使用，达250余年之久。

灵台遗址范围达4万多平方米，每面墙垣各开有门，四面共开12门。中心建筑是一座方形夯土高台，高台四周有上下两层建筑。

张衡发明的地动仪

东汉杰出科学家张衡，曾先后两次任太史令10多年，领导、主持和参与了灵台的天象观测和天文研究。他设计制造的"浑天仪""地动仪"等精巧绝伦的科学仪器，当时都安放在灵台之上。位于内城西北角的金墉城，为曹魏明帝所筑。总面积26万平方米，城小而固，魏晋时被废帝、后多安置于此，实为洛阳城的军事要塞。

金墉城由南北毗连的3座小城构成，平面呈"目"字形，城垣夯筑，共有城门八座。最北一城西垣、南垣各一门，中间一城西垣二门，南面一城四面各开一门，遗址内有夯筑台基、砖砌基址多处。

史书记载，当年金墉城"重楼飞阁，遍城上下，从地望之，有如云也"，足见其豪华壮丽。

阅读链接

1956年，河南省将汉魏洛阳故城列为保护古迹之一。从1962年开始，中国考古工作者对汉魏故城遗址进行全面考古发掘，发掘工作至今仍在进行。现为全国重点文物保护单位。

2005年底，洛阳市完成了北魏洛阳永宁寺塔基遗址保护工程，这是汉魏洛阳故城保护展示的第一个项目，也是汉魏洛阳故城对外展示的第一个窗口和平台。2006年，《洛阳市汉魏故城保护条例》出台，为汉魏故城遗址的保护提供了法律武器。

三国时期著名的吴王城

吴王城遗址位于湖北省鄂州市凤凰街百子畈村，北倚长江滨，南濒洋澜湖，东抵虎头山，西接古楼街。据考古专家多次考察研究证实，这是三国时期古城墙遗址中比较明确的唯一城址，具有很高的历史价值。

吴王城遗址是三国时期东吴都城。221年，孙权自

■孙权（182—252），字仲谋，三国时期吴国的开国皇帝。208年，孙权与刘备联盟，大败曹操于赤壁，天下三分局面初步形成。219年孙权偷袭刘备的荆州成功，使吴国的领土面积大大增加。222年，孙权称吴王，229年建立吴国。

■ 青瓷双耳罐

陆逊 本名陆议，字伯言，三国时期东吴名将，历任吴国大都督、上大将军、丞相。东吴大帝孙权兄长沙桓王孙策之婿，世代为江东大族。222年，陆逊在夷陵击败刘备所率蜀汉军，一战成名。夷陵之战也成为战争史上著名的积极防御的成功战例。

公安来鄂，不久，接受魏文帝曹丕所封吴王称号，开始营建吴王城。孙权又取"以武而昌"之意，把鄂县改名"武昌"，故名武昌城。

229年，孙权在此地称帝，又名吴大帝城。之后，孙权迁都建业，即后来的南京，派上大将军陆逊辅佐太子孙登留守武昌，成为东吴陪都，称为"西都"。

孙权死后，大臣诸葛恪挟天子当政，派人重修武昌宫殿，准备还都武昌，后因发生了事变而没有迁都。265年，末帝孙皓徙都武昌，留御史大夫丁固、右将军诸葛靓镇守建业，武昌再度成为孙吴的首都，建业却成了陪都。

东吴统治期间，孙吴三建武昌宫，二度建都武昌，共历时50余年，现在已有1700余年的历史了。

吴王城遗址呈长方形，现存南城墙夯土城墙一段，城墙外是护城河，现存一段，名为濠塘。

据《元和郡县志》记载：孙权故都城，汉将灌婴所筑。

《太平寰宇记》记载：

> 城有五门，多以所向为名。西北角多有一道门，名叫流津。流津城门直通吴王苑囿——江边散花滩。宫城东有鸡鸣阙。

传说吴王在宫城完工之后，为了很快地把阙建成，当夜有鬼怪神力相助建阙，一夜之间至天亮鸡鸣时即全部完工，故名"鸡鸣阙"。

唐代诗人陈子昂《感遇诗》中云："鬼工尚未可，人力安能存。"即指这一典故。这一故事，在鄂州民间一直广为流传。

吴王城遗址内有武昌宫，四周有宫城，宫城内有太极殿、礼宾殿、安乐宫。太极殿，是孙权称帝时大会群臣的金銮宝殿；礼宾殿是举行祭礼和接见宾客的地方；安乐宫是孙权的起居之所。

吴王城宫殿建筑材料昂贵，《寰宇记》记：

> 武昌宫殿砖瓦用澄泥制成，可以为砚，一瓦值万钱。

在城的周围设有多处军事堡垒：城西的樊口戍，占西山之利，扼长江之险，赤壁之战中孙刘联军的千百只

赤壁之战 三国形成时期，孙权、刘备联军在长江赤壁一带大破曹操大军，最后以火攻大破曹军，曹操北回，孙刘双方各自夺去荆州的一部分，从此奠定了三国鼎立的基础，是以少胜多的著名战役，也是三国时期"三大战役"中最为著名的一场。

427

中古时期

王朝遗梦

■ 三国时期石俑

战船，就是从樊口戍出发的。城对岸筑有邾城，派重兵驻守，以对付曹军。城东西两面的高山顶上，都建有烽火台，以传军事警报。

自吴王城出西门，有一座山临江而立，逶迤曲折，林木葱茏，古称樊山，又称西山，是当年吴王孙权避暑读书之地，现存有避暑宫、即位坛、读书堂、广宴楼、试剑石等遗迹。

西山寺是在当年吴王避暑宫旧址上修筑的，寺中大雄宝殿旁的月门上，正面写有"英雄避暑"，背面写有"清凉福地"，相传此地就是避暑宫殿旧址，内有孙权塑像，能勾起人们怀古的幽情。

出寺便是广宴楼，相传是当年孙权宴饮群臣之地。在山顶，有一土坛，人称"即位坛"，为孙权称帝筑坛祭天的地方。吴王"读书堂"遗址掩映在修竹茂林之中，旁边有"吴王井"，相传孙权当年曾在此汲水煮茶。

往西山主峰，半山处有两块巨石，一立一卧，仿佛用利剑劈削而成，旁边石碑上刻着"吴王试剑石"几个大字。距巨石不远，另有一巨石平卧，石上有一个工整的"十"字，将巨石一分为四，传说是孙权和刘备比试剑锋时留下的剑痕。旁有一潭池水，名"洗剑池"。

阅读链接

相传吴王孙权生来紫髯碧眼，目有精光，方颐大口。形貌奇伟异于常人。自幼文武双全，早年随父兄征战天下。善骑射，年轻时常常乘马射虎，胆略超群。曹操曾称赞道："生子当如孙仲谋。"

南宋诗人王十朋在鄂州凭吊昔日孙权故都时，睹物思情，在《吴大帝庙》诗中，不由得抒发起江山依旧，人事已非的沧桑之感：

樊山八字形长在，汉鼎三分国已墟。

安乐故宫犹庙食，遗民时荐武昌菹。

佛像最丰富的邺城

邺城遗址位于河南省安阳市与河北省临漳县交界处，是中国曹魏、后赵、冉魏、前燕、东魏、北齐都城遗址。

临漳古称邺，据黄河流域政治、经济、军事、文化中心长达4个世纪之久，是中华文明重要发祥地之一，素有"三国故地、六朝古都"之誉。同时，邺城也是西门豹投巫治邺之地、建安文学发祥地、中轴对称都城建设规划肇始之地。

邺城遗址位于邺城御道附近，分北邺城和南邺城两部分，大体呈"日"字形。北邺城为曹魏时期的城市布局，204年曹操

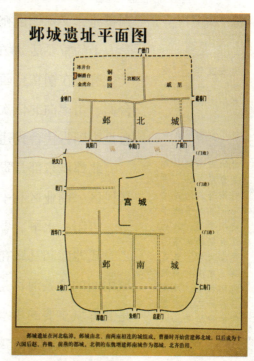

邺城遗址平面图

邺城遗址在河北临漳，邺城由北、南两座相连的城组成，曹操时开始营建邺北城，以后成为十六国后赵、冉魏、前燕的都城。北朝的东魏增建邺南城作为都城，北齐沿用。

■ 邺城三台遗址

千古遗迹的考古发现

受封魏王后，在此主持营建。

北城的外城共设7个门，南面3个分别为广阳门、永阳门和凤阳门，北面两个分别是广德门和厩门，东西各一个门，分别是建春门和金明门。

一条连接建春门和金明门的东西大街将北邺城划分为南北两个区域，北区中部是宫殿和官衙，西部是铜雀苑，又称铜爵苑，铜雀苑既是游园，也是建安文学人士的重要活动场所。

曹操在铜雀苑西侧的西城墙上修筑了三座高大的台榭，由南向北依次是金虎台、铜雀台、冰井台。三台是中国古代台式建筑的巅峰之作。

北邺城东部是贵族集居区"戚里"。南区主要是居民区、商业区和手工业区。被南北向道路分割成长寿、吉阳、永平、思忠四里。

武器库和马厩在三台南面的西城墙下。穿过北邺城中间的这条河称为长明沟，是引漳水而通往城内，是北邺城主要的用水来源。曹魏时期，漳河在北邺城城外北面流过。北邺城规划整齐，交通便利，对北

建安文学　"建安"是中国东汉末年汉献帝的年号，当时政治大权完全操纵在曹操手里，所以那时的文学领袖都是曹家人物，当时最著名的建安七子也大多死于建安年间，故称这时期的文学为建安文学。正是有了建安时期的文化裂变，才使得各种文化思想能够纷纷登场以及流行。

朝、隋唐都城的建设产生过深刻影响。

北邺城在曹丕代汉移都洛阳后，以此为北都。后赵、东魏、北齐相继建都邺城，577年北齐亡，此城衰落。

南邺城是538年的东魏时期，在北邺城的基础之上续建而成。南城紧靠邺北城，二者合二为一，共用一墙，北城南墙即南城北墙，南邺城的北门就是北邺城的南门。

南邺城城垣迂曲，墙外有护壕。宫城设在城北部中央，宫北有后苑。居民区分设里坊。正南门朱明门已经发掘，为三门道，门南侧有方形阙楼夯基。南邺城最终毁于隋代。

因漳水泛滥与改道，邺城遗址遭到严重破坏，今地面所存，仅金虎台、铜雀台等部分残基以及瓦当、石螭首等遗物。

东魏北齐时，邺城是中国佛教文化中心，仅邺城

佛教 最早的世界性宗教，距今三千多年，在东汉明帝时经丝绸之路正式传入中国。佛教是世界三大宗教中历史比较悠久、影响也比较大的一个宗教。佛教虽然来自印度，但其成熟和发展是在中国完成的，它既吸收了中国传统文化，又丰富了中国传统文化，具有博大精深的文化内涵。

■ 邺城博物馆

周边就有大型寺庙4000余座，僧尼80 000多人。如此规模宏大、地理位置重要的多院式佛教寺院，无疑具备了皇家寺院的气派。当时的统治者将国库收入的三分之一用于建设佛寺。

遗址东部北吴庄佛造像埋藏坑内有佛教造像2800多件，是中国数量最多的佛造像埋藏坑。这些佛教造像，有题记的超过百件，绝大多数是汉白玉造像，少数为青石造像。根据造像特征、题记年代等初步确认，佛造像时代主要是东魏北齐时期。

同时，佛教造像工艺精湛，造型精美，类型多样，题材丰富。其中"龙树背龛"的佛造像精美绝伦，为中国北方佛教史上首次发现。

造像多数为背屏式，另有部分单体圆雕的佛和菩萨。主要题材有释迦像、弥勒像、释迦多宝像、思维太子像、观音像、双菩萨像等。这些都充分显示了北朝晚期邺城作为北方地区佛学中心和文化艺术中心的历史地位。

邺城作为魏晋、南北朝的六朝古都，在中国城市建筑史上占有辉煌地位，堪称中国城市建筑的典范。全城强调中轴安排，王宫、街道整齐对称，结构严谨，分区明显，这种布局方式承前启后，影响深远。特别是它对后来的长安、洛阳、北京城的兴建乃至日本的宫廷建筑，都有着很大借鉴和参考价值。

阅读链接

1957年后，邺城遗址开始调查发掘，1988年，邺城遗址被评为全国重点文物保护单位，2005年列入全国36处大遗址之一。

2012年，中国社科院考古研究所与河北省文物研究所联合组成考古队在邺城遗址东部北吴庄佛造像埋藏坑进行考古发掘，发掘出众多佛造像，这处埋藏坑位于东魏北齐都城邺城遗址东城墙东侧，据专家推测，为东魏北齐邺城外郭城内。

神秘王国的楼兰故城

　　楼兰故城是汉、魏、西晋时期重要的古城遗址，位于新疆维吾尔自治区若羌县孔雀河下游罗布泊西部，处于西域的枢纽，在古代丝绸之路上占有极为重要的地位。

　　楼兰属西域三十六国之一，与敦煌邻接，据《史记·大宛列传》记载："楼兰、姑师，邑有城郭，临盐泽。"西汉王朝与匈奴激烈抗争，通达西、南亚只能取道阿尔金山、昆仑山北麓或天山南麓。

楼兰古城遗址

千古遗迹的考古发现

■ 楼兰古城断壁

当时，中国内地的丝绸、茶叶，西域的马、葡萄、珠宝，最早都是通过楼兰进行交易的。位于西行孔道的楼兰很快发展成为"丝绸之路"上的新兴都市，在魏晋及前凉时期为西域长史治所。在遗址中发现的汉文文书上，用"楼兰"佉卢文称呼该城。

楼兰王国从公元前176年以前建国，范围东起古阳关附近，西至尼雅古城，南至阿尔金山，北到哈密。到630年消亡，共有800多年的历史。

汉时的楼兰国，有时成为匈奴的耳目，有时归附于汉，玩弄着两面派的政策，介于汉和匈奴两大势力之间，巧妙地维持着其政治生命。

由于楼兰地处汉与西域诸国交通要冲，汉不能越过这一地区打匈奴，匈奴不假借楼兰的力量也不能威胁汉王朝，汉和匈奴对楼兰都尽力实行怀柔政策。

■ 苍凉的楼兰古城

4世纪中叶以后，随着丝路交通的转移，楼兰逐渐衰落，后沉没在沙碛之中……

古城平面近正方形，城墙长期受东北向季风吹蚀，几乎全部为流沙所掩埋。楼兰古城四面城墙正中部有缺口，似为城门，其中西城墙缺口处有两个残土墩，相距4米，似为瓮城遗迹。城墙用红柳枝与黏土相间筑成，未经夯打。

城内有一条古河道，自西北流向东南，与孔雀河支流相通，将城址划分为西南区和东北区。西南区保存着成片建筑遗迹，木质柱梁及红柳墙清楚可见。

楼兰城内最高建筑物是位于城东部的一座佛塔。塔身是由土坯加木料垒砌而成的；塔基为方形，塔身圆柱形，土坯砌成。

塔南的土台上，有一组高大的木构建筑遗迹，发

西域 指中国汉代以来对玉门关、阳关以西，葱岭即今帕米尔高原以东，巴尔喀什湖东、南及新疆广大地区的称谓。而后来发展为广义的西域，则是指凡是通过狭义西域所能到达的地区，包括亚洲中西部，印度半岛的地区等。另外还有两个说法，一是指佛家所指西方佛祖居住的西天，另一是指传说中西王母所居的地方。

现有汉文、佉卢文文书及简牍、五铢钱、丝毛织品、生活用具等。建筑遗迹呈四合式院落。最主要的一处建筑是位于古河道南的"三间房"，为城内最显眼的标志之一。

"三间房"的院落坐北朝南，直接对着南城门。土坯砌墙，东西两厢房可见遗迹，墙用大木材作框架，红柳枝夹条，外涂草泥。

这三间房的墙壁是城中唯一使用土坯垒砌而成的，东西两端的房屋都是木结构，构筑的特点是取平整枋木置于地面。枋木两端凿榫立柱架梁，四周木梁，柱架纵横，总数不下百根。

此处曾发现西域长史府大批文书、残简和木尺、笔、漆器、陶器及早期粟特文和佉卢文文书，从这一组建筑物的位置和构造等情况分析，这里可能就是当

千古遗迹的考古发现

■ 楼兰古城遗址出土的毡帽

■ 五铢钱 中国钱币史上使用时间最长的货币，也是用重量作为货币单位的钱币。五铢钱在中国5000年的货币发展史上起到了一定的影响。五铢钱奠定了中国铜钱圆形方孔的传统。这种小铜钱外圆内方，象征着天地乾坤。在下面用篆字铸出"五铢"两字。

年楼兰城统治者的衙门府所在地。

其西的一组庭院，可能是官宦宅邸，南边分布着矮小的民居。城中发现的各种文书、简牍，被称作罗布泊文书。

在城内还发现大量的厚陶缸片、石磨盘断片、残破的木桶和各种钱币、戒指、耳环和汉文木简残片等。这些物品，对研究楼兰古城历史，都是无价之宝。古楼兰城内有一条东西走向、穿城而过的古渠道遗迹，可能就是古楼兰城居民直接取水的水源。

城内外都发现大量细石器、玉石斧、汉式弩机、各种铜镞、五铢钱、半两钱、货泉、陶器、玻璃器和金器、铜器、木器、纺织品、饰件及玛瑙珠，还有一枚贵霜王国钱币。

故城东北有两处两汉时期的墓地，其中，9座墓葬为竖穴土坑，有单人、双人和多人葬3种。出土遗物除具有鲜明地方特色的弓箭、木器、手制陶器外，还有来自中原地区的铜镜、锦、绢、漆器。

罗布泊以东发现了一些外形特殊的古墓。围绕墓穴是一层套一层共七层由细而粗的原木，圈外又有呈放射状四面展开的列木。整个外形像一个大太阳，不

罗布泊 诞生于第三纪末、第四纪初，距今已有1800万年，面积约2万平方千米以上，在新构造运动影响下，湖盆地自南向北倾斜抬升，分割成几块洼地。汉代，罗布泊"广袤三百里，其水亭居，冬夏不增减"，这种现象使人猜测它"潜行地下，南也积石为中国河也"。这种误认罗布泊为黄河上源的观点，由先秦至清末，流传了2000多年。历史上，罗布泊的最大面积为5350平方千米。

由得让人产生各种神秘的遐想。

墓中死者有的衣着完整，是一些人属于"深目高鼻"的古欧洲人种，与现代北欧人很相似。他们的头骨可以分成两组，一组与南西伯利亚、阿尔泰地区青铜时代的安德洛诺沃文化相近；另一组与时代更古老的阿凡纳沃文化相近。也就是说，在同一地点，埋葬着两批体态不同的古欧洲人。

特别是墓中出土的一具中年女性干尸，经测定，表明是一具距今3800年的古尸。她体肤指甲均保存完好，有一张瘦削的脸庞，尖尖的鼻子、深凹的眼眶，褐色的头发披肩。

另外，她的上身裹着一块粗毛织的毯子，胸前的毯边用削尖的树枝别住，下身裹着一块羊皮，脚上穿一双翻毛皮制的鞋子，头上戴毡帽，帽上还插了两根雁翎，被世人称为"楼兰美女"。

在人类历史上，楼兰是个充满了神秘色彩的名字。它曾经有过的辉煌，成就了它在世界文化史上的特殊地位。

千古遗迹的考古发现

阅读链接

1900年，瑞典探险家斯文·赫定正在罗布泊西部探测，偶然发现了一座高大的佛塔和密集的废墟，那里有雕刻精美的木头半埋在沙中，还有古代的铜钱。随后他们又在这片废墟东南部发现了许多烽火台一起延续到罗布泊西岸的一座被风沙掩埋的古城，这就是楼兰古城。

1901年，斯文·赫定在遗址中掘取了大量汉文木简、文书，少量佉卢文书、古钱、精美木器等文物。推定该遗址就是汉文古籍中的"楼兰"城。

20世纪50年代后，中国考察队在克服了重重困难以后到达了楼兰古城进行考察。1979年至1989年，新疆文物考古研究所先后7次组队进入罗布荒漠调查楼兰故城。1980年对故城及城郊汉墓进行了发掘。

古都遗影

中国古代从公元581年杨坚建立隋朝，经隋唐、五代十国、宋元、明清数个朝代，千百年来王朝的更迭也促进了全国各地都城与王城的建设。

隋唐及以后的王城包括隋大兴唐长安城、隋唐洛阳城、北宋东京城、元上都和元中都等。这些古代的政治、经济、文化中心，都是中华文明的重要会聚、融合、发展之地。

繁华的隋大兴唐长安城

隋大兴唐长安城遗址位于陕西省西安市区东南部，始建于582年。唐代进一步修建完善，并增建了大明宫、兴庆宫等，成为当时世界上最大、最繁华的国际大都市之一。

582年，隋文帝下诏兴建新都大兴城，宫城为大兴宫，宫城正殿为

大兴殿，大兴殿正门为大兴门，新设禁苑为大兴苑。

大兴城平面布局规整，整个城市由外郭城、宫城和皇城三部分构成。外郭城形状近方形，东西宽度略大于南北长度，由于城墙过长，修建时间仓促，大兴城初完工时城墙较低矮，以后陆续增筑过多次。

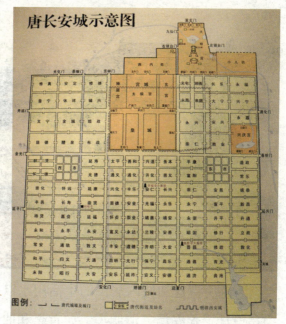

唐长安城示意图

图例： —— 唐代城墙及城门　▓ 唐代街道及坊名　⌐∟ 明清西安城

大兴城外郭城南、东、西三面各开三门，到了唐代相承未改。南面中间为明德门，东为启夏门，西为安化门；东面由北至南依次为通化门、春明门、延兴门；西面由北向南依次为开远门、金光门、延平门。北面两门都在宫城西侧，西为光化门，东为华林门，唐改为芳林门。

城内靠北墙中央为宫城，其南为皇城，其余部分共有14条东西向街道，11条南北向街道，把外郭城分成排列规整的坊市。以全城南北中轴线朱雀大街为界，两侧相互对称。全城共有109坊。

宫城即大兴宫，是皇帝寝居和处理朝政的场所。宫城内部分为三大部分，中间部分供皇帝寝居临朝。东面为东宫，是皇太子的寝居之地。西面为掖庭宫，是普通宫女的住所。宫城南面有门连通皇城，北面有门出城入大兴苑。

皇城在宫城的南面，是朝廷各个部门的办公区。除个别一些部门有特殊情况外，几乎全部政府机构，都集中在这里。此外，祖庙和社稷坛也按照《考工记》"左祖右社"的说法，分别排列在皇城城垣内的东西两侧。

隋唐以后

古都遗影

　　为解决宫廷和城内居民的生活用水以及园林绿化用水，在大兴城中还设计了永安渠、清明渠、龙首渠和曲江池水几条水渠，流贯外郭城、皇城、宫城和大兴苑。

　　大兴苑在城北，西起汉长安城故城，东止灞水、浐水岸边，北至渭水，南抵大兴城下。大兴苑的设置，主要是供帝王游玩，但它对保障大兴城特别是宫城的安全，也起到重大作用。

　　大兴城的宫城北墙，同时也是外郭城的北垣，墙外没有其他依托，而北面的龙首原为制高点，容易对宫城造成威胁。将城垣北面化作苑囿，可以充分利用北面的渭水和东面的灞水、浐水，以及四面的苑墙，拱卫皇宫。

　　唐代定都大兴城后，更名大兴为长安，同时将大兴宫、大兴殿和大兴门，分别更名为太极宫、太极殿和太极门，大兴苑更名为禁苑。从唐太宗时起，长安城陆续发生一些变化。

　　634年，唐太宗下令在宫城东侧北郭墙外的龙首原上，兴建永安宫，作为太上皇李渊避暑的离宫。635年改名为大明宫。662年，唐高宗因嫌太极宫低洼湫湿，屋宇雍蔽，大规模扩建大明宫，并改名为蓬莱宫。670年，又改名为含元宫，但不久即复改回为大明宫。

随着君主住所的迁徙，太极宫中的一切附属设置也随之转移到大明宫中。由于大明宫在原来的宫城太极宫的东面，这两处宫殿又分别被称作东内和西内。

唐玄宗李隆基原来居住在长安城东垣下的隆庆坊，登基后避讳改为兴庆坊，714年，改建此坊为兴庆宫。至726年，又拓展兴庆宫，占据了北面永嘉坊的一半和西面盛业坊的一部分。753年，又大规模修筑兴庆宫的墙垣。728年以后，唐玄宗基本居住于兴庆宫内，故兴庆宫又被称作南内。

兴庆宫内有引龙首渠水汇注而成的龙池，是长安城内仅次于曲江池的水泊。随着大明宫和兴庆宫的兴建，隋时城市街道坊市形态也陆续发生一些变化。

大明宫的正门丹凤门开在外郭城北垣上，门南面正对翊善坊，坊墙如同影壁遮挡着宫门。为此只好将翊善坊和它南面的永昌坊从中一分为二，辟出通道，连接到皇城东面延喜门与外郭城东侧通化门之间的东西干道上。

兴庆宫扩建后，占去永嘉、盛业两坊的一部分，732年时在兴庆宫西南角修建花萼相辉楼和勤政务本楼，为拓展楼下地面开辟广场，又

■ 曲江池

拆毁其西南面东市的东北角和它南面道政坊的西北角。

城东北角的永福坊，在玄宗时筑入苑地，作为专供皇子王孙居住的宅院，名为十六王宅。这便阻断了沿东城墙和北城墙下伸向城东北角的顺城街。

至唐宣宗时，为方便从曲江池去往新昌坊的青龙寺，又将曲江池与新昌坊之间的升道、广德、立政、敦化四坊一分为二，从中开出一条新路。此外，唐代在外郭城北面的芳林、广化二门中间，又新开一座景耀门，这是外郭城垣较大的变化。

隋唐长安城的人口，主要集中在市区的北侧，尤以东、西两市周围地区最为繁华。长安城外郭北垣诸门都通向禁苑，日常出入使用的是东、西、南三面的九座城门。

这九座城门除南面正中的明德门为五个门道以外，其他各门都是三个门道，中间的一个门道很少使用，可能只供皇帝出行。一般出入分别走两边的门道，"左入右出"。

街道的宽度，根据交通需要，分作几个等级。第一级是连同几座主要城门的街道。除了东西两侧靠南头的延兴、延平两门，由于城南部人口稀少，街道不是很宽，其他东、西、南三面其他几座城门相对的街道，宽度都在100米以上。如皇城朱雀门到外郭明德门之间的大道最宽，达150米左右。

另外，隋唐两代都在明德门外设有天坛，皇帝登坛祭天德的仪仗规模浩大，普通宽度的街道很难容受，也需要这样一条宽阔的道路。

第二级是城中大多数道路，宽度在40米至70米不等。第三级是顺四面城墙下的道路，宽度在2.5米以内。长安城内街道两旁大多挖有水沟，以排除路面积水，但因地面系颗粒细小的黄土，稍遇雨水，即泥泞不堪，排水沟也无济于事，晴天则车马一过尘土飞扬。

为保持路面的干燥清洁，744年以后，在一些主要街道的路面上，铺设从浐河岸边运来的河沙。为防止路沙散出，在道路两旁筑有低矮的土垣，当时人称之为"沙堤"。

隋唐两代是佛、道两教的兴盛时期，长安城中建有100多所寺院道观。这些寺观大多散布在城内各坊当中。此外在宫禁中也有专设的佛堂、道坛；东、西两市专设有供信徒放生的水池，名为"放生池"，池边建有供奉佛像的佛堂；还有一些著名寺院，坐落在城垣外边。

青龙寺云峰阁

西安大雁塔

青龙寺是唐代长安城名寺，位于陕西西安铁炉庙村北，寺前身为隋灵感寺，是佛教密宗教派的根本道场，711年改名青龙寺。寺址西北部有东西并列的两组院落遗迹。

青龙寺隋代灵感寺部分毁于唐武宗会昌灭佛时；晚期为唐宣宗时重建，沿用至北宋。早期西院有中三门，门内设塔，塔北建佛殿，四周有回廊或院墙。

青龙寺东院中心亦有一殿堂。晚期西院伽蓝废中三门，在早期旧基上重建殿、塔，并修治回廊，新设北门。东院也重建了殿堂。晚期殿、塔规模不如早期宏伟。

青龙寺在中外文化交流史上有重要地位，天宝以后，日本、新罗等国僧人来中国学习密教，多到青龙寺求法。寺址的发掘，为研究唐代寺院布局提供了重要资料。

长安城中虽然寺观林立，却对城市建筑景观影响不大。当时寺观的建筑形式与平面布局，与富贵人家的住宅没有太大差别，长安城中有许多寺观就是由官宦舍宅改作。

体现寺院特色的建筑物主要是塔。长安城中最有名的佛塔应是城西南角和平、永阳二坊内的大庄严寺塔和大总持寺塔。

这两座塔，形制完全相同，塔身木构，都是由宇文恺规划建造。宇文恺意图用这两座高塔，来弥补城西南角地势较低的缺憾。

保存下来的慈恩寺塔和荐福寺塔，即俗称的大雁塔、小雁塔，也都是当时著名的佛塔。

唐代的官僚勋戚除在城内占有豪华的住宅，许多人还在城外近郊风景秀丽的地方建有别墅。别墅最集中的地方是城南沿樊川一线，其次在城东灞、浐两河附近以及蓝田附近的辋川也比较集中。

唐代长安城的经济和文化在唐玄宗开元年间发展得十分迅速。盛唐时期，它已是当时世界上最大最繁华的国际大都市。安史之乱后走向衰落。

763年，唐代长安城被吐蕃占领15天。晚唐时黄巢攻入长安，在黄巢军和唐军的厮杀之中，城市遭到严重破坏。904年，朱全忠挟持唐昭宗迁都洛阳，并把宫室拆毁，屋木也一起运走。后来，驻守长安的佑国军节度使韩建认为城广人稀，不利于防守，于是对城市进行改筑，缩为"新城"，也就是五代、宋、金、元的长安城。

至此，有着总计306年历史的隋大兴城或唐长安城便宣告废弃。

隋大兴城唐长安城的规划和建筑，不仅对后世有深远影响，在当时就已为隋唐王朝周边的一些地方政权和域外邻国所仿效。例如渤海国上京城和日本的平城京、平安京等，都受到长安城的深刻影响。

阅读链接

1957年以来，中国科学院考古研究所对隋大兴唐长安城进行了全面勘查和部分发掘。从而对城址的平面布局、坊市的形制、宫殿的分布及其建筑基部的结构等，有了进一步的认识。

1961年，1000多年前的中国一座百万人口大都市遗址被发掘出来了。这个大都市就是著名的唐代京都长安。

1996年，国务院公布隋大兴唐长安城遗址为第四批全国重点文物保护单位。

盛世皇都的隋唐洛阳城

　　隋唐洛阳城遗址是隋唐两代的东都城遗址，位于中国河南省洛阳市区及近郊。建于605年，一直沿用至北宋末年，历时500多年。

　　作为中国古代著名都城，隋唐洛阳城见证了中国封建社会最辉煌的一段历史，包含丰富的文化内涵，其平面布局、建筑形制对后世影

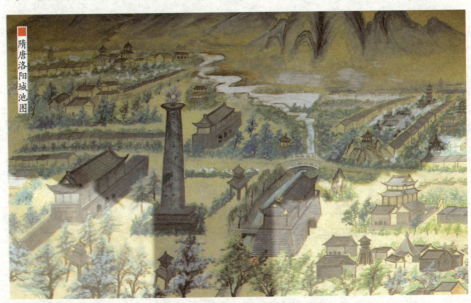

隋唐洛阳城池图

响深远，甚至影响到东亚各国。

隋唐洛阳城是隋、唐两代的东都城，是丝绸之路的东方起点以及隋唐大运河的中心。它主要由宫城、皇城、郭城、东城、含嘉仓城、上阳宫、西苑、离宫等八部分组成，占地47平方千米。

隋唐洛阳城虽不是世界上规模最大的古代都城，但它的轴线建筑，却是世界历史上最恢宏的建筑群。自定鼎门至龙光门，南北长7千米，相继建有天枢、明堂、天堂、贞观殿、玄武门、曜仪门、圆璧门等10多座规模宏大的建筑。

隋炀帝杨广

定鼎门是隋唐洛阳城郭城的正门。据史料记载，它正式启用于606年，隋炀帝是第一个通过这座城门的帝王。

定鼎门由平面呈长方形的墩台、三个门道、东西飞廊、东西两阙和左右马道组成。东西飞廊和东西两阙分别位于墩台两侧，和墩台呈平行对称分布，这种门阙形制仅见于定鼎门遗址，在国内其他地方还没有发现。定鼎门与皇城正门端门之间为定鼎门大街，其宽度116米。

外郭城南宽北窄，略近方形。城墙全部用夯土筑成，稍呈弧形。东西两墙下面发现有石板砌的下水道。外郭城有八个城门，西墙无门。

南墙三门，自东向西分别为长夏门、隋建国门即唐定鼎门、隋白虎门即唐厚载门。东墙三门，自南向北分别为永通门、隋建阳门即唐建春门、隋上春门即唐上东门。

《唐六典》是唐朝一部行政性质的法典。是中国现有的最早的一部行政法典。唐玄宗时期官修，旧题唐玄宗撰、李林甫等注，实为张说、张九龄等人编纂，成书于738年，所载官制源流自唐初至开元止。六典之名出自周礼，原指治典、教典、礼典、政典、刑典、事典，后世设六部即本于此。

北墙2门，东为隋喜宁门即唐安喜门，西为徽安门。南墙3门和建春门等都是一门三道，城内街道横竖相交，形成棋盘式的布局。

在洛河以南有南北竖街12条，东西横街6条；洛河以北有南北竖街4条，东西横街3条。其中，最著名的是定鼎门大街，又称天门街、天津街或天街，是南北主干道，现存长约3000米。

城内街道组成里坊，据《唐六典》及《旧唐书》等文献记载并结合考古钻探的实际情况可知，总数为109坊3市，即洛河南为81坊2市，洛河北为28坊1市。已勘查出洛河南的55个坊和洛河以北的9个坊，其余各坊市为今城所压或被洛河冲毁。

宫城位于外郭城的西北部，平面略呈长方形。中为夯筑，内外砌砖。南墙正中的唐应天门即隋则天门、东边的唐明德门即隋兴教门、西边的唐长乐门即隋光政门和北墙的玄武门、西墙的嘉豫门。

在宫城中轴线上，发现多处大片夯土殿址，西部

■ 隋唐洛阳城

有多处长方形基址和一处石砌圆形基址。应天门内右侧发现了为营建宫室而设置的窑场，存有大批注明官、匠或官工的印字砖瓦。

宫城东南侧自成一城，有东宫以及北部的陶光园、中部偏北的徽猷殿、西北部的九州池，特别重要的是宫城内武则天时的明堂遗址。

■ 唐代青铜镜

688年，武则天命拆毁乾元殿造明堂。有上下三层，中有巨木十围，上下贯通，号万象神宫。明堂相当壮观华丽，在圆形屋顶上，有展翅欲飞、饰以黄金的凤凰雕塑；中层的圆盖则盘有九龙。

在夯土殿基正中，有由4块大青石构成的巨型柱础。柱础外圈直径4.17米，内圈直径3.87米，这就进一步摸清了宫城内宫殿的布局，确立了宫城、皇城内建筑的准确标志。

在明堂的北面，武则天又命造了一座天堂。天堂主要用来安放一尊大佛。史料记载，天堂共五层，它比明堂高得多，在第三层就可以俯视明堂全景。经调查，天堂中心柱础保存完好。

皇城围绕在宫城的东、南、西三面，其东西两侧与宫城之间形成夹城。

《旧唐书》 唐代是中国封建社会的一个重要时期。五代后晋时官修的《旧唐书》，是现存最早的系统记录唐代历史的一部史籍。它原名《唐书》，宋代欧阳修、宋祁等编写的《新唐书》问世后，才改称《旧唐书》。

由于洛河北移，皇城东南部被冲毁，南墙仅存西段，皇城内发掘了隋代的子罗仓。其他许多小城和曜仪城在宫城之北，为狭长形，东西长约2.1千米，南北宽约120米。

曜仪城以北是圆壁城，圆壁城北墙即外郭城北墙西段。这两座小城的断续城垣以及两城中部相通之门道和圆壁城北墙正中的龙光门。

在皇城东侧发现有东城，城址为纵长方形，在宫城东北角和西北角外，还有面积较小的东西隔城。

诸小城中最重要的是东城北面的含嘉仓城。城平面为长方形，有城门4座，即仓东门、中门圆壁门、北门德猷门、南门含嘉门。德猷门为单门道，门道留有车辙。

东北部和南半部有粮窖287座，东西成排，南北成行。其中，9座出有铭砖，有唐代"调露""长寿""天授万岁通天""圣历"等年号，记载着粮窖在仓城中的方位，储粮的品种、数量，粮食来源、入窖年月、运输和管理人员的官职及姓名。

阅读链接

1954年，中国科学院考古研究所对隋唐洛阳城进行勘查；1959年调查了宫城、皇城及周围诸小城的平面布局，确定一些门址的位置，并发掘了皇城南墙的右掖门。

1960年至1965年，继续调查了街道、里坊及市场的位置，同时发掘了宫城。陆续在隋唐洛阳城内发现或发掘了定鼎门、天津桥、应天门、明堂、天堂等重要遗址。

1969年，河南省博物馆与洛阳博物馆联合调查、钻探和发掘了含嘉仓城；其后，中国社会科学院考古研究所、洛阳市博物馆和洛阳市文物工作队多次在隋唐洛阳城遗址内进行了发掘。

繁华极地的北宋东京城

　　北宋东京城遗址位于河南省开封市区及其周围。东京城又称汴京，始建于956年的后周，960年，赵匡胤建立北宋王朝，定都开封，改名东京，历时167年，是当时全国第一大都市。

北宋东京城模型

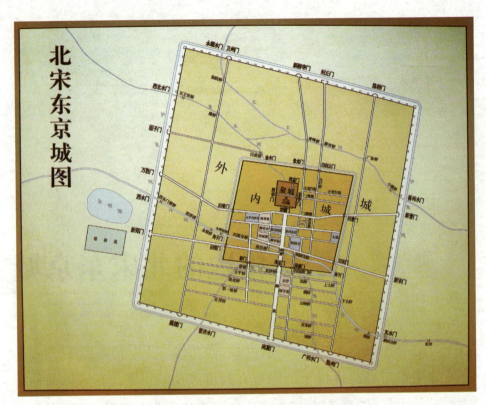

北宋东京城图

自北宋灭亡后，历经动乱，东京城遭受严重破坏，特别是元世祖时为防止人民反抗，将开封内外城全部拆毁。

1642年，李自成率起义军第三次围攻开封时，周王朱恭枵串通官军掘开黄河堤，全城尽为泽国，自此故城大部分都被泥沙深埋在地下，只留下了外城的残存基址。

1841年黄河再次决口，外城的残基也终于被洪水和泥沙淤没了。据史料记载，北宋东京城东西略短，南北稍长，由外向内依次为外城、内城、皇城，其外城的轮廓、形制和范围，以及一些城门的位置，同宋人的记载大致吻合。

东京城的外城又称新城、罗城，四墙与后世的开封城基本平行，是历代东京军事防御的第一道屏障。外城由于历代的兵灾水患，昔日巍峨壮观的外城已遭到了极大的破坏，并全部淤埋于地下2米至8米深。

北宋时期，外城共有城门14座、水门7座，已发现南熏门、南郑门、万胜门等10余座，多为直门两重或屈曲开门的瓮城门。尤其是西墙上的正门新郑门遗址，面积近两万平方米，其规模之大，在中国古代都城发展史上是极为罕见的。

内城又称阙城、里城、旧城，是在唐汴州城的基础上修建而来的，始建于781年，整个内城略呈正方形，其南墙位于后来的开封城南墙北约300米，北墙位于龙亭大殿北约500米的东西一线，东、西墙叠压在今开封城东、西墙的下面，四墙总长约11.55千米。

北宋内城城门已增加到了10座，经考证，其东边和西边墙上的部分城门就叠压在开封城东、西墙上的城门如宋门、曹门、大梁门等的下面。

东京城的皇城又称皇宫、宫城、大内和禁中等，始建于962年，是北宋皇帝的议事殿阁和寝宫所在地，是当时最繁华之处，衙署、寺观和商业较集中。

宋皇城的大致范围位于开封龙亭大殿前的鄱阳湖一带，与内城朱雀门、外城南熏门呈一南北直线，即

455

隋唐以后

古都遗影

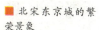

■ 北宋东京城的繁荣景象

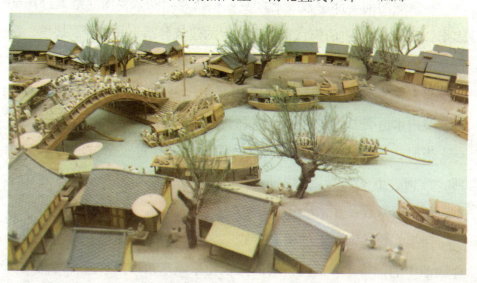

当时的御街。

　　皇城呈东西略短、南北稍长的长方形。周长2.5千米，城墙原为土筑，1012年改为砖砌。次年在大门内外北边开始兴建一组园林式建筑群，一共有7个大殿和15个阁楼，取名叫延福宫。

　　皇城一共辟有6个门，其中,宣德门是皇宫的正门，宫门高大雄伟，威严壮丽，因为是高大的门楼，所以也称为宣德楼。

　　在皇城的前半部中轴线上，发现东西宽约80米，南北最大进深60多米，残留6米左右的宋宫正殿大庆殿的建筑台基，其位置、规模、深度及遗物均与文献记载相符。

　　北宋东京城的繁荣，除居全国政治、经济和文化中心重要地位外，境内水道交通的方便也是主要的因素之一。

　　当时，京城一带水网纵横，舟楫云集，穿过东京城的河流有蔡河、汴河、五丈河等，特别是与黄河沟通的汴河，史载"岁漕江、淮、湖、浙米数百万，及至东南之产，百物众宝，不可胜计"。

　　而架在这些河道上的桥梁有32座，如州桥、龙津桥、相国寺桥、金明池中的仙桥等。这些桥梁的架设使京城东西可以贯通，南北可以直达，极大地方便了京城的交通运输，保证了京城的物资供应，也给京城人们的日常生活带来了诸多便利。

由于北宋最高统治者对佛教政策的转变，大力提倡佛教，致使北宋一代"士大夫多修佛学""崇道教，兴佛法""营佛事，创梵宫"成了一种时代风尚。在这种思想指导下，东京城内的许多宗教建筑，尤其是寺院建筑便如雨后春笋般地兴建起来。

许多寺院修建的奢华程度，远非一般的官府可比，实乃东京城内除皇宫之外最为华美的建筑群体。

在遍布东京城内众多的佛教寺院中，以相国寺、开宝寺、天清寺、太平兴国寺最为著名，号称东京四大寺院。

北宋东京城中出现了一批新兴的手工业作坊，历史上最早的火药作坊，以及由五代而来，经过北宋才进一步发展起来的印刷作坊等。

北宋画家张择端创作的《清明上河图》被誉为"中国十大传世名画"之一。它采用散点透视构图法，生动描绘了北宋时期都城东京的状况，主要是汴梁以及汴河两岸的自然风光和繁荣景象。

阅读链接

北宋末，东京人口估计约有130万至190万，可算是当时世界上的大城市了。它既是全国的政治中心，又是商业文化中心。东京的城市结构冲破了传统的里坊制，较多地服从经济发展的需要，是中国历史上都城布局的重要转折点，对以后的几代都城有较大的影响。

1981年，河南省文物研究所和开封市博物馆联合组成开封宋城考古队，进行了多次调查、钻探和发掘，初步揭示出东京城遗址的面貌。

1984年，开封市政公司在大南门里中山路中段修筑大型下水管道时，开封文物考古队在当时市皮鞋厂的东侧探明了古州桥遗址，并对桥址作了初步考察。

漠北第一古都的辽上京

　　辽上京遗址位于中国内蒙古自治区巴林左旗林东镇南，为中国辽代都城遗址。辽太祖耶律阿保机于918年开始兴筑，初名皇都，926年扩建，938年改称上京，并设立临潢府，为辽代五京之首，作为辽之都城历经204年。

　　辽上京遗址是中国保存最好的古代大遗址之一。辽上京遗址的发

上京建筑

现，为系统地研究辽代城市建筑提供了十分重要的实物资料。

1120年金兵攻占上京。金将上京改为北京临潢路，至元代上京逐渐废弃。

辽上京遗址南部城墙底宽至少有32米，地表以上高度为10米多。墙体结构为内外3层的版筑结构，特别表现为底部土层薄而密集，越往高处土层越厚，最厚处可达20米左右。由于城体保存尚好，清晰可见筑墙时夯窝的痕迹，每平方米有270多个，十分坚固。

上京龙泉府遗址

辽上京平面略呈"日"字形，周长约6.4千米，城墙均用黄土夯压版筑，残高5米至9米。京城由皇城和汉城组成，两城建筑与布局是辽"以国制治契丹，以汉制待汉人"的政治制度的反映。

皇城位于京城北部，是契丹皇族、贵族的宫殿和衙署所在地，也是初筑的皇都。东、南、北3墙都呈直线，西墙中段位于小土岗顶部，南、北两端向内曲折，全长约1.85千米，东、西、北3墙中部残存有门址，并加筑瓮城，各墙上残存有马面。

西墙内的山冈顶部，有一组东向的建筑址，应是早期的宫殿遗迹，在此可以俯瞰全城。岗下有一大道直向东门，皇城最初是以东门为正门，扩建汉城后，城内主要建筑都改成南向，皇城南门改为正门。四面城门内都有大街直通大内宫墙外。

大内位于皇城中央部位，宫墙墙基已残毁，约为长方形，周长约2千米。内有宫殿、门阙、仓库等建筑基址，其中有两座大型宫殿，建筑在高约4米的台基上。

皇城南部有不规整的街道及官署、府第、作坊和寺院基址，其中一座寺院内残存一躯残高 4.2米的石刻菩萨像，传为天雄寺遗址。皇城北部地区未发现建筑基址，应是文献所载契丹贵族搭设毡帐的地带。

汉城位于南部，是汉、渤海、回鹘等族居住区域，其北墙即皇城南墙，东、南、西 3墙系扩筑。墙身较皇城低窄，残墙最高3米，无马面，原有6座城门。

原来流经城南的小河，经过多次改道，自城西南角穿过东北角，将城内文化堆积层冲刷殆尽，仅余靠近皇城南门的小片地区。

城址附近现存砖塔两座。一座位于城址东南的山坡上，俗称南塔，为八角密檐式，残高约25米，尚存7层塔身及塔基，塔刹及檐椽都已塌毁。塔身第一层每面镶嵌高浮雕石刻佛、菩萨、天王、力士和飞天像。塔东南处有辽代开悟寺遗址，此塔当是开悟寺塔。

另一座位于城址北，俗称北塔，为六角密檐式，仅存5层塔身，残高约6米，传为辽代宝积寺塔。辽上京遗物中最精美的当属一个保存较好的石经幢座和半块仰莲雕花石座。

另外，辽上京遗址还发现了近万枚北宋铜钱和数十个泥塑人面像。这些泥塑人面像雕塑十分精美，是一批珍贵的艺术精品，代表了辽代工匠高超的工艺水平。

千古遗迹的考古发现

阅读链接

1962年，内蒙古自治区文物工作队对辽上京遗址进行了全面勘探和试掘。2001年辽上京遗址的保护被列为西部大开发文物重点保护项目。

2002年，辽上京遗址经过几个月的发掘，皇城南半部分城墙地表以上结构基本清晰。2012年，中国社会科学院考古研究所和内蒙古自治区文物考古研究所对辽上京进行考古发掘并获重大发现。

神之都城的元上都

　　元上都遗址是中国元代都城遗址，位于内蒙古自治区锡林郭勒盟正蓝旗东北闪电河北岸。由元世祖忽必烈初建于1256年。

　　1251年，蒙哥即帝位后，忽必烈受任总领漠南汉地军国庶事，从漠北和林南下驻帐金莲川，招揽天下名士，建立了著名的金莲川幕府，对忽必烈治理汉地乃至统一全中国起了重要的作用。

　　1256年，忽必烈下令在这里选址建城，起初取名为开平府。1259年城郭建成。1260年，忽必烈在此登上皇帝之位，为元开国皇帝元世祖，于是就将开平府作为首都了。

元上都遗址断壁

元上都宫殿遗迹

1264年，忽必烈开始修建大都，即后来的北京，下诏开平府上升为上都，用以取代漠北的和林，并确立了两都巡幸的制度，上都作为夏都，与元大都共同构成了元朝的两大首都。

当时大都与上都两都之间有三路交通线路。每年4月，元朝皇帝便来上都，9月秋凉返回大都，皇帝在上都的时间长达半年之久。

皇帝在上都期间，政府诸司都分司相从，以处理重要政务。除此之外，皇帝要狩猎行乐，还要举行蒙古诸王贵族的朝会和传统的祭祀活动。

1369年，明朝将元上都复名"开平府"，不久废府改卫。1430年废弃不用。

元上都全城由宫城、皇城和外城三重城组成：

宫城在皇城的中部偏北，长方形。宫城是全城的核心，有东华、西华、御天三门，城墙用砖包镶。

宫城中南边的御天门最为重要，它与皇城南门明德门在一条中轴线上，是出入的主道。皇帝所下达的诏旨，都要在御天门上发布，再送往大都，然后转发全国各行省。

主要宫殿楼阁和官署、宫学建在宫城内。宫城建有水晶、大明、鸿禧等殿，大安、延春等阁。

皇城环卫宫城四周，城墙用石块包镶，道路整齐，井然有序，南半部为官署，府邸所在区域，东北和西北隅建有乾元寺和龙光华严寺。外城在皇城西北面，全用土筑，周长约18千米。北部为皇帝观赏的御苑，是皇家范围和金顶大帐"棕毛殿"的建筑所在。南部为官署、寺观和作坊所在地区。

城外东、南、西三处关厢地带，为市肆、民居、仓廪所在。明代荒废，城垣及建筑台基依然残留地表，蒙古语称此城为"兆奈曼苏默"，为108座庙的意思，就是依据城址中建筑众多而讹传的。

城内除中央及北城墙中部的大型宫殿位于中线以外，大部建筑未采用对称的布局，殿、亭、阁、榭各具特色，或近临沼池，或开渠引流，或亭阁相连，形状大小各异，色彩风俗不同，优雅非凡。上述通往各地的驿道四通八达，为漠北与中原的交通枢纽。

上都地区元朝时商贾工匠云集，繁荣兴盛，不但有从中原来的商人，也有从中亚和欧洲来的商人，他们运来各种金属器皿、日用品和为统治阶级享用的奢侈品，而后运走上都地区的畜产品，促进了以元

■元上都遗址石刻

■元上都明德门遗址

上都为中心的蒙古地区的经济繁荣。

上都在中外外交史上具有重要影响。元代中外交往频繁，上都常有阿拉伯、波斯、突厥等商人往来。意大利人马可·波罗在中国居住生活了17年，深得忽必烈赏识。著名的《马可·波罗行记》详细记述了上都的宫殿、寺院、宫廷礼仪、民情风俗，第一次向世界介绍了上都，让世界了解中国。

上都在元代科技史上的地位更不容忽视。早在蒙哥汗时期，开平就设有天文观测所——承应阙。上都城西北有一个山口，两山之间有一个古拦洪坝遗址。这一工程是当时著名科学家郭守敬在北方塞外草原建设的较为成功的大型泄洪水利工程，至今保存完整。

都城有众多佛寺、道观、清真寺等宗教建筑，宗教活动十分兴盛。上都常有色目商贾往来，很早就建有回回寺。上都居民中也有信仰伊斯兰教、景教等的。上都作为元的夏都，是北方宗教兴盛的中心，同时也是多元文化交流的中心。

千古遗迹的考古发现

阅读链接

1956年和1973年，内蒙古自治区文物工作队、内蒙古大学先后对元上都遗址进行了考古调查。1988年确定为国家第三批重点文物保护单位。

2012年，第36届世界遗产委员会会议一致同意将中国申报的文化遗产项目元上都遗址列入《世界遗产名录》。至此，元上都遗址成为中国第30项世界文化遗产，中国世界遗产总数达到42项。

蒙元四都之一的元中都

　　元中都遗址位于河北省张北县馒头营乡，由元世祖忽必烈的孙子元武宗海山始建于1307年，与当时的元大都、元上都齐名，共称"元朝三大都城"。

　　元中都遗址保存完好，布局清晰，为研究中国封建时代晚期都城提供了极为重要的实物依据。

　　1307年，元朝的第二任皇帝成宗铁穆耳去世，由于成宗皇帝没有

饱经沧桑的元中都遗址

■元青花花口盘

千古遗迹的考古发现

儿子，他的两个侄儿海山和爱育黎拔力八达都有可能继承皇位。

爱育黎拔力八达因身居帝国的权力中心大都，在母亲的支持下抢先宣布登基。而海山早在10年前就被成宗皇帝封为宗王，派到漠北镇守帝国的北疆。那时，海山年仅17岁。

在镇守漠北的10年间，海山从一位少年成长为杰出的军事将领，为保卫元帝国的疆土立下了汗马功劳。因此，当他听说弟弟在大都抢先登上了皇位，自然心中不服，于是海山统领三路大军从漠北返回上都。迫于哥哥的军事压力，爱育黎拔力八达将皇位又拱手让给了海山。

武宗海山夺取了皇位以后，为了避开大都和上都遗老遗少们的掣肘，以及弟弟爱育黎拔力八达的势力范围，尽快树立自己的权威，他做的第一件大事就是修建中都城。

此外，武宗海山17岁以宗王的身份镇守漠北，时间长达10年。军旅生涯和残酷的战争，练就了他坚毅顽强、独断专行的性格。他崇尚武力，具有强烈的创业激情，对先祖成吉思汗和忽必烈的赫赫威名更是尊崇有加。

据史书《皇帝尊号玉册文》说：武宗由上都到达

爱育黎拔力八达 即是元仁宗孛儿只斤·爱育黎拔力八达，元朝第四位皇帝，蒙古帝国可汗，是元武宗弟，元武宗封他为皇太弟，相约兄终弟及，叔侄相传。于武宗死时嗣位，年号皇庆和延祐。在位期间，减裁冗员，整顿朝政，推行"以儒治国"政策。在位9年，死后并未传位武宗之子和世㻋，而是传位其子元英宗硕德八剌。

隆兴，也就是今天的张北县，"徘徊太祖龙旗九斿，剪金于斯，肇基帝业，为城中都。"意思是说，武宗海山到达隆兴以后，在太祖成吉思汗龙旗飘过的地方徘徊，想到先祖在这里以区区80 000精锐，大破金朝40万大军的历史壮举，他决定在这里开始他的帝业，为此建成中都。

1307年，年仅27岁的海山在上都开平城继位才10天，就下令修建中都城。为了完成这一宏伟蓝图，还专门成立了领导中都宫阙建设的行工部。

1308年，武宗不顾坝上地区天寒地冻，命令枢密院急调18 500名六卫亲军，开赴旺兀察都作为建都工役。同时，又从上都侍卫亲军中抽调3000人参与中都建设。除军队之外还有大量的工匠、民夫、义工，建造中都的队伍无疑是相当庞大的，由此可见武宗建设中都的决心。

在设立中都留守司兼开宁路都总管府后，又增置了虎贲司、光禄司、银冶提举司及中都万亿库等官

■ 元中都遗址墙壁

瓦当 俗称瓦头。是屋檐最前端的一片瓦，瓦面上带着有花纹垂挂圆形的挡片。瓦当的图案设计优美，字体行云流水，极富变化，有云头纹、几何形纹、饕餮纹、文字纹、动物纹等等，为精致的艺术品。中国最早的瓦当集中发现于陕西扶风岐山周原遗址。

署，成为"蒙元四都"之一。

至1311年，武宗去世，仁宗"罢城中都"后，元中都仍作为元朝的行宫来使用，后任英宗、泰宗、文宗和顺帝等多位皇帝曾到此巡幸、议政和作佛事。

1358年，红巾军烧毁中都宫阙，使其成为废址。

元中都遗址位于张北县城北处。南离元大都即北京265千米，北距元上都遗址195千米。

元中都遗址由宫城、皇城、郭城呈"回"字形相套，是中国传统都城"三重城"建制。

宫城平面呈长方形，城垣保存完整，城墙高出地面3米至4米，墙基宽约15米，四角存有方形夯土角台，边长6米至7米。城墙四面各有一缺口，经探明，就是原来的四座城门。内城南门为3条门道，两侧还可能有阙台。

宫城内共发现建筑基址27处，其中，位于宫城中心的高台基址，基址裸露，可见柱础。

高台基址是宫殿群主体建筑，正好位于宫城的南北中轴线上。以基址为中心的主体宫殿群位于宫城的中北部。

作为正殿的一座宫殿基址居于宫城的中心位置，平面呈"工"字形，有排列整齐的柱础石，地表有琉璃瓦当、滴水和花砖等建筑构件。

宫殿台基分为上下两层，

■ 元代凤鸟纹荷叶盖罐

元代白釉瓷枕

总体高出地面约2.8米，周围用青砖包砌。上层基面为宫殿的主体部分，下层基面为宫殿的回廊部分，在台基的周围一共有七条上殿通道。

柱廊两旁各有一条上殿通道，这两条通道和宫城的东门和西门正对。在前殿的南侧共有三条上殿通道，中间是御道，两边是文武大臣上殿的通道。

元中都"工"字大殿的发现，在中国考古史上是独一无二的，这对于研究中国宫廷建筑的演变和草原文明与农耕文明的融合，具有极其重要的价值和意义。

宫城西南角为角楼基础，宫墙南城门发现了三道门，地面为青石铺面，门框及顶部为过梁式砖木结构，其上应为阙台类建筑。

这里发现了大量的琉璃构件，有塑龙琉璃残块、浮雕牡丹花，还有筒瓦、瓦当、滴水、凤鸟、仙人，以及大殿屋脊上华丽的装饰残件等，艺术造型写实逼真，栩栩如生，表现了大元帝国工匠们敏锐的观察力和深厚的造型艺术功底。

最重要的是这些琉璃构件的三个拐角都出来了，就是三出阙。三出阙是指宫廷建筑基座拐角处的形制，从拐角处向外经过三次缩折与墙体相连，显得基座宽阔、厚重、稳固、霸气，它代表了中国古代建筑的最高规格。

元中都发现了大批石、陶、木、砖雕等建筑构件及铜、铁、骨器。特别是前殿东步道南侧的砖雕象眼，堪称稀世瑰宝。

在台基的四围，有70多个汉白玉螭首，其中的一个汉白玉角部螭首和9个9沿螭首雕刻细腻，造型完美，极尽绝诣，都是元代雕刻中不可多得的珍品。

"工"字形中心大殿和"三观两阙三门道"梁柱结构的南门，以及奇特的"三出阙"角楼，都体现了元代建筑的特色风格。

皇城套在内城之外，城垣呈土垄状，东西长770米，南北宽930米。皇城城墙距宫城城墙东、北、西、三面与宫城城墙间距120米，南部两墙相距210米，墙高出地表1米左右，面积约80万平方米。

元中都的创建，彻底改变了坝上地区的历史地位，将有史以来中原王朝的北方疆界，变成了元帝国的政治、经济、文化和民族融合的中心，这是一次历史性的跨越。

它标志着历代中原王朝倾举国之力修筑的万里长城，第一次失去了存在的价值，使草原文明与农业文明更加紧密地结合在一起。

阅读链接

从1997年开始，河北省文物研究所、张家口市文物管理处开始对元中都遗址展开考古调查、勘探和发掘工作，对元中都进行了科学的认定。发掘出土了大量珍贵文物，探明了主要建筑遗址的形状。

2013年，《元中都遗址保护总体规划》经国家文物局同意，并由河北省批准予以公布。

《元中都遗址保护总体规划》以坚持"保护为主、抢救第一、合理利用、加强管理"的方针，坚持正确处理遗址保护与合理利用的关系为原则，规划中明确了元中都遗址近期、中期、远期考古研究、保护及展示利用的工作重点。